KB136050

의정활동의 꽃

부동산과 경제 행정감사 이야기

의정활동의 꽃
부동산과 경제 행정감사 이야기

초판 1쇄 발행 | 2023년 12월 8일

지은이　　　　조광주
펴낸이　　　　안호헌
에디터　　　　박상태

펴낸곳　　　　도서출판 흔들의자
　　　　　　　출판등록　　2011. 10. 14(제311-2011-52호)
　　　　　　　주소　　　　서울특별시 서초구 동산로14길 46-14. 202호
　　　　　　　전화　　　　(02)387-2175
　　　　　　　팩스　　　　(02)387-2176
　　　　　　　이메일　　　rcpbooks@daum.net(원고 투고)
　　　　　　　블로그　　　http://blog.naver.com/rcpbooks

ISBN　979-11-86787-56-4　13330

ⓒ 조광주
* 이 책은 저작권법에 따라 보호받는 저작물이므로 무단 전재 및 무단 복제를 금지합니다.
　따라서 이 책 내용의 전부 또는 일부 내용을 재사용 하시려면 사용하시기 전에 저작권자의 서면 동의를 받아야 합니다.

* 책값은 뒤표지에 있습니다.
* 파본이나 잘못된 책은 구입하신 곳에서 교환해 드립니다.

의정활동의 꽃

부동산과 경제 행정감사 이야기

조광주 저

추천사

더불어민주당 대표 이재명

<의정활동의 꽃> 추천사

정치의 가장 중요한 책무는 국민의 삶을 바꾸는 일이다.

이 책에는 도민의 곁에서 함께 공감하며 문제를 해결해온 조광주 전 의원의 치열한 의정활동 분투기와 지역에서 보고 들은 현장의 목소리까지 생생하게 담겨 있다.

주민들의 삶을 개선하기 위해 애써온 헌신과 열정이 당과 국민을 위해 더 크게 쓰일 수 있기를 응원한다.

2023년 11월

이 재 명

\<의정활동의 꽃\>은 무엇일까요?

의정활동을 경험하신 의원님들마다 서로 다른 답이 있겠지만, 우리 조광주 전 경기도의원님께는 경기도 경제 활성화에 대한 기여가 \<의정활동의 꽃\>이었습니다.

조광주 의원님은 지난 12년간 의정활동 중 부동산과 경제에 대한 깊은 관심과 열정으로 부동산 정책의 실효성 제고를 위해 노력하셨습니다. 경기도 경제 활성화를 위한 다양한 정책을 추진하신 것을 많은 사람들이 기억하고 있습니다.

그 경험과 열정을 정리한 저서 \<의정활동의 꽃\> 출간은 조광주 의원님 본인뿐 아니라 많은 경기도민에게 큰 의미가 있다고 생각합니다. 진심으로 축하드립니다.

경기도의 부동산과 경제 정책에 대한 방향을 제시하는 의미 있는 저서가 세상에 나왔습니다. 많은 독자들이 이 책을 통해 조광주 의원님의 혜안을 나눌 수 있길 희망합니다.

경기도의 부동산과 경제 발전을 위해 헌신하신 조광주 의원님의 노고에 다시 한번 감사드리며, 다시 한번 조광주 의원님의 책 \<의정활동의 꽃\> 출간을 축하드립니다.

감사합니다.

2023년 11월
경기도지사 김 동 연

<의정활동의 꽃> 을 추천하며...

조광주 전 경기도의원의 의정활동 행정사무 감사 중 부동산과 경제에 대해 정리한 <의정활동의 꽃> 출판기념회가 개최된다는 소식을 접하고, 진심으로 축하의 말씀을 드립니다.

조광주 의원은 8대, 9대, 10대 경기도의원으로 활동하면서 다양한 의정활동을 통해 경기도 및 중원구의 발전과 시민들의 삶의 질 향상을 위해 헌신해 온 분입니다.

특히 부동산과 경제에 대한 깊은 관심과 열정으로 부동산 정책의 실효성 제고를 위해 노력하셨으며, 경기도의 경제 활성화를 위한 다양한 정책을 추진했었습니다.

<의정활동의 꽃>은 조광주 의원의 삶과 정치 활동을 생생하게 담아내고 있으며 행정 전문가로서의 현실과 문제점을 진단하고, 이를 해결하기 위한 방안을 제시하고 있어, 지방의회에 관심 있는 사람들에게도 유익한 책이 될 것입니다.

2023년 11월
전)국회의원 이 상 락

균형 잡힌 사회
사람 중심이 되는 세상이
될 수 있도록
최선을 다하겠습니다.

서문

세상은 빠르게 변화하지만, 정치는 세월의 속도만큼 따르지 못하고 국민의 눈높이에서 멀어져 간다. 경기도의원 12년은 정치 신인이었던 내게 많은 깨우침을 주었고 나를 성장시켰다.

부의 양극화와 사회 불균형, 사회적으로 불평등한 상황에서 벌어지는 갈등의 중심에 있는 부동산과 경제 문제는 반드시 해결하고 가야 할 숙제이다.

서민들과 중산층의 삶이 갈수록 힘들어지고 있다. 경제적 양극화가 갈수록 심해지고, 일관적이지 않은 부동산정책으로 국민의 신뢰성 확보가 무너졌다.

소비가 늘어나야 경제가 살고 일자리가 늘어나지만, 부동산에 대한 비용 부담 증가는 침체의 늪에서 벗어날 길이 없다.

가계부채 증가와 중소기업의 쇠퇴, 일자리가 부족하고 청년의 일자리가 부족한 상황에서 국가의 미래는 희망적이지 못하다.

12년의 의정활동 중 부동산과 경제와 관련된 행정사무 감사를 하며 지적하고 개선점을 위한 내용을 정리하게 되어 이 책을 내놓게 되었다.

부동산과 경제는 사회통합 측면에서 매우 중요하므로 특별한 관심을 기울이는 것은 당연하다.

계층 간의 갈등을 줄이고 경제적 양극화, 부의 쏠림 현상인 불평등의 증가는 정치, 경제, 사회적 파국을 불러올 수 있다.

총체적인 악순환을 어떻게 해결할 것인가?

가난을 해결하는 것은 개인의 몫이 아니다. 가난은 나라님도 해결하지 못한다고 하지만 더는 외면해서도 안 된다.

불평등한 사회에서 오는 사회적 박탈감은 국가가 책임지지 않으면 경제적 위기를 넘어 정치적 위기로 치달을 수 있다. 사회적 구조적 문제는 국가적 차원의 적극적인 대책을 통해 해결해 나가야 한다.

경제적으로 풍요로운 길을 가기 위해서는 부동산의 안정화가 중요하고 기업의 성장은 일자리를 향한 미래 지향적인 경제정책이 중요하다.

눈앞의 이익에 급급한 포퓰리즘이 아닌 국민을 위한 미래로 향한 정책이 최우선으로 되어야 한다.

저출산, 고령화, 양극화가 위기에 직면해 있고 갈등의 증가가 심화하고 있는데 미력하지만, 최선을 다하고자 한다.

차별 없는 세상과 균형 잡힌 사람 중심의 세상이 만들어져야 한다.

정의롭고 공정한 사회, 불평등이 없는 사회, 경제와 부동산은 공동체라는 인식이 널리 퍼져 나가 정착되어야 한다.

국가의 미래로 향한 나아갈 방향에 도움이 되고자 하며 책임 의식을 갖고 살아야 한다고 다짐한다.

이 자리가 있게까지 도움을 주신 아내와 아들, 딸, 일일이 열거할 수 없는 지인들 모두에게 감사하다.

목차

서문

책을 펴내며   8

CHAPTER 1 | 2021

1. 기획부동산 문제에 대해서   15
2. 집합건물관리에 대해서   20
3. 가로주택정비사업에 대해서   24
4. 도시주택공사에 대해서   31

CHAPTER 2 | 2020

1. 임대포탈사이트 대해서   36
2. 임대사업자에 대해서   43
3. 주거복지 문제에 대해서   48

CHAPTER 3 | 2017

1. 경제적 불평등 문제에 대해서   56
2. 시간선택제 고용에 대해서   65
3. 일자리에 대해서   70
4. 청년 시리즈에 대해서   78
5. 공유경제에 대해서   87
6. 신용보증재단에 대해서   93

7. 계층간의 문제에 대해서   103

CHAPTER 4 | **2016**

1. 사회적기업에 대해서   116
2. 부채탕감에 대해서   122
3. 소상공인지원에 대해서   131
4. 맞춤형 교육에 대해서   139
5. 일자리 창출에 대해서   150
6. 투자유치 홍보에 대해서   155
7. 청년 창업에 대해서   161

CHAPTER 5 | **2015**

1. 신보가 탄생하는 계기   166
2. 대학생 패션쇼 활성화에 대해서   175
3. 경제특화발전사업에 대해서   181
4. 사회경제적 영역에 대해서   193

CHAPTER 6 | **2014**

1. 경기신용보증재단에 대해서   200
2. 중소기업지원센터에 대해서   205
3. 판교테크노밸리에 대해서   209
4. 뷰티박람회에 대해서   223

CHAPTER 7 | **2013**

1. 대기업의 중소기업 영역 진출에 대해서   242
2. 취약기업 지원에 대해서   250
3. 섬유사업에 대해서   254
4. 중소기업 판로개척에 대해서   259
5. U턴 기업에 대해서   264

CHAPTER 8 | **2012**

1. 공기관 이미지 실추에 대해서   270
2. 체인점 사고에 대해서   274
3. 균형발전국에 대해서   280
4. 전통시장 카드가맹 활성화에 대해서   285
5. 산업단지관리공단에 대해서   293

부동산
행정감사

CHAPTER 1 | 2021

기획부동산 문제에 대해서

정말 심각하게 기획부동산 문제를 바라보고 있는 건지, 행정 편의적으로 그때 그때 상황에 따라서 그냥 가시적으로, 성과 내는 그런 모습으로 보이고, 지금 이런 형태가 벌어진다는 게 이해가 안 갑니다.

[조광주 위원] 행정사무감사 준비하시느라고 수고들 하셨습니다. 조광주 위원입니다. 요즘에 계속 대한민국이 부동산 문제로 심각한 몸살을 앓고 있습니다. 그 이면에는 사실 반사회적 행동을 하는, 특히 기획부동산들 이런 게 큰 파장을 만들어 내고 있죠. 그런데 지난 개발 제한과 관련돼서 사실 기획부동산에서 지분을 쪼개서 파는 형태가 아직도 계속 나타나고 있지 않습니까? 그래서 기획부동산 문제에 대해서 계속 위원님들이 질의를 하셨었어요, 단속을 분명히 해야 한다고. 근데 지금 잘 단속이 되고 있습니까?

[도시주택실장] 네, 그래도 경기도가 전국 광역자치단체 중에서는 가장 적극적으로 또 능동적으로 지금 기획부동산에 대해서 대처하고 있다고 생각을 하고 있습니다. 또 지난번에는 남부경찰청, 북부경찰청과도 업무협약을 맺어서 저희가 기획부동산으로 의심되는 거래 사례에 대해서는 수사 의뢰를 해서 일부는 구속도 하고 또 여러 가지 성과도 있는 것으로 지금 파악을 하고 있습니다.

[조광주 위원] 경기도에서 기획부동산과의 전쟁을 선포하고 계속 활발한 활동은 하고 있는데 기획부동산과 관련돼서 어떤 거래추적을 하는 시스템이라든지 이런 개발을 하다가 실패한 걸로 알고 있거든요.

[도시주택실장] 네, 실패라기보다는 개발업체가 특허권을 요구하면서 저희가 그 기술을 저희한테 이전을 해 달라고 했더니 저희 비용 가지고는 이전을, 특허권을 요구하면서 이전에 대한 난색을 보여 왔고요. 저희가 내년에 다시 부동산포털 용역을 추진하면서 그 안에 기획부동산 거래추적시스템을 담는 것을 목표로 지금 재추진하고 있다는 말씀을 드리겠습니다.

[조광주 위원] 근데 그게 금액적인, 도에서 예산을 잡은 거랑 금액이 많이 차이가 나나 보죠?

[도시주택실장] 네, 저희가 1억 예산을 세웠는데요. 그거 가지고는 세 차례 유찰도 되고 또 그 금액 가지고는 용역을 못 하겠다고 해서 저희가 다시 추진하고 있습니다.

[조광주 위원] 근데 적어도 기획부동산이 심각한 사회문제를 일으키고 있고 수많은 피해자를 양산하고 있는데 단순하게 금액적인 부분에 있어서, 사실 우리가 얼마든지 예산이라는 건 조정할 수 있는 부분이 존재하고 있지 않습니까? 근데 그게 나는, 서로 해결의 실마리를 찾지 못하고 있다는 건 본 위원으로선 정말 이해가 안 갑니다. 그걸 또 내년에라는 말이 나오는데 그럼, 우리가 추경을 편성하고 정말 부동산 문제가 심각하다고 받아들이면 예산 세우는 데 있어서, 그렇게 중요하게 생각하지 않기 때문에 그런 일이 발생하는 것 아닙니까. 이 부분에 대해서 어떻게 생각하세요? 아니, 이게 얼마나 심각한 거예요. 지금 기획부동산이 진짜 아직도 활개를 치고 있는데 거래추적시스템과 관련돼서 그게 정말 특허라고 하더라도 당연히 필요하다면 거기에 따른 예산을 해서 도민들에 피해가 안 갈 수 있도록 그런 제도적 장치를 활용해야 하잖아요. 근데 그게 단지 예산이라는 부분으로 미뤄지고, 난 도대체 이해가 안 가요. 정말 심각하게 기획부동산 문제를 바라보고 있는 건지, 행정 편의적으로 그때그때 상황에 따라서 그냥 가시적으로, 성과 내는 그런 모습으로 보이고 지금 이런 형태가 벌어진다는 게 이해가 안 갑니다. 실장님, 한번 얘기해 보세요.

[도시주택실장] 이런 프로그램을 저희가 예산을 세워서 예산에 반영이 되고 추진하려면 사전에 정보화 사업 관련해서 행정안전부하고 사전협의를 해야 하고요. 또 보안성 검토라든지 소프트웨어심의위원회에서 심의를 하고 계약심사를 하고 여러 가지 사전절차를 거쳐서 저희가 발주하게 되는데요. 거기에서는 적정하다고 심의돼 갖고 발주를 했는데 세 차례 유찰이 됐습니다. 그래서 업체에 대해서는 너무 과도하게 저희한테 요구를 하는 사항이 있어 갖고요. 저희는 그 대안으로 가능

한 사항이 있다고 보기 때문에 올해는 부득이하게 확보된 예산을 집행 못 하고요. 내년에는 그러한 올해의 문제점을 보완해서 더 적정한 가격에 적정한 품질이 납품될 수 있도록 사전에 더 충분하게 검토를 하겠습니다.

[조광주 위원] 업체가 과도한, 무리한 요구를 했나 보죠?

[도시주택실장] 위원님이 말씀하신 사항은 충분히 저희도 공감하고 있습니다. 다만 현재 특허를 보유하고 있는 업체에서 너무 과도하게 요구하고 있기 때문에 저희는 그거에 대해서 동의를 못 하고 내년에는 또 비슷한 수준의 납품을 할 수 있는 업체가 여러 군데 있기 때문에 거기에서 경쟁을 통해서 동등한 품질의 프로그램을 납품받을 수 있도록 저희가 충분히 사업관리를 하도록 하겠습니다.

[조광주 위원] 그럼 여러 업체가 있으면 그 업체를 차선책으로 계속 넣고서 경쟁을 시켜서 이렇게 받아들일 수 있는, 최대한 일찍 서둘러 주셔야 할 것 같아요. 이게 기획부동산 문제가 요즘도 활개를 치는 걸 보면서 많은 피해자가 지금 나오고 있잖아요. 버젓이 지금 활개를 치는 걸 보면서 계속 그냥 '올해 다 갔으니까.' 이거보다는 빨리 차선책, 다른 업체가 됐든 거래추적을 할 수 있는 이런 시스템이 나는 그렇게 어려운 문제가 아니라고 보거든요. 왜냐하면 지금 굉장히 첨단화 시대잖아요. 근데 이런 업체가 거의 보면 전화 작업이라든지 온라인 작업이라든지 이런 걸 통해서 기획 부동산들이 활개를 치는데 그 정도 추적하는 거를 사실 어떤 특허권이 있는 한 업체만 바라보고 있을 게 아니라 다른 업체들도 그거와 관련돼서 나름대로 있다면 나는 이른 시일 내에 이런 거를 해야 한다고 봐요. 그거는 올해가 넘어가기 전에 그런 고민을 하셔서 지금 최대한 더 이상 이런 기획부동산이 발붙일 수 없게끔 해 줘야죠.

[도시주택실장] 네, 위원님 말씀 저희가 충분히 받아들이고요. 지금 현재는 직원들이 어떻게 보면 전담을 해 갖고 그걸 하고 있지만 그런 기획부동산에 대한 의심 사례도 너무 많이 있고 그것을 전적으로 다 하지 못하기 때문에 프로그램을 활용해서 하고 있는데요. 내년도에는 그러한 사항이 충분히 반영돼서 여러 업체가 경

쟁을 할 수 있는 그런 조건을 만들어서 내년에는 그런 프로그램을 납품받을 수 있도록 하겠습니다.

[조광주 위원] 올해는 아직도 한두 달 정도 남았는데 그거와 관련돼서 어떤 조치를 할 생각은 없으시고요?

[도시주택실장] 그건 저희가 내년도에 발주할 수 있는 사전 준비 작업을 해 갖고요. 조기에 사업이 완료가 될 수 있도록 하겠습니다.

[조광주 위원] 유찰이 됐으면 사실 사전 준비는 이미 하고 있었던 거잖아요.

[도시주택실장] 네, 그…….

[조광주 위원] 근데 그걸 내년에 꼭 넘길 이유가 있나요?

[도시주택실장] 올해는 저희가 어차피 현재 조건 가지고는 그 업체 말고는 다른 업체가 같이 할 수 있는 상황이 안 되기 때문에요. 내년도에 부동산포털 관리하는 유지용역비에서 일부 부분을 이 사업에 할애를 해 갖고 하는 사항으로 저희가 지금 준비를 하고 있습니다.

[조광주 위원] 나는 이런 게 비용과 관련돼서도 사실 우리 위원님들도 지금 기획부동산 문제가 사회적으로 큰 문제를 일으키고 있기 때문에 신속하게 예산과 관련해서도 처리할 수 있도록 다 동의하신다고 봐요. 그렇기 때문에 그걸 자꾸 내년에 다른 예산을 활용해서 이렇게 하실 게 아니라 나는 지금이라도, 오늘이라도 고민하셔서요. 위원님들 동의를 구하셔서 집행부에서 의지를 가지면 나는 올해가 넘어가기 전에 그런 거를 활용해서, 정말 부동산 문제는 하루 이틀이 다르지 않습니까, 현실적으로. 한 달이면 어마어마한 피해자가 속출해요. 그렇기 때문에 그거를 내년으로 넘어간다고 그러면, 내년이라고 그러면 또 2월, 3월이 되는 거예요. 그럼, 앞으로 지금 11월 달이면 최소한 4, 5개월이 넘어갑니다. 그럼 그 4, 5개월이

라는 숫자는 많은 사람들이 또 피해를 볼 수밖에 없어요, 치고 빠지기 때문에. 그렇기 때문에 관에서 하는 일이 신속하고 일 처리가, 정말 이게 시급한 사항이다 그러면 그동안 준비를 했었는데 서로 맞지 않았기 때문에 금액이라든지 조건이 안 맞아서 못 했다면 준비는 했었던 부분이 있으면 그럼 차선책으로 선택할 때 거기와 관련된 예산을 위원님들에 동의를 구해서 문제점을 해결해 나가야죠. 그걸 갖다가 또 내년으로 넘어가면 그럼 실장님은 4, 5개월 지나서 발생한 피해는 어떻게 하실 거예요?

[도시주택실장] 위원님, 저희가 그렇다고 손 놓고 있는 건 아니고요. 저희 거래추적시스템은 기이 있습니다. 있어 갖고 그런 좀 이상한, 그러니까 보통의 거래하고 다른 그런 거래가 나오는 거는 저희가 다 파악을 해 갖고 그런 사항에 대해서 수집을 해서 또 특히 의심할 저기에 대해서는 저희가 토지거래허가구역으로 묶든지 아니면 또 경찰에 수사 의뢰를 하고 있는 사항이고요. 지금 이러한 프로그램은 어떻게 보면 보다 더 효율적으로 추진을 하기 위해서 저희가 프로그램을 하는 거고 프로그램이 없다고 해서 저희가 업무를 손 놓고 있는 건 아니고 지속해서 저희 담당 직원들이 거래에 대해서는 추적을 하고 있다는 사항을 말씀드립니다.

[조광주 위원] 그러니까 토지거래허가구역으로 지정하고 이런 게 뒷북 행정이 될 수 있지 않도록 저는 빨리할 수 있는 걸 빨리빨리 신속하게 하라는 겁니다.

[도시주택실장] 네, 알겠습니다.

집합건물관리에 대해서

최근에 지어지는 오피스텔들이 보면 거의 주거 아파트와 유사한 형태로 짓고 있다, 계획을 잡고. 그렇게 설계하는 그런 보도를 봤는데요. 나는 결국은 시공과 관련돼서 부실 문제가 대두할 수밖에 없다고 보거든요.

[조광주 위원] 조광주 위원입니다. 실장님, 요즘 부동산 문제에 있어서 또 요즘에 오피스텔이 화젯거리인건 알고 계시죠?

[도시주택실장] 네.

[조광주 위원] 굉장히 과열이 일어나고 있는 현상이 벌어지고 있어요, 경기도에. 어떤 점검을 하고 있다거나 그런 게 있습니까?

[도시주택실장] 저희가 별도로 이렇게 점검할 그런 사항은 없습니다.

[조광주 위원] 그런데 실장님, 오피스텔이 이렇게 과열되는 게 어떤 이유라고 봅니까?

[도시주택실장] 어쨌든 간 1인 가구도 늘어나고 아파트에 비하면 또 상대적으로 가격이 좀 낮기 때문에 많이 수요가 올라가고 있는 것으로 파악은 하고 있습니다.

[조광주 위원] 그리고 이제 부동산이 차익 실현이라든지 이런 부분에 관심 많이 갖고 있다 보니까, 특히 이게 전매제한이라든지 이런 규제를 받지 않지 않습니까?

[도시주택실장] 또 임대를 목적으로 하시는 분들은 세제 차원에서도 일반 아파트보다는 오피스텔에서 업무용 오피스텔로 해 놓고 이제 주거용으로 임대를 할 경우에도 더 세제적으로도 이득이 있는 걸로 알고 있습니다.

[조광주 위원] 그러면 오피스텔 관리와 관련돼서 중요한 시점이라고 보이는데 어떻

게 생각하세요?

[도시주택실장] 저희도 집합건물 관리 관련해서 아파트는 그동안은 문제도 많지만 그래도 어느 정도 제도권에서 관리를 하고 있는데 이런 오피스텔과 같은 집합건물에 대해서는 아직은 사적자치 영역으로 관리의 사각지대에 있습니다. 그래서 분쟁도 많이 일어나고 있고 저희가 분쟁조정위원회도 개최를 하지만 이건 상대방이 합의를 해야지 와서 조정이 가능하기 때문에 아직까지는 좀 논란이 많이 있고요. 거기에 따라서 저희가 국회에다 중앙부처하고 법률 개정을 해서 분쟁조정도 강제로 참석을 한다든지 또 도에서 관, 이제 공공영역에서 공동주택처럼 관리에 참여할 수 있다든지 그런 여러 가지 제도 개선을 건의하고 있습니다.

[조광주 위원] 최근에 지어지는 오피스텔들이 보면 거의 주거 아파트와 유사한 형태로 짓고 있다, 계획을 잡고. 그렇게 설계하는 그런 보도를 봤는데요. 나는 결국은 시공과 관련돼서 부실 문제가 대두할 수밖에 없다고 보거든요. 나는 그러한 부분을 갖다가 도에서 꼼꼼히 살펴야 한다고 봅니다. 이게 지금 워낙 그동안 오피스텔 자체가 어떤 사업과 관련돼서 하자 보수라든지 이런 부분에 미약하지 않았습니까? 어떤 아파트처럼 관리단 이런 게 구성이 돼 있는 게 미비하고. 그런데 지금같이 이렇게 붐이 일어나는 시기에 결국은 또 그 붐은 거의 오피스텔의 본래 기능인 주거와 어떤 사업 기능이 아니라 그냥 주거를 목적으로 하는 기능으로 활용을 지금, 이게 어떻게 보면 편법일 수 있잖아요. 그렇게 해서 모집을 하다 보니까 아파트에 들어가기 어려운 분들이 결국은 주거지랑 별 차이가 없다고 느끼기 때문에 오피스텔을 또 들어가는 현상이 지금 이런 과열 현상도 벌어지고 있다고 생각하거든요. 그 부분에 대한 대책 마련을 경기도에서 미연에 좀 해야 할 것 같습니다. 어떻게 생각하세요?

[도시주택실장] 네, 그래서 공동주택 같은 경우는 시공 단계부터 품질검수단이라든지 하면서 건실한 시공이 될 수 있도록 이제 저희 도 차원에서도 관여를 많이 하고 있고요. 또 관리 차원에서도 지금 기획 감사라든지 또 관리비라든지 투명한 집행을 위해서도 저희가 관리를 하고 있고. 이거에 반해서 오피스텔 같은 경우는 그동안에 좀 미비했는데요. 저희가 주거용 오피스텔 500실 이상에 대해서는 이것도 이제 공동주

택처럼 품질점검단을 저희가 운영해서 지금 건실한 시공이 될 수 있도록 노력은 하고 있습니다. 그리고 집합건물 하면서 분쟁이 생길 경우에 그 분쟁에 대한 자문위원들, 회계사라든지 변호사라든지 그런 분들에 대해서 집합건물 관리지원단을 지금 운영 하고 있습니다.

[조광주 위원] 그런데 규모가 500호 정도 이상이다 그러면 규모가 큰 곳들은 사실은 관리하기가 수월할 수 있어요.

[도시주택실장] 네, 맞습니다.

[조광주 위원] 비용을 갖다가 어떤 관리 부담이라든지 이런 부분에서 해소할 수 있는 자금 마련이 되기 때문에. 그런데 나는 미만을 잘 봐야 된다고 생각하거든요. 실질적으로 피해가 발생하는 데들을 보면 작은 데잖아요. 그러한 부분을 갖다가 어떤 법률적인 규정에 의해서 정해진 틀에서만 볼 게 아니라 실질적으로 좀 취약 부분, 그러니까 오피스텔, 작은 오피스텔이 매우 많거든요. 그런데 그런 데가 사실 피해에 노출이 돼 있는 거 아닙니까? 그러면 그러한 부분에 대한 대책을 갖다가 경기도에서 나는 강구해야 한다고 보거든요. 그 부분에 대해서 어떻게 생각하세요?

[도시주택실장] 네, 위원님 말씀 충분히 공감 하고요. 어쨌든 간 중소규모 오피스텔, 관리 사각지대에 있는 오피스텔에 대해서도 저희가 제도 개선 또 법률 개정을 계속적으로 건의 하고 있고 그전에라도 전문가들에 대한 상담 그다음에 분쟁조정위원회를 저희가 적극적으로 추진을 해서 그런 문제를 미연에 방지를 하고 또 문제가 생겼을 경우에는 적극적으로 중재를 해 갖고 그 문제가 해결될 수 있도록 계속 노력을 해 나가겠습니다.

[조광주 위원] 꼭 그렇게 해 주시고요. 지금 저는 이 부동산 문제가, 항상 이 부동산도 사이클을 타다 보니까 결국은 이렇게 오피스텔까지 몰리는 현상은 제가 볼 때는 끝물이 왔다고 생각해요. 항상 이게 반복되던 일이에요, 사실 10년 주기적으로 보면. 그런 일이기 때문에 지금 이런 과열 현상이 결국은 불안하기 때문에 오는 거잖아요. 심

리적으로 굉장히 불안한, 주거 불안을 느끼기 때문에 오고 그 불안 현상을 또 이용해서 어떤 수익을 발생시키려고 하는 이런 무분별한 현상이 지금 벌어지고 있는 거거든요. 그래서 이런 부분이 어떻게 보면 지금 주거에서 주거 형태의 어떤 변질 뭐 이런 걸 또 활용하는 그런 형태가 아닌가 생각 들어요. 그리고 또 이러한 부분에서 특히 이제 오피스텔뿐만이 아니라 요즘에 전세와 관련돼서, 전세가 귀하다 보니까 또 이 깡통전세와 관련돼서 나는 분명히 또 발생할 수밖에 없는 일이 벌어지고 우리가 도에서 그런 부분에 대해서 정말 고민하고 어떤 대책을 제대로 세우지 않으면 굉장한 피해자가 또 속출하겠다 이런 생각이 들어요. 그래서 그러한 부분에 대해서 도에서는 정해진 틀에서만 그 문제를 해결하려고 하지 말고 예상 시나리오를 어느 정도 감안을 해야 할 것 같다는 생각이 듭니다. 특히 아까 존경하는 임창열 위원님이 말씀하셨듯이 우리나라에만 있는 독특한 전세제도가 결국은 깡통전세라는 지금 이런 불안한 현상이 도사리고 있는 거거든요.

그래서 이게 지금 사회 전반에 주거와 관련돼서 벌어지는 이런 문제를 갖다가 다양한 시나리오를 만들어 놓고 거기에 어떤 대비책을 세울 것인가를 갖다가 이제는 만들어야 한다고 생각합니다. 그동안 우리가 많은 세월의 흐름 속에서 경험을 쌓았거든요. 그럼 그러한 경험을, 도에서 쌓은 경험을 가지고서 앞으로 벌어질 수 있는 시나리오는 얼마든지 대비할 수 있는 대비책이 나는 나올 수 있다고 보거든요. 이러한 부분에 대해서 실장님, 이번에 한 번 고민해 보시고요. 그런 방안을 마련했으면 합니다. 어떻게 생각하십니까?

[도시주택실장] 네, 좋으신 의견이고요. 그런데 저희도 여러 가지 현장에서 이루어지는 불합리한 사항에 대해서는 중앙부처에 제도 개선하고 법령 개선을 꾸준히 요구를 하고 있고 그런데 중앙부처에서도 법이 현실을 좀 제대로 못 좇아오는 그런 사항이 있는데요. 어쨌든 간 그런 사항에도 불구하고 법은 법이고 또 저희 도 차원에서도 최대한 현장에서 이루어지는 불합리한 일이 시정이 될 수 있는 것에 대해서는 지속해서 연구를 하고 노력을 하도록 하겠습니다.

[조광주 위원] 네, 꼭 그렇게 해 주시기 바랍니다. 수고하셨습니다.

가로주택정비 사업에 대해서

우리가 미래를 꿈꾸는 도시를 갖다가 만드는 데 있어서 가로주택정비사업이 잘못하면 결국은 미래를 꿈꾸지 않고 난개발의 이상한 모양이 발생할 수밖에 없는 일이 벌어지는 거잖아요.

[조광주 위원] 조광주 위원입니다. 행정감사 준비하시느라고 수고하셨습니다. 주택도시공사에서 주거복지와 관련돼서도 일을 하고 계시는데 특히 이제 취약계층 아동 주거나 빈곤 가구 문제에 있어서 매입임대라든지 이런 사업들을 하고 계시는데요. 장애인 부분과 관련돼서 의문점이 있어서 지적하겠는데요. 사실 거동이 불편하기 때문에 노약자들이든지 장애인들 같은 경우에, 그럴 때 이제 매입 임대주택에 입주할 때 사실 거주하는 부분에서 불편할 수밖에 없잖아요. 2층이라든지 3층으로 올라다닐 때 엘리베이터가 없으면, 그런데 작년에, 올해죠. 올해 매입임대 한 내용을 보니까 그런 엘리베이터 문제라든지 그분들이 이용 하는 데 있어서 불편할 수밖에 없는 그런 주택들을 거의 중점 매입을 해서 지금 이렇게 데이터상으로 나와요. 왜 이런 일이 발생한 거죠?

[경기주택도시공사사장직무대행] 위원님, 양해해 주시면, 제가 업무 파악은…….

[조광주 위원] 네

[경기주택도시공사사장직무대행] 사실 업무 파악은 하고 있는데 담당 처장으로 하여금…….

[조광주 위원] 네, 그렇게 하시죠.

[주거복지처장] 주거복지처장 장성환입니다. 위원님 말씀하시는 장애인들 매입임대 편의를 지원할 수 있는 그런 측면에서 저희가 올해는 100% 다 엘리베이터 있는 주택을 매입해서 공급하고 있습니다.

[조광주 위원] 올해 다 그렇게 하셨다고요?

[주거복지처장] 네, 그렇습니다.

[조광주 위원] 올해는 매입한 게 엘리베이터 있는 데를 다 매입했고 작년까지는 그러지 못했다는 거예요, 그러면?

[주거복지처장] 네, 작년까지는 일부 엘리베이터 없는 주택도 있습니다.

[조광주 위원] 이거 굉장히 중요해요. 우리가 매입 임대해서 취약계층이라든지 장애인들을 돕겠다고 하면서 실질적으로 그들이 불편을 느낄 수 있으면 결국은 효율적이지 못하잖아요. 그렇죠?

[주거복지처장] 네.

[조광주 위원] 그래서 그러한 부분이 다행히 올해는 엘리베이터 있는 데를 적극적으로 했다 그러니까 다행으로 여깁니다. 알았고요.

가로주택 정비에서, 이제 들어가셔도 돼요. 가로주택정비사업을 시범적으로 지금 하고 있는데, 어느 정도까지 지금 진도가 나가 있어요? 여기 업무보고 책 보자면 빠른 게 23년도까지라고 돼 있는데 19년도부터 시작된 것도 있더라고요, 부천 같은 경우에.

[도시재생처장] 도시재생처 류정호 처장입니다. 가로주택정비사업.

[조광주 위원] 네.

[도시재생처장] 저희가 지금 시행하고 있는 가로주택정비사업은 부천 역곡에 가로주택정비사업이 1건 있고요. 그다음에 지금 협약이 진행 중인 게 2건이 있습니다.

[조광주 위원] 제가 염려해서 묻는 거는 부천 같은 경우에 보면 굉장히 오래된 주택들이 많잖아요. 그래서 재개발 부분이랑 겹칠 수 있는 부분들이 많을 거라는 생각이 들어요. 그 인근이 할 수밖에 없잖아요. 그러한 부분이라 문제점이 발생할 수밖에 없다고 생각하는데, 왜냐하면 인프라가 같이 이렇게 결합할 수밖에 없잖아요. 그런 부분에 대한 어떤 고민이라든지 그런 대책이 있나요? 그냥 단순하게 예를 들어서 1만 ㎡ 밑이니까 그냥 주택만 수리해 주면 우리는 된다. 이렇게 될 경우에는 결국은 그냥 나홀로 아파트라든지 이런 일이 발생할 수밖에 없잖아요. 그럼, 결국은 우리가 미래를 꿈꾸는 도시를 갖다가 만드는 데 있어서 가로주택정비사업이 잘못하면 결국은 미래를 꿈꾸지 않고 난개발의 이상한 모양이 발생할 수밖에 없는 일이 벌어지는 거잖아요. 나는 이 부분에 대한 고민을 하다가 안 하고 단순하게 그 범위에 들어가는 부분만 손을 댔다가는, 지금 도심들도 보면, 나홀로 아파트든지 뭐 이런 거 보면 정말 주변 인프라랑 어울리지가 않잖아요. 그런 형상이 나타나는데 그러한 부분에 대해서 고민을 어느 정도 하고 계시나 해서 물어보는 거예요.

[도시재생처장] 관련해서 말씀을 좀 드리겠습니다. 가로주택정비사업 같은 경우는 저희가 사업을 처음 시와 협의한다든지 주민의 요청이 있을 경우에 위원님 말씀대로 일단은 구역을 좀 더 확대해서 그 안에 도시 인프라가 더 많이 포함되는 쪽으로 먼저 우선 검토를 합니다. 그런데 이제 그게 안 되는 지역들이 있거든요. 그 중에서 특히 과거에 뉴타운이 해제됐다든지 이런 지역인 경우는 그 지역주민만, 일부 지역주민만 꼭 필요할 경우에 가로주택정비사업으로 저희도 접근을 하고 있고요. 그 외에 대해서는 저희도 광역적으로, 이번 정부의 2·4대책이라든지 공공정비라든지 재개발·재건축 부분에 대해서 저희가 최근에는 그쪽으로 많이 심도 있는 검토를 하고 있는 상황입니다.

[조광주 위원] 그게 굉장히 중요할 것 같아요. 지금 사실 가로주택정비사업을 신청하는 지역들이 대부분 보면 재개발이라는 부분이랑 거의 겹쳐 있는 부분일 거라고 보여요. 왜냐하면 대부분 낙후된 지역에서 나 홀로 조금 떨어진 부분을 갖다가 활용하려고 하다 보니까. 그런데 그게 같이 포함돼서 하면 좋겠지만 도로라든지 여러 여건으로 떨어져 있을 수가 있잖아요. 그런 부분에 있어서는 같이 모양이

제대로 나와줘야 하잖아요. 그런데 이러한 고민 없이 그냥 단순하게 낡은 주택을 허물고 새로 짓는 방식으로만 바라보고 접근했다가는 정말 보기 흉한 그런 형태의, 인프라와 어울리지 않는 그런 주택 형성될 수 있잖아요. 그래서 나는 이 부분을 정말 고민을 많이 하셔야 할 것 같아요. 그래도 다행히 그런 부분을 갖다가 고민하고 계신다니까 앞으로 더욱더 신경을 써 주시기를 바랍니다.

[도시재생처장] 네, 말씀하신 사항을 항상 염두 해서 사업을 초기에 검토를 착실히 하겠습니다.

[조광주 위원] 네, 들어가시고요. 그리고 산업단지와 관련돼서 담당하시는 분한테 좀 묻겠는데요. 지금 자체적으로 하는 사업들이 있죠? 산업단지 관련해서.

[부위원장] 지금 굉장히 멀고, 저희들이 GH공사에 요청한 자료를 갖고 질의하니까 뒤에서 준비하시는 분들은 시간이 오래 걸리니까 미리 준비하고 답변해 주시기 바랍니다. 굉장히 오래 지체되고 있어요.

[조광주 위원] 아니, 산업단지가 굉장히 중요한데 담당하시는 분 안 계셔요? 지금 하고 있잖아요. GH에서 여러 군데 손을 대고 있는 걸로 알고 있는데.

[경기주택도시공사사장직무대행] 위원님, 질의를 전체적으로 해 주시면 그 상황에 대해서 저희들이 준비해서 하겠습니다. 산업단지도 저희들이 분산해서 하고 있고 한 곳에서 하는 게 아니기 때문에.

[조광주 위원] 아니, GH에서 지금 자체적으로 직접 참여해서 하는 곳들이 있잖아요, 포천 같은 데라든지.

[경기주택도시공사사장직무대행] 네. 그러니까 북부⋯⋯.

[조광주 위원] 그런 준비는 돼 있을 거 아니에요. 안 돼 있어요?

[경기주택도시공사사장직무대행] 그거를 담당하는 부서가 여러 개가 있어서 위원님께서 질문을 해 주시면 제가 듣다가 질문을 종합해서…….

[조광주 위원] 그러면 산업단지 인프라와 관련해서 전체를 책임지고 있는 분이 있을 거 아니에요.

[경기주택도시공사사장직무대행] 네, 그럼, 산업단지처장으로 하여금 답변하게 하겠습니다.

[조광주 위원] 아니, 당연히 그분이 나와야지, 산업단지 얘기가 나오면. (위원장을 향하여) 조금 더 사용하겠습니다.

[부위원장] 네.

[산업단지처장] 산업단지처장 이근태입니다.

[조광주 위원] 지금 산업단지가 거의 완공이 되는 데가 있죠?

[산업단지처장] 평택BIX가 작년도에 완공이 됐고요. 사업 준공이 됐고.

[조광주 위원] 그리고 내년에 거의 이제…….

[산업단지처장] 아닙니다. 지금은 거의 착수하는 데가 많이 있습니다.

[조광주 위원] 내년에 끝나는 데, 완공되는 데 있지 않아요?

[산업단지처장] 내년에는 연천이, 북부 쪽에…….

[조광주 위원] 연천. 그렇죠?

[산업단지처장] 네.

[조광주 위원] 그런데 내가 궁금한 게 뭐냐 하면 산업단지를 나름대로 노력하시는데 입주와 관련돼서, 특히 분양 사업 마무리가 어느 정도 되고 있어요, 보통?

[산업단지처장] 지금 저희가 담당하고 있는 작년에 준공했던 평택BIX가 규모가 크거든요. 한 62만 평 정도 되는데 거기 지금 분양이 한 57% 정도 됐습니다.

[조광주 위원] 57%?

[산업단지처장] 네.

[조광주 위원] 미리 공고를 하죠, 보통?

[산업단지처장] 사업 준공되기 전에 공고 내서, 공사 준공은 그전에 됐기 때문에.

[조광주 위원] 그러면 지금 준공이 된 데도 겨우 절반은 지금 이제 모집 중이네요?

[산업단지처장] 그렇습니다.

[조광주 위원] 근데 계속 지금 벌어지고 있잖아요. 산업단지가 계속 조성은 되고 있죠?

[산업단지처장] 산업단지가 균형개발산단 포함해 가지고 지금 한 4~5개 준비 착수하고 있는 실정이고 그전에 공급됐던 것은 굉장히 오래된 것은 지금 지원시설용지 한두 개 정도씩 이렇게 남아 있는 실정입니다. 주차장 용지 정도하고요.

[조광주 위원] 나는 왜 이 말씀을 드리냐 하면 우리가 산업단지를 조성할 때는 기본적인 수요조사를 하잖아요.

[산업단지처장] 네, 그렇습니다.

[조광주 위원] 그런데 수요조사를 해 놓고 준공이 끝났는데도 불구하고 시간이 계속 흐르는데도 50% 정도밖에 분양을 못 하는 일이 벌어지잖아요. 평택 같은 데 위치도 좋잖아요. 그렇죠? 위치도 좋은데 분양이 지금 50% 정도밖에 안 되는 거야. 준공이 끝난 지가, 지났는데도요. 그러면은 지금 굉장히 많이 GH에서 손을 대고 있는데 그러면 이게 분양이 계속 지금 위치가 좋은데도 50% 정도밖에 안 되고 있는데 계속 이것만 벌여놓고, 이게 분양이 안 되면 계속 시간만 가는 거잖아요. 그렇죠? 나는 이게 효율적이지 못한 부분을 갖다가, GH에서 어찌 됐든 경기도의 어떤 주택이라든지 토지와 관련돼서 책임을 지는 일을 하면 그 부분에 대한 안배를 분명히 하고 가야 해요. 왜냐하면 수요조사가, 무조건 당연히 수요는 많을 수밖에 없겠죠. 개발하는 개발업자 입장이 됐든 누가 됐든 벌리고 나서, 그런데 수요가 미치지 못하면 결국은 허허벌판으로 남는 거잖아요, 해 놓고선. 그렇죠? 그러면 그 땅이 뭐로 가요? 효율성 있게 쓰지도 못하고 그냥 방치되는 거잖아요. 나는 이 부분을 최소화할 수 있는 부분을 갖다가 앞으로는 첨단시대에, 내가 아까 AI와 관련돼서 어떤 연구를 했다든지 주택도시공사에서 한 게 있냐고 그 자료가 있으면 달라고 한 게 그런 내용. 이제는 미리 시뮬레이션할 수 있는 좋은 시대가 됐어요. 그렇죠? 그러면 그거를 최대한 활용해서 이제는 정말 시너지를 낼 수 있는 그런 일을 갖다가 경기도 주택, 토지를 책임지고 있는 데서 해 줘야 된다고 봐요. 그래서 질문을 한 거고요. 그러니까 그런 부분에 신경 써 주시길 바랍니다, 처장님.

[산업단지처장] 알겠습니다.

[조광주 위원] 이상입니다.

도시주택공사에 대해서

지금 우리나라가 이렇게 복잡한 부동산 문제가 벌어지고 있지만 이건 뭐 우리나라만의 문제가 아니라 세계의 문제잖아요, 부동산 문제가. 그런데 다행히 지금은 데이터를 갖다가 추출할 수 있는 시대가 됐고 또 거기에 인공지능이라는 어떤 신기술을 결합할 수 있는 시대가 도래했다고 봐요.

[조광주 위원] 조광주 위원입니다. 이제 시대가 변하고 있잖아요. 특히 트렌드의 변화가 4차 산업혁명 시대의 도래라고 하는데 용어가 나온 지는 오래됐지만 실질적으로 실생활에 접목하는 거는 현재 이루어지고 있는 게 사실이거든요. 지금 벌어지고 있는 일들, 부동산 문제라든지 이런 것들이 결국은 관에서 데이터라든지 사실 인공지능이라든지 이런 부분에 대한 연구를 나름대로 중앙정부는 좀 하는 걸로 알고 있고 경기도 같은 경우에는 경기개발연구원이라든지 뭐 이런 데서 그래도 연구원 중에 그런 분야에 관심 있는 부분이 있어서 시도 하고 있는 걸로 알고 있어요. 지난번 행정감사 때 제가 지적했듯이 거래 추적과 관련해서 기획부동산들의 난립 이런 부분도 어찌 됐든 부동산과 기술 부분이 접근 하면 쉽게 해결할 수 있는 부분이 나올 수밖에 없는 시대가 도래했다고 생각하거든요. 프롭테크라 그러잖아요, 부동산과 기술 관련해서.

그런데 제가 실장님한테 말씀드리고 싶은 것은 그러면 우리가 앞으로 어떻게 해야 할 것인가, 미래지향적으로. 이런 부분에서 사실 도에서 고민을 좀 하셔야 하는데 제가 지난번에 주택도시공사에 가서도 AI 인공지능과 관련돼서 얘기를 꺼냈어요. 데이터라든지 요즘에 정말 첨단이 이루어지는 시대에 기업들이 미래지향적으로 많은 개발을 하고 있지 않습니까? 그런데 그 개발과 관련돼서 관에서는 지원을 통해서 이루어질 수밖에 없는 거고 그러면 관에서는 어떻게 활용할 것인가? 이 고민이 이루어져야 한다고 생각하는데 지금 그런 어떤 상황에 대해서 고민한 흔적이 별로 안 보여서 내가 그래도 경기도 도시주택 문제를 책임지고 있는 실장님한테 물어보고 싶어서 얘기하는 거예요. 이러한 부분에 대해서 어떤 계획이나 생각이 있습니까?

[도시주택실장] 일단 물리적으로는 4차 산업혁명에 대해서는 이제 도시 분야에 있어서는 스마트도시라든지 그런 것을 접목하기 위해서 지금 3기 신도시에서도 우선적으로 저희가 협의를 하고 있고요. 또 지난번에도 보고드렸던 것 같은데 제3판교 거기에서도 스마트 시범도시로 저희가 지금 추진을 하고 있습니다. 그리고 이게 그냥 기반시설 또 물리적인 시설이 아니라 일자리도 창출이 돼야 되고 그렇기 때문에 그런 것은 다양한 문제에 대해서도 저희가 같이 고민은 하고 있습니다.

[조광주 위원] 지금 우리나라가 이렇게 복잡한 부동산 문제가 벌어지고 있지만 이건 뭐 우리나라만의 문제가 아니라 세계의 문제잖아요, 부동산 문제가. 그런데 다행히 지금은 데이터를 갖다가 추출할 수 있는 시대가 됐고 또 거기에 인공지능이라는 어떤 신기술을 결합할 수 있는 시대가 도래했다고 봐요. 그러한 부분만 잘 확보 하고 또 우리가 인공위성을 쏘면서 요소요소를 들여다볼 수 있는 부분이 있잖아요. 불법과 관련돼서라든지 모든 부분, 그래서 이런 데이터를 통해서 나는 얼마든지 해결의 실마리가 앞으로 나올 수 있다고 보거든요. 도시주택실도 도시주택실 나름의 어떤 고민이 있겠지만 또 마찬가지로 우리 도시주택공사도 실질적으로 필드에서 일하시는 부분이기 때문에 다양한 방면에 활용할 수밖에 없는 거잖아요, 현실적으로. 내부적인 문제뿐만이 아니라 외부적인 문제까지도 다 손을 댈 수밖에 없는 요구고 이런 전반적으로 빨리 변화되는 걸 갖다가 기업들이 기술을 가질 수밖에 없잖아요. 그러면 그 기술을 갖다가 최대한 관에서 또 활용할 수 있는 부분을 최대한 담아내서 통제할 수밖에 없는 거잖아요.

사실 우리 사회에 지금 벌어지고 있는 모든 문제가 다른 거 아니지 않습니까? 관에서 어느 정도 적절한 통제가 제대로 역할을 못 할 때 이루어지는 거잖아요. 수많은 문제를 일으킬 수밖에 없는 거잖아요. 나는 이런 부분이 지금 시대에 걸맞게 첨단화 부분을 갖다가 고민해서서, 관에서 그걸 개발할 수 있는 건 아니지만 그 개발하는 부분을 지원으로 관에서 활용할 수 있는 부분을 찾아내야 한다고 생각해요. 그래야지만 우리도 지금같이 이렇게, 복잡하잖아요. 정말 가장 복잡한 게 부동산 문제잖아요, 사실. 우리 삶과 직결되기 때문에 이러한 문제를 갖다가 관에서 그냥 사후약방문식 어떤 사건이 터졌을 때 뒷북행정식으로 이렇게 접근할게 아니라 이제는 시대가 요구하는 부분을 좀 담아서 예상할 수 있는 다양한 시뮬레이션을 할 수 있을 것 같아요.

전에도 내가 간단하게 주택공사가서 얘기를 했지만 경기도는 판교라는 대한민국 최고의 IT기술을 갖고 있는, 4차 산업기술을 갖고 있는 그런 기업들이 대부분 판교에 모여 있다고 보이거든요. 그 주변과 같이 맞물려서 돌아가는데 경기도에서 그런 좋은 입지를 관리하는 데 있어서 정말 우리가 필요한 게 뭔가를 갖다가 잘 체크해서 또 기업이 성장할 수 있도록 지원도 해 주면서 거기에서 나오는 우리가 활용할 수 있는 부분을 갖다가 최대한 활용해서 정말 도민들에 혜택이 돌아갈 수 있는 그러한 장을 펼쳐줘야 한다고 생각해요. 그런데 이 부분에 대해서 사실 여태까지 관에서 진행되는 일들을 보면 거의 그냥 놓여진 현실만 마치기 바쁘잖아요. 그런데 이제 그렇게 가는 시대는 관도 탈피해야 한다고 생각해요. 미래에 대한 부분에 있어서 어느 정도 우리가 투자와 지원을 통해서 활용할 수 있는 부분을 만들어 내고 또 새로운 동력을 만들어 내서 그게 도민들에 퍼질 수 있는 그런 역할을 관에서 해 줘야 하거든. 경기도는 개발연구원에서 그래도 관심 있는 연구자들도 있고 또 주택공사에서도 연구소가 있잖아요. 그런 부분에 있어서 서로 공통 분모를 찾아서 인원이 부족하면, 사실 연구하고 뭐 이런 게 자체의 인원 갖고 하는 게 아니잖아요. 현실적으로 외부적인 부분을 어떻게 활용해서 같이 종합적으로 제대로 역할을 할 수 있게끔 해 줄 것인가 이런 고민을 좀 해서 진행이 돼서 나가야 한다고 봐요. 이런 부분에 우리 실장님은 동의하시는 거죠?

[도시주택실장] 네, 큰 틀에서 동의를 하고 있습니다.

[조광주 위원] 예산 이런 것은 논의하면 나는, 우리가 미래로 가자는데 논의하면 안 될 게 뭐가 있습니까? 지금 눈앞에 보이는 그냥 긴급 처방하기 바쁘다 보면 이게 점점 커지잖아요, 일이. 그래서 나는 지금 시대의 트렌드에 맞게끔 우리도 이제 4차 산업혁명 시대에 뭐가 진짜 구체적으로 지금 실시되고 있는 건데 그러면 거기에 맞게끔 우리가 힘을 모아서 문제라든지 또 미래지향적으로 갈 수 있는 길을 갖다가 제시하고 함께 가야 한다고 생각하거든요. 도시주택공사도 마찬가지로 그렇

게 해서 그런 역할을 좀 잘했으면 하는 바람입니다.

[도시주택실장] 네, 알겠습니다.

[경기주택도시공사사장직무대행] 네, 위원님. GH 사장 직무대행 안태준입니다. 간단히 말씀드리면 저희가 사실은 이것과 관련해서 스마트시티 기술 분야의 창업벤처들을 지원하기 위한 혁신펀드를 조성하고 있습니다. 위원님께서 좋은 지적해 주셨는데요. 저희도 이것과 관련해서 잘 준비하고 있다는 말씀드리겠습니다.

[조광주 위원] 네, 그걸 뭐, 그렇게 준비를 잘하고 있으면요, 우리 주택실도 활용할 수 있는 부분을 갖다 같이 찾으셔야 돼요.

[경기주택도시공사사장직무대행] 네, 당연히 경기도와 함께하는 겁니다.

[조광주 위원] 이런 문제를 갖다 해결하는 데 있어서 지금같이 데이터랑 인공지능이랑 이런 부분을 잘 활용하면 얼마든지 문제를 쉽게 찾을 수 있잖아요. 그전에는 모두 사람들이 수기로 했지만, 지금은 그런 시대가 아니잖아요. 얼마든지…….

[경기주택도시공사사장직무대행] 저희가 그런 기업들을 찾고 발굴하고 지원을 해서 육성까지 하는 역할들을 좀 해 보겠습니다.

[조광주 위원] 네, 수고하셨습니다.

부동산
행정감사

CHAPTER 2 | 2020

임대포탈사이트 대해서

임대사업자들은 적어도 임대 사업 기간에는 세입자를 내보낼 수가 없어요. 자기가 주거를 할 수 없기 때문에. 그러면 거기는 2년 플러스 2년은 자동으로 4년을 살수 있는 거예요. 그런 주택을 주민들이 알아야 할 거 아니에요.

[조광주 위원] 조광주 위원입니다. 실장님 수고 많으신데 앉아서 대답하셔도 됩니다. 요즘 전세난이 심각하죠?

[도시주택실장] 네.

[조광주 위원] 전세금도 폭등하고 있고, 그렇죠? 이게 주거생활 안정을 기해야 하는 데 정말 불안하게 하죠?

[도시주택실장] 네, 맞습니다.

[조광주 위원] 그런데 전세난은 항상 그래왔어요. 그런데 이제 언론에서 보도되는 게 좀 자기네 세게도 보도를 하고, 강하게. 나는 중요한 게 뭐냐 하면 이번에 임대차계약 갱신 2+2가 새로 생겼잖아요?

[도시주택실장] 네.

[조광주 위원] 그런데 갱신 거부 사유에 대해서 알고 계시죠? 주인이 거주한다든지…….

[도시주택실장] 임차인하고 임대인하고…….

[조광주 위원] 갱신 거부 사유는 직계존비속이라든지, 그렇죠? 그런데 문제는 뭐냐 하면요. 임대사업자 등록을 하면 갱신을 거부할 수 있어요, 없어요? 실장님 모르세요? 토지

정보과장님. 임대사업자 등록을 하면 갱신 거부할 수 있어요, 없어요? 잘 몰라요?

[도시주택실장] 주택정책과장입니다.

[조광주 위원] 임대사업자 등록하면 갱신 거부할 수 있어요, 없어요?

[도시주택실장] 임대사업자 등록을 하더라도 2년마다 갱신을 하고 있습니다.

[조광주 위원] 거부 물었잖아요. 지금 주택임대차사업법이 2+2 됐는데 2년 더 거주할 수 있죠?

[도시주택실장] 네, 있습니다.

[조광주 위원] 그런데 혼란스럽죠. 지금 굉장히 혼란스러운 일이 벌어졌잖아요. 주인들이 가격을 더 받기 위해서 어떻게 해요? 내보내야 하는 일이 발생한 거잖아요.

[도시주택실장] 네, 그렇습니다.

[조광주 위원] 내가 왜 묻는지 아세요? 임대사업자 등록하면 등록 기간이 얼마예요,

[도시주택실장] 지금 10년으로 바뀌었습니다. 단기 4년, 장기 8년에서 10년으로 바뀌었습니다. 아파트 같은 경우에는 폐지가 됐습니다.

[조광주 위원] 그렇게 바뀌었는데 예를 들어서 임대사업자는 세입자가 들어와서 살다가 "2년 더 살겠습니다." 하면 "네, 알았습니다." 합니까, 아니면 "우리가, 내 아들이 들어와서 살 건데……." 하면서 내보내고 임대료를 상승시키는 일이 발생할 것 같아요, 안 발생할 것 같아요?

[도시주택실장] 발생하고 있습니다.

[조광주 위원] 발생하고 있죠?

[도시주택실장] 네, 그렇습니다.

[조광주 위원] 그런데 이 부분이 사후적인 문제죠?

[도시주택실장] 네, 사후적인 문제입니다.

[조광주 위원] 결국은 분쟁의 소지가 발생한 거예요. 그러면 경기도에서는 이와 관련해서 어떤 대비를 하고 있나요?

[도시주택실장] 지금 임대차 관련해 가지고는 저희 법무담당관실에서 이거를 담당하고요. 임대차 상담센터라든가 이거를 우리 종합민원실, 2청 그리고 시군에도 상담이라든가 이런 걸 해 주기 위해서…….

[조광주 위원] 토지정보과에서 그런 거 관련이 없나요? 서로 업무협의를 해서 대책을 세워야 하잖아요?

[도시주택실장] 네, 그렇습니다.

[조광주 위원] 적어도 나는 이런 부분이 홍보의 문제라는 거예요. 등록임대차 찾기라는 제도가 있어요, 그렇죠?

[도시주택실장] 그렇습니다.

[조광주 위원] 그런 포털이 있죠?

[도시주택실장] 네, 포털 있습니다.

[조광주 위원] 임대사업자 찾기 포털 있어요, 없어요?

[도시주택실장] 있습니다.

[조광주 위원] 그거 대대적으로 홍보하고 있어요?

[도시주택실장] 국토부에서 렌트홈을 만들어 가지고요.

[조광주 위원] 국토부에서 어디랑 업무협약을 합니까?

[도시주택실장] 민간임대정책과에서 하고 있습니다.

[조광주 위원] 그럼 경기도는 어떻게 해야 합니까?

[도시주택실장] 그거에 대해서 저희가 시군하고 같이 해 왔고 홍보를 하고 있습니다.

[조광주 위원] 이것 보세요. 시민들이 사이트에 쉽게 들어가서 우리 동네 주택임대사업자가 누구인가 정도는 알 수 있는 사이트 그걸 갖다 할 수 있게끔 해 줘야 되는 거잖아요. 그러면 적어도 등록임대사업자 주택에 거주하는 사람들은 2년을 거주하고 있으면 자동으로 자기가 본인이 요구하면 주인이 직접 거주를 할 수 없기 때문에 직계존비속이라는 이유 하나 이런 걸로, 그럼 들어와서도 얼마든지 2년을 자동으로 갱신할 수 있잖아요. 그런데 전혀 몰라요, 이런걸. 이렇게 혼란스러운데도 불구하고 적어도 관에서 "우리 동네 주택임대사업자들이 이만큼 있으니, 이분들에 거주하고 있는 전세사업자들은 자동 갱신할 수 있는 권한이 있습니다." 이 정도는 홍보해야 할 거 아닙니까? 지금 대한민국 전체가 혼란스러워요, 이런 거 하나 제대로 안 해서, 해 놓고서도 전부 책임 방치하는 거야, 지금. 임대사업자가 엄청난 숫자가 있는데 그 사람들이 갱신할 수 있는지 없는지조차도 공무원들이 파악 못 하고 있고 말이야. 지금 답변하는 것도 이것만 제대로 홍보했어도 이렇게 전세난 막 들쑤시게 일어나지 않았어요. 임대사업자들이 얼마나 많아요, 지금. 그러면 거기에 임대사업자 밑에서 거주하고 있는 사람들은 5% 수수료율

만 올려주면 되는 거예요. 그런데 이런 홍보도 하나도 안 해 놓고 업무협약, 이런 경우가 어디 있어요? 대한공인중개사협회랑 업무 협약해서 국토부에서는 했다고 그래, 내가 사이트 들어가서 보니까. 그걸 일반 시민들이 어떻게 찾아요? 그러면 경기도는 포털사이트가 있으면 경기도에서라도 이런 임대정책에 대한 부분을 재빨리 해야할 생각을 해야 하지 않습니까? 당장 하세요.

[도시주택실장] 네, 법무담당관실에서 9월 22일에 임대차 협력 상담센터를…….

[조광주 위원] 그리고 홍보하세요.

[도시주택실장] 협약을 했고요. 상담센터가 지금 도에 무료법률상담이 있고요. 열린민원실, 북부청사 종합민원실까지 확대…….

[조광주 위원] 들어가 봤어요? 사이트에 들어가면 일반 시민들에 홍보를 해야 할 거 아닙니까? 임대사업자들은 적어도 임대사업 기간에는 세입자를 내보낼 수가 없어요. 자기가 주거를 할 수 없기 때문에. 그러면 거기는 2년 플러스 2년은 자동으로 4년을 살 수있는 거예요. 그런 주택을 주민들이 알아야 될 거 아니에요, 살고 있어도. 살고 있는 사람조차도 자기가 그 주택에 살고 있는지 안 살고 있는지조차도 모르는 거야, 이게 어떤법이 적용되는지도 모르고. 서로 제대로 된 홍보를 안 하기 때문에 이런 혼란이 온 거예요. 이거 경기도 사이트 잘 만들어놨는데 이거와 관련되어서는 전혀 체계가 안 되어 있어요. 홍보하시고요. 그리고 각 시군에 이 홍보할 수 있게끔 전달하세요. 지금 이거 굉장히 중요한 문제예요. 지금 임대사업자들 임대료, 사업문제이기 때문에 "내가 살 거다, 아니면 우리 직계존비속이 살 거다." 하면서 내보내고 임대료 껑충껑충 뛰고 있어요. 이거만 단속해도 임대료 단속 제대로 할 수 있는 부분이 있는 거예요. 이렇게 혼란스럽지않게 벌어지는 일이 있는 거예요. 이거 분명히 하세요.

[도시주택실장] 네, 그렇게 하도록 하겠습니다.

[조광주 위원] 그리고 지금 분양가와 관련되어서 내가 성남을 보니까 성남이 실거래

가 등록 위반사항이 제일 높게 나왔는데, 제가 성남에서 오래 거주했기 때문에 말하는 데요. 이거는 경기도의 문제만이 아니라 대한민국 전체의 문제예요. 항상 거래되죠? 업계약서, 다운계약서에 대한 부분이 항상 나오죠, 그렇죠? 그런데 요즘에는 실거래가 확인 때문에 조금 자금조달계약서라든지 이런 부분을 잡아낼 수 있는 부분이 있는 거예요, 그렇죠? 그런데 성남시 같은 경우는 왜 이렇게 실거래가 위반이 많은 거예요? 도대체 내용이 뭐예요?

[토지정보과장] 토지정보과장 권경현입니다. 부동산 실거래가 위반이 주로 많이 나오는 부분이 지연신고가 많고요. 그다음에 작년에 기획부동산 관련해서 저희가 점검해서 기획부동산 거래 당사자들이 지연신고하는 사례가 많았습니다. 그래서 성남이 실적이 많았다고 볼 수 있겠습니다

[조광주 위원] 제가 이야기할게요. 흔히 분양권 같은 경우예요. 중개업소에서 하소연하는 게 뭐냐 하면 계약서를 작성하려고 그러면 다운계약서를 써주지 않으면 계약서를 안 쓴대요. 요구사항이래요, 그게. 그러니까 중개업소도 힘든 거야. 다운계약서를 써 주지 않으면 계약이 안 되는 거야. 이게, 있는 거예요. 그러면 이 부분을 어떻게 단속할 것인가를 고민해야 하는 거예요. 그리고 특히 중개업소도요. 회원·비회원 간 계속 그거 단속한다고 해도 안 되는 거 아시죠?

[토지정보과장] 네, 회원과 비회원 간의 약간 반목이 있는 것으로 알고 있습니다.

[조광주 위원] 그런데 그 부분에 대해서 항상 방침은 그 부분을 갖다가 나름대로 단속하겠다 하면서 어떻게 되고 있어요, 지금 현실은?

[토지정보과장] 저희가 주로 공인중개사 불법행위 단속은 시군에서 자체적으로 기획을 해서 많이 하거든요.

[조광주 위원] 그게 문제인 거예요. 그게 문제입니다. 시군은 맨날 보고 지내는 사람들이에요. 정보가 항상, 언론에서 그렇죠. 정보가 어디서 새는지 문이 닫힌다고. 도에서 특

사경은 뭐 하는 거고, 또 도도 지금 비밀평가 지원인력이라는 제도 만들었어요, 안 만들었어요? 만들었죠? 특사경에 비밀평가 지원인력 있는 거 아세요?

[토지정보과장] 제가 그것까지는 모르겠고 부동산 분야 특사경 인력이 보강돼서 작년 4월부터 운영 중에 있습니다.

[조광주 위원] 지금 사채업자들 같은 경우에는 비밀평가 지원인력을 만들어서 불법사채업을 단속하고 있어요. 그럼, 부동산도 이거 하겠다고 발표는 했어요. 이런 부분에 대한 부분을 갖다가 하셔야 하는 거예요. 우리나라 서민, 중산층이 다 어렵게 되는 이유가 뭐, 주거랑 교육불안이에요. 제일 중요한 게. 그럼 그 부분을 단속하는 행정인력들이 업무 유기적 협조가 형식적인 거야. 시군에서 다 단속한다. 시군에서 할 것 같아요? 시군은 만날 얼굴 보고 지내던 사람들인데 그게 단속이 제대로 될 것 같냐고요. 도에서 그런 점을 갖다가 정말 심도 있게 고민해서 방법을 만들어 내, 이거 얼마든지 방법 할 수 있어요.

[토지정보과장] 말씀드리겠습니다. 단속 관련해서는요, 저희가 도에서 기획단속도 사실 하고 있습니다. 그런데 주체는 행정처분이라든지 시군에서도 자체 기구를 세워서 하고요. 도에서는 기획단속이 실거래가 특별점검이라든지 또는 공인중개사의 허위매물에 관한 특별단속 이렇게 기획단속을 하고 있고요. 작년 같은 경우는 올해는 다른 것 때문에 도에서 직접 인력이 부족했지만 작년에는 공인중개사의 불법행위에 대해서는 시군 교차단속이라든지 이렇게 해서 어쨌든 자체점검으로 어려운 부분을 시군 공문 교류해 가지고 단속하기도 했는데 최선을 다하도록 하겠습니다.

[조광주 위원] 제가 시간이 지났으니까, 거래 질서 확립을 위해서요. 특히 지금 대한민국 망국적 부동산 투기 현상이 벌어지지 않습니까? 관의 역할이 너무나도 중요한 거예요. 이거 관을 굉장히 우습게 보기 때문에 이런 일이 반복적으로 생기는 거예요. 그러면 암행 단속 이런 게 왜 필요한 겁니까? 그런 부분에 대해서 고민해서 제대로 해야죠. 그거에 대해서 계획 세우서서 저한테 갖고 와 보세요.

[토지정보과장] 네, 알겠습니다.

임대사업자에 대해서

법무담당관실이랑 도시주택실이랑 업무협의를 잘하서서 책임지시고 이제 이러한 부분을 홍보해 나가면서 이런 정말 작지만, 불안한 부분을 해소하는 역할을 하는 거거든요. 그러한 부분을 해 주십시오

[조광주 위원] 조광주 위원입니다. 실장님 수고 많으십니다. 오전 질의에 이어서, 도시주택실장이 실무책임자잖아요. 그렇죠?

[도시주택실장] 네, 그렇습니다.

[조광주 위원] 지금 경기도에 임대사업자가 갖고 있는 주택이 36만 호라고 그래요, 지난달 8월 기준으로 봤을 때. 어마어마하죠? 그런데 이분들이 주거 여건이 어떤 데 갖고 있을 것 같아요? 한번 파악, 생각해 보셨어요?

[도시주택실장] 보통 평균적으로 임대주택 하면 그래도 아주 좋은 곳보다는 중하 쪽이 많을 것 같습니다.

[조광주 위원] 그래도 주거 여건이 사실 빈집도 많잖아요, 경기도에. 그래도 어느 정도 주거 여건이 괜찮은 데서 임대 사업을 해야 거래가 되겠죠?

[도시주택실장] 좀 그런 면도 있습니다.

[조광주 위원] 나비효과 아시죠, 나비효과?

[도시주택실장] 네.

[조광주 위원] 작은 파장에도 폭풍이 몰려올 수가 있지 않습니까? 그런데 경기도에 임대사업자가 갖고 있는 주택이 36만 호가 넘고 또 일반 공공기관에서 하는 것도 있고

개인이 또 등록 안 하고 하는 것도 있고 매우 많겠죠. 그런데 이번에 주택임대차3법이 통과되면서 굉장히 전세시장에 혼란이 왔죠. 그렇죠?

[도시주택실장] 네.

[조광주 위원] 예를 들어서요. 제가 왜 묻냐 하면 사실 임대사업자 등록한 주택은 계약 갱신을 거부할 수가 없죠?

[도시주택실장] 네.

[조광주 위원] 갱신을 거부할 수 없는데도 임대사업자가 갖고 있는 주택에 사는 사람들은 그걸 과연 갱신 거부할 수 없다는 거 아는 사람들이 얼마나 있을까요?

[도시주택실장] 언론을 통해서 많이 보도는 됐지만 세세하게 그런 것까지 아시는 분은 많지 않을 거로 생각합니다.

[조광주 위원] 이게 그래서 홍보가 중요하고요. 이런 임대주택과 관련해서 사실은 사람들의 불안심리를 이용하는 거거든요. 작은 파장을 일으키고. 이 부동산 문제는 나비효과랑 비슷한 현상이 벌어진다고 생각해요. 나는 그래서 이런 관에서 정말 적극적인 홍보가 필요하다고 생각합니다. 실질적으로 현장에서는 내가 임대사업자 등록의 주택에 살고 있어도 내가 그 집의 주인이 임대 사업을 하는 사람인지 아닌지 모르는 사람들이 허다해요. 그리고 내가 그 주택에 살면 얼마든지 4년은 보장을 받은 거예요. 그런데도 그런 걸 모르거든요. 그러니까 실장님이 책임자시기 때문에 법무담당관실이랑 도시주택실이랑 업무협의를 잘해서 책임지시고 이제 이러한 부분을 홍보해 나가면서 이런 정말 작지만, 불안한 부분을 해소하는 역할을 하는 거거든요. 그러한 부분을 해 주십시오.

[도시주택실장] 네, 알겠습니다. 충분하게 홍보가 될 수 있도록 법무담당관실하고 협의토록 하겠습니다.

[조광주 위원] 그렇게 해 주시고요. 그리고 요즘에 그래도 시스템이 자금조달내역서를 받고 있기 때문에 과거보다는 많이 좋아졌어요, 거래 질서 확립 이런 부분에서는. 그래도 아직도 인터넷 게시판이라든지 소셜 네트워크 서비스라든지 카카오톡 단톡방 이런 데서 집값 관련 담합행위가 이루어지고 있다고 보죠?

[도시주택실장] 네.

[조광주 위원] 그래서 이게 적발하는 게 쉽지 않아요. 그렇죠?

[도시주택실장] 담합을 하면 어느 내부에서 얘기를 안 하면 쉽지는 않을 것 같습니다.

[조광주 위원] 부동산 시장이라는 게 전국적으로 우리나라가 항상 그래왔듯이 일시적으로 정확하게 접근 못 하면 두더지게임이 되고 말아요. 그렇죠? 여기를 투기과열지구로 묶으면 또 다른 쪽에서 튀어나오죠. 그러면서 전국을 혼란스럽게 만든단 말이에요. 나는 경기도에서 이런 부분에 정말 제대로 접근했으면 좋겠어요. 왜? 이제 서울이라는 도시에서 젊은이들이 살기에는 너무 어려워진 일이 벌어졌어요, 결국. 그러면 그들이 일을 하면서 거주를 할 수 있는 데가 경기도밖에 없어요, 사실. 출퇴근할 수 있는 부분이. 그럼, 경기도에서 정말 거래질서라든지 혼란스러운 부분을 책임 있게 할 수 있는 그런 노력을 해 주셔야 하거든요. 그냥 방치하면 지금까지 엉망이 됐듯이 계속 엉망이 돼 가는 거예요. 그럼 시스템, 요즘엔 시스템이 너무 잘돼 있어요, 이제. 데이터를 다 확보할 수 있고요. 데이터 축적을 다 할 수 있는 시대가 됐어요. 그 시스템을 최대한 활용해서 정말 우리가 앞으로 미래지향적으로 가기 위해서 이 주택만큼은 이러한 방안을 갖고 확실하게 마련하겠다는 이런 계획들을 세워 주셔야 해요. 그런 계획 세우신 것 있으세요?

[도시주택실장] 구체적으로 세운 건 아직 없습니다.

[조광주 위원] 그래서 이게 항상 정책이 사후약방문이라고 하는 말이 나오는데 특히 이 주거 문제가 우리 한국 사회는 특히 모든 자기 재산의 거의 전 부분을 차지하고 있

어요. 그러다 보니까 그게 불안하면 사람들은 모든 일에서 자유스럽지가 못 해지는 거예요. 그러면 관에서 그런 시스템을 고민해야죠. 이제 4차 산업혁명이라고 하는데 얼마나 좋습니까? 이 시스템은 얼마든지 만들 수가 있어요, 이제는. 그전에는 동선 파악이 안 돼 있지만 지금은 동선파악을 얼마든지 시스템으로 할 수가 있어요. 그건 데이터 축적을 계속해 놓고 거래 추적을 하면 나오게 돼 있거든요. 그런 부분을 경기도에서 나는 앞으로 고민해야 한다고 생각합니다.

[도시주택실장] 종합적으로는 기획부동산부터 시작해서 지금 이런 집값 담합이라든지 불법거래라든지 이런 거는 저희가 지속해서 단속을 하고 법령개정도 지속해서 건의하겠습니다.

[조광주 위원] 그러니까 그냥 단속하겠다 이러면 그때뿐이란 말이에요. 항상 그래왔잖아요. 우리가 과거를 보더라도 여태까지 계속 단속 안 했습니까? 합동단속도 하고 별거 다 했죠. 그런데 그런 단속은 그때뿐이라는 거예요. 이제는 4차 산업혁명 시대에 걸맞게 시스템으로 단속할 수 있는 걸 만들어 내야 한다는 거예요. 그거 왜 못 만들어요? 얼마나 프로그래머들이 발달하고 있어요? 그럼, 그 시스템에 대한 고민을 하셔야죠.

[도시주택실장] 시스템을 못 만드는 건 아니고요. 그걸 운영하면서 만약에 업다운 계약을 한다고 할 때 그 계약 당사자들하고 부동산중개업자 3명만 담합을 하면 그거를 찾아내기가 쉽지가 않고 그렇기 때문에 그 시스템이 문제가 아니라 사회적인 그런 뭐랄까, 인식도 많이 제고가 돼야 한다고 생각됩니다. 그러려면 불법에 대한 엄격한 처벌을 해서 그렇게 불법을 행하면 불이익을 받는다는 것을 확실하게 신호를 줘야지 정착이 될 것 같습니다.

[조광주 위원] 그렇죠. 시스템도 중요하지만, 담합행위에 대해서 어떡하냐. 그런데 담합이라는 건 서로 조건이 만들어져서 하는 거잖아요. 그런데 상시로 신고한 어떤 부분에 혜택을 주면 진실은 밝혀질 수밖에 없어요. 나는 그러한 부분을 만들어 내야 한다고 생각해요. 예를 들어서 어떤 계약서 거래가 성립이 됐어요. 누군가는 나중에 불리해 질 수가 있는 거 아니에요, 시간이 흐르고 난 다음에는. 그렇죠? 왜? 정상적인 계약

이 아니기 때문에 누군가는 불리하게 돼 있어요, 시간의 흐름. 처음에는 그런 게 느껴지지 않다가도 시간이 흐르면 그 불리함이 나타날 수밖에 없는 거잖아요. 예를 들어서 다운 업 계약서 썼을 때. 그러면 거기와 관련돼서 어떤 인센티브를 제시한다고 관에서 홍보를 열심히 해 주시면 하겠습니까? 중개업 하시는 분들이 그런 거 하겠어요? 아니면 집을 사고파는 사람들이 그런 거 하려고 하겠어요? 왜? 언젠가는 그게 자기한테 불이익으로 돌아온다는 강한 어떤 법 제도적인 장치가 제대로 홍보가 되어 있으면 그런 일 안 벌어져요. 나는 그런 거를 갖다가 앞으로 고민하셔야 한다고 생각하는 거예요.

[도시주택실장] 네, 알겠습니다.

[조광주 위원] 지금 나름대로 정부에서는 부동산정책을 정말 안정화하려고 굉장히 노력했는데 결국은 어려워졌잖아요. 이게 뭐예요, 우리 관에서도 같이 협조해서 정말 이 부분이 나왔을 경우에는 같이 신속하게 결합되어서 가야 하는 거거든요. 따로따로 놀면 아무 의미 없어요. 지금 각자……

[부위원장] 조광주 위원님 마무리 좀 해 주십시오.

[조광주 위원] 네. 국토부는 국토부대로, 그렇죠? 그리고 우리 광역 경기도는 경기도대로 또 시군은 시군대로. 이 유기적인 시스템이 지금 작동되는 것 같으면서 엇박자가 나는 거예요. 그래서 나는 경기도 같은 데에서는 적어도 가장 수요가 많을 수밖에 없는 조건을 갖고 있기 때문에 그럼 앞으로 우리 경기도만이라도 제도적인 장치를 우리만의 거를 제대로 모범사례로 만들어 내면 나는 해결한다고 봐요. 이게 수도권의 문제가 가장 중요하기 때문에 그래요. 어떻게 뭐, 제가 말한 게……

[도시주택실장] 위원님 말씀에 충분히 공감합니다. 또 말씀하신 사항에 대해서도 계속 고민을 해 왔고 좋은 방안을 검토토록 하겠습니다.

[조광주 위원] 수고하셨습니다.

주거복지 문제에 대해서

주거복지 문제는 인간이 최소한 누려야 될 권리를 갖고 살아야 하는 거잖아요. 그런데 이러한 부분을 갖다가 시장의 논리로 자꾸 접근하다 보니까 이런 일이 발생한 거지 않습니까?

[조광주 위원] 행정사무감사 준비하시느라 수고하셨습니다. 도시주택공사 설립 목적이 살기 좋은 지역사회 건설과 도민 복지 향상에 기여하겠다고 돼 있어요. 그렇죠?

[경기주택도시공사사장] 네, 그렇습니다.

[조광주 위원] 도민 복지가 들어가 있어요. 지금 존경하는 김지나 위원님이 전세 부분에 대해 말씀을 하셨어요. 그렇죠?

[경기주택도시공사사장] 네.

[조광주 위원] 그런데 전세제도라는 게 우리나라의 어떤 독특한 과거부터 내려왔던 관습으로 안착이 돼 있고 이 부분이 사실 쉽게 바뀔 수는 없어요. 특히 지금 양극화가 심해지고 있고 그러다 보니까 서로 이해관계가 충돌하는 거예요. 임대인과 임차인의 이해관계가 충돌할 수밖에 없는 지점이 생긴 거예요. 그러면 우리가 복지를 위해서 이런 부분의 역할을 해야 하거든요. 그렇게 생각하시죠?

[경기주택도시공사사장] 네, 그렇게 생각하고 있습니다.

[조광주 위원] 지금 기본주택도 짓고 다양한 활동을 하시는데 대출금리가 워낙 낮다 보니까 주인 입장에서는 전환할 수밖에 없죠. 전세로 주던 걸 최대한 은행대출을 받을 수 있으면 받아서 월세로 전환하고 이런 일이 발생하는 거예요, 지금. 그렇죠? 그런데 또 세입자 입장에서는 대출이 이자가 적으니까 어떻게든지 전세로 들어가고 싶은 게 현실이고. 그러면 이런 주택공사에서 어떤 계획을 잡아야 한다고 생각하십니까?

[경기주택도시공사사장] 저희는 사실 전세임대로는 아직 사업성을 확보한 모델이 없습니다. 그래서 저희가 내부적으로는 최대한 전세에 가깝게 하면서 사업성을 확보하는 모델을 한번 만들어 보자 이런 생각을 하고 있고요. 그런데 일반적으로 시장에서 생각하는 것만큼 그렇게 좋은 모델이 잘 나오지는 않습니다. 전세를 한다고 해도 저희가 임대는 수선유지비가 꽤 많이 들어가는데 현재 민간에서 하는 정도의 수선유지로는 공공에서 그 민원을 감당할 수 없기 때문에 그런 부분에 좀 어려움이 있다는 말씀드리고요. 두 번째는 사실 사회적 기업이나 이런 쪽을 많이 활성화해서 사회적 경제주체들이 전세임대를 할 수 있게 그렇게 적극 육성하면 큰 도움이 거라고 생각합니다만 지금 현재로서는 경기도에서 아직 사회주택이 활성화되어 있지는 않은 상태이기 때문에 시간이 걸리는 그런 문제다 이렇게 말씀드리겠습니다.

[조광주 위원] 사회적 주체가 사실은 이거 접근하기 쉽지 않습니다. 나는 공공의 영역에서 접근해 주지 않으면 이거는 문제 해결을 할 수가 없어요. 지금 빈부의 격차는 점점 심해지고 우리나라 같은 경우에는 아이들 키우다 보면 어느새 노인이 됐어요. 그런데 다행히 집이라도 있는 분들은 괜찮아요. 그런데 50%에 육박하는 빈곤층이 발생이 되어 버린 거예요. 그럼 예를 들어서 주거문제를, 그분들은 수익구조가 없기 때문에 월세라는 부담을 어떻게 안고 가느냐라는 부분이 생겨버린 거예요. 또 청년층도 일자리를 찾아서 도시에 와 보니까 본인이 받는 월급으로는 도저히 임대료를 감당할 수가 없는 거예요, 자기 생활을 하기 위해서. 이런 일이 지금 발생이 되어 버린 거예요. 그러면 적어도 대한민국에서 공공기관이 주택의 문제를 책임진 그런 기관들은 그 부분을 어떤 역할을 해야 하느냐, 방안 마련을 하셔야 한다고 봐요. 예를 들어서 주택정비사업 하면 돈 투입합니까? 예산지원 합니까, 안 합니까?

[경기주택도시공사사장] 예산을 추가로 지원하는 것은 거의 없는 것으로, 지자체에 따라서는 예산을 지원할 수 있습니다. 그런데 저희가 따로 잘하지는……

[조광주 위원] 여기 가로주택정비사업을 하면 전혀 지원 없습니까?

[경기주택도시공사사장] 저희 공사에서는 따로 추가로 저희가 지원을 해 가면서 가

로주택정비사업을 하면 사업 타당성 평가 자체를 받을 수가 없기 때문에 할 수가 없고요. 지자체에서 돈을 지원하거나 아니면 국가에서 재정을 지원하고 이런 방식들이 있습니다.

[조광주 위원] 그러니까 내가 이야기하는 거예요. 국가에서 예산을 투입하고 지자체에서 예산을 투입합니다, 주거 향상을 위해서. 그러면 공사에서 그 부분을 활용해서 어떻게 전세임대주택을, 지금 수요가 결국은 있을 수밖에 없는 일이 발생한 거예요. 그런데 그거를 갖다가 점차 바꿔 나가야 된다는 주장을 하시는 분도 있고 제가 볼 때는 그 부분이 이렇게 양극화현상이 벌어지고 쏠림현상이 벌어지면 방법이 공공의 영역에서 할 수밖에 없는 거예요. 그런데 공공의 영역에서도 그냥 똑같이 저렴한 월세라든지 이런 식으로 해서 해결하겠다는 방침을 갖고 가면 결국은 그 부분도 언젠가는 사실 수요는 없고 서로 복잡한 일만 생겨버리는 거예요. 나는 방침을 두 가지 양 방침을 다 정해 가지고 가야 한다고 생각해요. 월세로 갈 수 있는 부분은 월세, 전세로 갈 수 있는 부분은 전세…….

[경기주택도시공사사장] 좋은 말씀이십니다. 저희도 적극적으로 검토하겠습니다.

[조광주 위원] 그거 적극적으로 해 주시고요. 어차피 주거복지 문제는 인간이 최소한 누려야 될 권리를 갖고 살아야 되는 거잖아요. 그런데 이러한 부분을 갖다가 시장의 논리로 자꾸 접근하다 보니까 이런 일이 발생한 거지 않습니까?

[경기주택도시공사사장] 네, 맞습니다.

[조광주 위원] 지금 가계부채가 어마어마하게 증가하고 있잖아요. 결국은 이게 폭발할 수밖에 없어요. 그리고 이렇게 저성장 하는 구조에서, 뭐 공황이 괜히 옵니까? 부가 한쪽으로 쏠리면 오는 거예요. 지금 계속 부가 쏠리고 있잖아요. 이건 언젠가는 폭발할 수밖에 없는 일이 벌어지는 거예요. 그러면 결국은 이 부분을 최소한 완화할 수 있는 부분이 뭔가를 갖다가, 공공의 역할이라고 봐요. 나는 그런 점에서 주택공사도 정말 주거복지 문제를 책임진다면 적어도 그러한 정책을 최대한 노력해서 방법을 내

놔야 한다고 봐요.

[경기주택도시공사사장] 더 노력하겠습니다.

[조광주 위원] 그리고, 시간이 얼마 안 남았네. 도시재생사업과 관련해서요. 지금 여기에서 도시재생지원센터 운영하고 계시죠?

[경기주택도시공사사장] 네, 하고 있습니다.

[조광주 위원] 인력수요에 관련해서 지금 경기도가 굉장히 방대한데 그리고 사실 서울 도심에서 수도권으로 이렇게 많은 사람이 이주하기 시작하면서 오래된 집들이 많이 생기다 보니까 이 문제가 경기도가 제일 많은 거로 알고 있어요. 그렇죠?

[경기주택도시공사사장] 네, 그렇습니다.

[조광주 위원] 그런데 재생지원센터에서 지금 기능 강화를 위해서 어떤 일을 하고 계세요?

[경기주택도시공사사장] 도시재생지원센터는 경기도 위탁 사업입니다. 그러다 보니까 저희 위탁 업무 범위 내에서 일을 하고 있고요. 실질적으로 도시재생은 지역별로 해당 시군의 도시재생지원센터들이 실제 사업을 하는 그런 구조이다 보니까 주로 도시재생지원센터는 시군의 도시재생지원센터에 대해서 교육이라든지 이런 지원업무를 주로 하는 그런 실정입니다. 그래서 저희가 거기에 추가로 어떤 기능을 부여하기가 생각보다 쉽지 않고 그래서 저희가 도시재생을 담당하는 부서, 도시재생처를 두고 있습니다. 그래서 아까도 지적하셨듯이 도시재생처가 조금 인원도 적고 이런 상태이기 때문에 올해 조직개편을 하면 내년에는 좀 처를 하나 정도 더 신설하는 방향으로 추진하고 있다 이렇게 말씀을 드렸습니다.

[조광주 위원] 이게 사실 빈집도 증가하고 있고 이 문제가 지금 경기도에 가장 큰 문제

중의 하나예요, 사실은. 거기에 또 정말 취약계층들이 다 모여 살고 있고. 그럼, 그 부분을 갖다가 정말 GH 같은 경우에 지원센터뿐만이 아니라 어떤 다양한 교육을 하고 있잖아요. 그런 어떤 양성 교육을 하고 있지만 나는 그분들이 정말 지속해서 일할 수 있는 그런 발판을 만들어줘야 하거든요. 양성코디네이터 배출하시죠?

[경기주택도시공사사장] 네.

[조광주 위원] 도시재생코디네이터.

[경기주택도시공사사장] 네, 있습니다.

[조광주 위원] 그분들이 지속해서 어떤 역할을 좀 합니까? 교육생으로 배출이 되면.

[경기주택도시공사사장] 그 자세한 내용은 담당 부서에 한 번 물어보시면 좋지 않을까 싶습니다만.

[조광주 위원] 이거 하나만 그러면 답변 받겠습니다. 담당자 나오셔서….

[경기도도시재생지원센터장] 경기도도시재생지원센터장 권순형입니다.

[조광주 위원] 교육생들을 배출하고 있는 것으로 알고 있는데요, 매년. 그분들이 제대로 역할하고 계시는 거예요, 지금?

[경기도도시재생지원센터장] 저희 센터에서 하고 있는 코디네이터 양성과정은 크게 국토부에서 지원받는 교육과정이 있고요. 또 기초나 현장 센터에서 활동하시는 분들에 대한 직무교육과정 두 가지를 크게 수행하고 있습니다. 그래서 2017년도 뉴딜사업들이 만들어지면서 각 시군 센터나 기초 센터, 현장 센터에 대한 인력수요들이 많아져서 초기에 저희 교육생들이 현장 센터나 기초 센터에 취업한 사례들이 존재하고 있고요. 그런데 2018년도에는 저희가 교육을 시켜서 인턴으로 파견되어 있는 사례가 있

었습니다. 그래서 8명을 총파견했는데 그중에 6명이 현장 센터하고 기초 센터에 취업을 한 사례가 있었습니다.

[조광주 위원] 그러니까 사례가 있다 이렇게 말씀하시면 안 되고 위탁이라고 해서 우리는 위탁 역할 이런 식으로 하지 말고요. 적어도 도시재생과 관련되어서는 경기도에서 주체가 되어서 어떻게 어떻게 이렇게 일을 갖다가 계속 해 나간다, 그런 계획과 실천이 있어야 하지 않습니까? 국비에서 내려온 위탁이니까 우리는 위탁비만 쓰면 돼 이런 식으로 가면 안 되죠.

[경기도도시재생지원센터장] 위원님, 저희가 그렇게 생각한 적은 없고요. 아까 저희 사장님도 말씀하셨지만 도시재생사업이라는 게 도시재생법에 보면 기본적으로 시군의 사업으로 규정이 되어 있습니다. 그래서 저희 도 센터나 경기도의 경우에는 시군의 업무를 지원하는 사업으로 법률 구조가 되어 있어서……

[조광주 위원] 제가 지금 법 따지는 거예요?

[경기도도시재생지원센터장] 아닙니다. 저희 역할에 대해서 말씀드리고 싶은 겁니다. 그래서 저희도 시군 센터하고 연계된 교육을 통해서 보다 효율적으로 많은 인력들이 배출되어서……

[조광주 위원] 그래서 그게 지도·감독이 중요한 거예요. 당연히 시군 자치사무라고 시군에서 주도가 되더라도 여기에서 그들을 지도할 수 있어야 하잖아요, 제대로. 그렇죠? 그런 역할을 해 주시라는 거예요.

[경기도도시재생지원센터장] 네, 명심하겠습니다.

[조광주 위원] 이상입니다. 수고하셨습니다.

경제

CHAPTER 3 | 2017

경제적 불평등 문제에 대해서

이 나라를 지탱해야 할 청년들 창업 문제가 사실 굉장히 중요한데요. 현실이 지금 청년창업자들 같은 경우에, 특히 자영업에 청년 자영업자로 뛰어든 친구들이 2년 내에 폐업하는 비율이 어느 정도 되는지 아십니까?

[조광주 위원] 조광주 위원입니다. 원장님, 첫 행정감사신데요. 준비 많이 하셨습니까?

[경기도경제과학진흥원장] 나름대로 열심히 한다고 했습니다.

[조광주 위원] 요즘 우리 사회가 특히 경제적 불평등 문제가 심각하지 않습니까? 특히 이 나라를 지탱해야 할 청년들 창업 문제가 사실 굉장히 중요한데요. 현실이 지금 청년창업자들 같은 경우에, 특히 자영업에 청년 자영업자로 뛰어든 친구들이 2년 내에 폐업하는 비율이 어느 정도 되는지 아십니까?

[경기도경제과학진흥원장] 2년 내는 한 60%······.

[조광주 위원] 한 60%에 가까운 청년들이 폐업합니다. 그럼 이 친구들이 폐업하면 다시 회생해야 하는데 망하면 어떻게 돼요, 우리 한국 사회는?

[경기도경제과학진흥원장] 재기하기 힘듭니다.

[조광주 위원] 네, 이게 현실입니다. 그러다 보니까 사실 우리가 청년의 문제를 좀 고민해야 하는데 예산이 편성되는 거 보면 굉장히 미미해요. 사실 요즘에 벤처창업 지원이라 그래서 목표를 세우고들 하고 있지 않습니까? 그런데 그런 달성 목표를 세우는데 보통 우리 경제과학진흥원에서 목표 달성한 수치가 어느 정도 나와요?

[경기도경제과학진흥원장] 저희 현재 전반적으로 창업되는 수를 보면 경기도만 해도 1년에 한 40만 개 창업이 일어납니다. 그리고 벤처창업이라는 게 한 2만 개 되고요. 저

희가 어떤 형태든 지원하는 수가 한 1,500개에서 1,800개 정도 됩니다, 1,800명. 그래서 나머지는 사실 2만 개 이상 창업되는 부분을 제대로 지원 못 하고 있고 거기에다가 소상공인 창업까지 합치면 사실은 경기도만 해도 몇십만 개의 창업이 일어납니다. 그래서 그 부분에 대해서 존경하는 원미정 위원님도 말씀하셨고 조광주 위원님도 말씀하시는 부분에서 저희가 좀 더 교육시켜서 창업 하게끔 하고 또 하나는 아까 말씀드린 저희 생각은 좀 더 선진적인 펀딩을 하는 모델을 저희도 좀 받아들여서 아까 말씀드린 대로 신용불량자가 되지 않는 펀딩을 할 방법을 찾는다든지 다각도로 지금 고민하고 있는 중입니다.

[조광주 위원] 어차피 청년들 같은 경우에는 자영업이 됐든 창업이 됐든 거의 목표가 사실 벤처창업 식으로 가서 제대로 자리 잡는 거잖아요.

[경기도경제과학진흥원장] 네, 그렇습니다.

[조광주 위원] 고용도 창출할 수 있는 그런 사업장을 만드는 게 최종 목표일 겁니다.

[경기도경제과학진흥원장] 네, 그렇습니다.

[조광주 위원] 그러면 경제과학진흥원 같은 경우에는 그런 프로그램 개발에 굉장히 노력하셔야 하거든요.

[경기도경제과학진흥원장] 작년에도 존경하는 조광주 위원님이 창업의 일관성과 어떻게 하면 창업을 체계적으로 지원할 수 있느냐는 말씀을 해 주셨고 그래서 저희가 관련해서 창업플랫폼을 지금 준비하고 있습니다. 그래서 지금 말씀하신 대로 창업이 시작이 되면 필요한 공간이나 자금이나 교육이나 모든 부분들을 저희가 일관되게 도와주고 그 플랫폼상에서 자기가 필요한 교육 및 그다음에 아까 말씀드린 대로 폐업률을 줄이고 생존율을 높이는 이런 부분에 있어서의 역할을 저희가 해야 된다라고 하고 지금 사업을 세워서 내년부터 진행하려고 하고 있습니다.

[조광주 위원] 이공계 출신들 전문기술과 관련해서 사실 연계 프로그램이 굉장히 중요하거든요. 사실 우리 대학 교육이 아직, 그래도 과거에 비해서는 훨씬 많이 좋아졌지만, 현장에 뛰어들어서 일할 수 있는 이런 부분이 굉장히 부족하거든요. 교과서적으로 배우는 그런 풍토가 아직도 남아 있거든요. 예를 들어서 대학에서 기술을 배워서 바로 현장에 들어갔을 경우에 제대로 일할 수 있는 시스템이 연계돼야 하거든요. 그런데 그렇게 연계되는 게 아직은 사실 굉장히 부족해요. 나는 이공계 전문기술과 관련해서도 정말 현장에서 일할 수 있는 어떤 프로그램 이런 부분이 같이 있어야 되겠다라는 생각을 하거든요.

[경기도경제과학진흥원장] 저희가 생각하는 게 사실은 다른 나라도 비슷한 어려움을 겪고 있습니다. 그래서 졸업하고 나서 바로 창업이 되면 쓸 수 있는 기술의 습득이 모자라기 때문에 지금 최근에 얘기하는 거는 나노디그리(Nano-degree)라고 해서 기업이 필요로 하는 기술을 6개월 정도 해서 집중적으로 가르쳐서 취업시키는 프로그램이 있습니다. 그래서 저희도 그런 프로그램은 배워서 저희가 한번 실행해야 되지 않느냐라는 생각을 하고 있습니다.

[조광주 위원] 그게 학교와 연계해서, 보통 4학년 2학기 정도 되면 다들 취업을 걱정해야 할 수밖에 없기 때문에 좀 학교와 연계돼서 정말 현장에서 바로 투입될 수 있는 그런 어떤 내용을 갖고 좀 프로그램을 만들었으면 합니다.

[경기도경제과학진흥원장] 그 부분에 있어서는 서울산업진흥원도 똑같은 커리큘럼을 고민하고 있어서 저희가 그런 부분을 공유해서 이공계 창업이나 이런 쪽에 바로 취직해서 써먹는 기술을 가르치는 쪽으로 노력해서 조만간 정책이나 사업을 세우도록 그렇게 노력해 보겠습니다.

[조광주 위원] 네, 꼭 그렇게 해 주시고요. 그리고 우리가 기업지원과 관련해서 보면 예산을 수립하는데 보통 목표를 세우지 않습니까? 그런데 보통 목표를 세우는 데 있어서 예산을, 중점을 둘 것인가 이런 거 고민하겠죠, 그렇죠?

[경기도경제과학진흥원장] 네.

[조광주 위원] 그런데 사실 그 부분이 난 중요하다고 보거든요. 실제적인 수요가 나와 줘야 하거든요. 그럼 그런 실제적인 수요가 나왔을 경우에 목표도 분명히 거기에 따라서 세워줘야 하거든요. 그런데 너무 예산에 맞춰지는 게 막 보여요. 그냥 일을 진행하는데 예산에 맞춰서 일을 진행하는 게 막 벌어지는 거예요, 현실은. 그런 부분에 대해서 원장님, 어떻게 생각하세요?

[경기도경제과학진흥원장] 제가 와서 사업을 진행하면서 결국은 예산이 저희 인원이고 인원이 일하는 범위가 되기 때문에 지금 위원님 말씀하신 부분에 대해서 공감하고 있습니다.

[조광주 위원] 그래서 참 이게 예산이라는 게 정해져 있고 일을 하기에 사실 빡빡하죠. 하지만 그래도 적어도 어떤 목표설정을 하면 그 목표를 추진하기 위해서 예산도 중요하지만, 거기에 따른 일을 진행해야 하거든요. 그래서 그러한 방안을 좀 마련해야 할 거라는 생각이 들어요.

[경기도경제과학진흥원장] 그래서 저희가 해야 할 역할이 사실은 예산과 사업이 내려오는 부분도 중요하고 실행하는 부분도 중요하지만 지금 말씀하신 대로 저희가 목표를 정하면 거꾸로 선 제안을 해서 예산을 확보하는 작업이 또 굉장히 중요하다고 생각이 됩니다. 그래서 그 부분에서 좀 더 저희가 치열하게 일을 해야 할 부분이 아닌가라고 생각이 됩니다.

[조광주 위원] 정말 사실 우리가 모든 자료가 전부 통계학적으로 나오지 않습니까? 그럼, 그 통계학적인 자료를 통해서 목표를 설정하고 그 목표를 달성하려면 거기에 합당하는 예산을 마련해야 하지 않습니까? 그래서 그 부분을 갖다가 정말 예산의 합리성·합당성을 분명히 설득해 내야 하거든요. 그래야만 위원님들도 거기에 따른 예산을 분명히 세울 수가 있는 거 아닙니까? 그래서 저는 그냥 너무 숫자상으로만 할 게 아니라 실질적으로 내용상으로 정확하게 추정치가 나와서 일을 진행해야 한다고 보거든요.

[경기도경제과학진흥원장] 아까 말씀드린 그런 저희가 목표하는 목표를 달성하기 위한 예산을 추정하고 그 부분을 또 확보하기 위한 노력은 말씀드린 대로 계속 치열하게 진행하도록 하겠습니다.

[조광주 위원] 그리고 언론에서도 좀 나왔었는데, 푸드트럭 문제요. 사실 지금 푸드트럭 문제가 어떻게, 성과가 좋습니까?

[경기도경제과학진흥원장] 참고로 푸드트럭은 저희가 진행하는 사업은 아니지만 지원은 하고 있습니다, 교육이라든지 이런 부분은.

[조광주 위원] 그래도 경제과학진흥원이랑 관계가 많잖아요, 소상공인 부분이기 때문에.

[경기도경제과학진흥원장] 네, 일단 푸드트럭은 규제가 굉장히 같이 얽혀있기 때문에 그래서 경기도에서 직접 이 푸드트럭 사업을 하고 있는데 사실은 굉장히 어려운 사업 중의 하나라고 생각이 듭니다.

[조광주 위원] 이게 참 중요한 게 경기도에서 어떤 사업을 하는데 푸드트럭 같은 경우에는 경제과학진흥원이랑 밀접한 거잖아요. 네? 그렇죠?

[경제실기업지원과장] 네.

[조광주 위원] 그런데 진행을 지금 별개로 놓는다, 그렇게 진행돼도 되겠어요? 전시행정 식으로 나타나는 거예요, 이거는 자칫 잘못하면. 내용에 분명히 접근해야 하는데, 실질적으로 경제과학진흥원에서 중요한 역할을 해 줘야 하는데 따로 놓고 있잖아요.

[경기도경제과학진흥원장] 그런데 제 생각은 저희가 진행하는 것보다 경기도의 규제개혁이라든지 이런 부분을 건드려야 되는 부분이 많기 때문에 아마 그런 효율성 때문에 경기도가 직접 하는 게 아니냐는 생각이 듭니다.

[조광주 위원] 규제 부분도 사실 문제를 어디 앞에 놓고 갈 것인가를 보면 얼마든지, 실

질적으로 내용이 맞아야 되는 거잖아요. 장사가 잘돼야지. 장사 안 되는 데다가 규제만 생각하고서는 갖다가 집어넣으면 그거 푸드트럭 창업해 봤자 애들 또 청년실업자 만드는 거잖아요, 제대로, 정말 어려운 이 환경에서.

[경기도경제과학진흥원장] 그런데 아까 말씀하신 저희가 또 보호해야 할 소상공인 사업하고 첨예한 부분도 있고 해서 그런 부분들이 상당히 푸드트럭의 사업이 조금 어려운 부분 중의 하나 아닌가 생각이 듭니다.

[조광주 위원] 있죠. 그래서 행정이 중요한 거예요. 전시성이 있는 부분이라고 문제가 생기면 그런 거는 사실 저는 보기 좋더라도 접어야 된다고 생각해요. 과감하게 "이건 아니다. 상인들이랑, 소상공인 부분이랑 겹쳐서 힘든 상황으로 문제가 발생할 수밖에 없다." 그럼 접어야죠. 그걸 왜 자꾸 하겠다고 밀어붙입니까? 갈등을 자꾸 만들어 내면 안 되죠. 특히 지금 경제적 불평등 문제가 얼마나 심각합니까? 그런데 푸드트럭을 하겠다는 청년들이나 또 자영업에 종사하는 상인들이나 거기에 충돌해서 갈등이 생긴다 그러면 공공기관에서 그런 부분을 할 수 없게끔 정말 서로 소통할 수 있는 장을 만들어서 서로 갈등을 안 느끼게 해 줘야죠. 그런데 그걸 갖다가 단순하게, 결국은 전시행정처럼 보이잖아요, 그러면. 지금 이 사회가 갈등의 문제가 얼마나 심각합니까? 모든 문제가 먹고사는 문제가 중요하다 보니까, 경제적 불평등 이 부분이 제대로 해결이 안 되고 있는 게 현실이다 보니까 많은 사람들이 지금 고통을 받고 있고 충돌하고 있지 않습니까? 그래서 이런 공공기관에서는 전시행정보다는 실질적으로 필드에 나가서 그 갈등문제를 최소화시킬 수 있는 방안이 뭔가를 연구해야 해요, 무조건적으로 창업해 주고 도와주는 게 아니라.

[경기도경제과학진흥원장] 푸드트럭, 푸드바이크 여러 형태가 있지만 저희가 지금은 어느 정도 기간이 흘렀기 때문에 이런 부분에 대해서 피드백을 정확하게 받고 아까 말씀하신 대로 문제점이 뭔지를 다시 검토하는 그런 과정을 거치겠습니다.

[조광주 위원] 네, 그렇게 해 주시고요. 지금 푸드트럭과 비슷한 예를 제가 또 들겠습니다. 지금 대형 유통기업들, 사실 골목상권 침해 때문에 심각하지 않습니까? 그래서 우리

도에서는 상권영향분석시스템을 구축해서 하고 있는 걸로 알고 있는데 알고 계세요?

[경기도경제과학진흥원장] 네.

[조광주 위원] 그거 경제과학진흥원이 주체하고 있나요?

[경기도경제과학진흥원장] 그건 저희가 하는 건 아니고요.

[경기도경제과학진흥원장] 이 부분은 그러면 정혜숙 처장이……. 존경하는 남경순 위원장님, 대신 답변…….

[위원장] 성인섭 본부장님 나와서 답변해 주시기를 바랍니다.

[서민경제본부장] 서민경제본부장 성인섭입니다. 상권영향분석시스템은 원래 올해 예산에 15억으로 잡혀 있는데 저희 쪽에서 하지는 않고 콘텐츠진흥원에서 지금 작업을 하고 있고 내년 하반기부터 저희 쪽으로 운영관리가 넘어올 걸로 예정이 되어 있습니다.

[조광주 위원] 제가 왜 이것을 지적하냐면요, 푸드트럭 문제도 사실 경제과학진흥원이 주도가 돼야 되는 게 맞죠. 그죠? 그런데 사실 상권영향분석시스템조차도 경제과학진흥원이 주도가 돼야 하는데 콘텐츠진흥원이 지금 하고 있어요. 그러면 일이 제대로 되겠어요? 나는 이러한 부분을 분명한 입장을 얘기하셔야 해요. 그리고 경제과학진흥원이 그 부분이 안 되면 우리 위원님들에도 이 부분을, 아니 적어도 상권영향분석이 뭐예요? 설계하는 거잖아요. 정확하게 분석해서 문제점을 발견하고 거기에 따른 대책을 세우겠다고 만드는 데 예산은 15억씩이나 들여서 하는데 콘텐츠진흥원이 뭐 하는 데예요? 상권에 대해서 알아요?

[서민경제본부장] 그 부분에 대해서는 상권영향분석시스템을 구축할 때 저희 쪽하고 콘텐츠진흥원하고 긴밀하게 계속적으로 회의를 하고 있는 상황이고 그다음에 이것은 지금 위원님이 걱정하시는 것처럼 상권에 대한 정확한 분석이라든가 상권에 대해서 제대로 아는 사람이 거기에 개입해서 만들어야 되는데 또 콘텐츠진흥원 자체는 프로그램

이라든가 분석시스템을 만드는 데도 전문가가 돼 있으니까, 그래서 초창기에는 그쪽에서 주력하고 추후에 활용이라든가 완성이 되고 난 뒤에는 저희 진흥원에서 다 받아서 하는 걸로 그렇게 돼 있습니다.

[조광주 위원] 그래서 앞으로 이런 부분들을 분명히 하셔야 해요. 경제과학진흥원의 역할이 사실 소상공인을 지원하는 역할이면요, 적어도 이러한 부분만큼은 분명히 입장을 내놔야 하거든요. 해야 할 일이 있고 안 해야 할 일들이 서로 있잖아요. 그런데 이런 식으로 막 자기네 것 일 우선으로 말이야, 실질적으로 이게 어떻게 혜택이 돌아갈 것인가를 고민 안 했다는 얘기예요. 잘 알았습니다.

[서민경제본부장] 네, 알겠습니다.

[조광주 위원] 그리고 요즘에 대한민국, 특히 공공기관들이요, 장애인 법정고용문제에 대해서 굉장히 소홀하고 있거든요. 지금 경제과학진흥원은 어떻게 진행하고 있어요, 이 부분에 대해서?

[경기도경제과학진흥원장] 어떤?

[조광주 위원] 장애인 법정의무고용비율이 있잖아요.

[경기도경제과학진흥원장] 제가 알기로는 저희 기관의 법정고용률은 3.2%로 알고 있습니다. 그래서 저희가 지금 현재 전체 직원 수로 따지면 한 9.몇 명을 고용해야 하는데 10명을 고용하고 있어서 그 부분은 저희가 충족을 하고 있는 입장입니다.

[조광주 위원] 그러면 문제가 생긴 고용부담금 납부한 적은 없어요?

[경기도경제과학진흥원장] 네.

[조광주 위원] 없어요?

[경기도경제과학진흥원장] 네, 없는 걸로 알고 있습니다. 그리고 그 비율이 계속 올라가면 저희도 그걸 주시해서 계속 법정률을 맞추도록 노력을 하겠습니다.

[조광주 위원] 그런 게 없으면 다행이네요. 그리고 우리가 다른 건 몰라도 사회적약자에 대한 부분이잖아요. 이런 부분만큼은 정말 신경 쓰셔야 돼요. 제가 시간상 질의는 여기서 마치겠는데요. 사실 우리가 맨날 얘기하는 게 사회적경제영역, 사회적기업이라든지 이런 부분을 과학진흥원에서 일거리를 주지 않습니까? 그런데 아직은 굉장히 미미하더라고요. 그리고 특히 경제진흥원의, 특히 중소기업지원센터라든지 이런 건물 관리라든지 청소라든지 이런 것들이 굉장히 많지 않습니까? 그래서 그런 부분은 정말 사회적약자라든지 이런 부분에서 일하시는 분들에 혜택이 돌아갈 수 있도록 해 줘야 하는데 아직까지는 그러지 못하고 있어요. 거의 대기업 자회사라든지 아니면 그 군에서도 좀, 그 군에서 대기업집단이라고 할 수 있죠. 그런 업체들이 다 외주용역을 받아서 지금 하고 있거든요. 그래서 사실 이러한 부분을 본 위원이 매년 얘기는 해요. 그런데 조금 변한 것처럼 보이는데 굉장히 미미해요. 사실 우리가 청소용역 이런 거 어려운 거 아니에요. 시스템의 문제거든요. 그거 누구나 할 수 있는 거예요. 그러면 적어도 그런 꼭, 물론 회사를 못 믿을 수도 있어요. 나는 사실 그래요. 못 믿으면 차라리 직영해 버려라. 그분들에 제대로 혜택이 돌아갈 수 있도록 직영을 해 버려라, 그렇게 주기가 어려우면. 그러한 일에 대한 고민을 좀 해 주세요.

[경기도경제과학진흥원장] 저희도 내부적으로 이 부분에 대해서는 주기적인 CSR 교육이나 이런 걸 통해서 주지도 시키고 있고 또 하나는 여성기업이나 장애인기업은 5%, 3%의 법정 목표는 채우고 있습니다. 그런데 사회적기업 쪽에는 아까 말씀하신 대로 저희가 수의계약하는 그런 제도나 이런 것들이 아직 미흡하기 때문에 그런 부분에서는 계속적으로 저희가 신경을 써서 진행하도록 그렇게 하겠습니다.

[조광주 위원] 나는 이 중간부분을 갖다가요, 이제 앞으로 우리 사회가 자꾸 하청의 하청을 낳는 이런 꼬리보다는 직영할 수 있는 영역은 공공기관에서 모범적으로 직영을 했으면 하는 바람입니다. 질의에 답변해 주셔서 감사합니다.

시간선택제 고용에 대해서

우리가 공공기관뿐만이 아니라 대기업도 보면 동일한 일을 하면서도 임금 격차가 굉장히 심하거든요. 이 문제는 공공기관에서부터 바로잡아 나가야지만 대기업들도 동일노동 동일임금을 지킬 거로 생각합니다. 같이 이 문제를 고민하겠습니다.

[조광주 위원] 조광주 위원입니다. 행정감사 준비하시느라고 수고 많으셨습니다.

[황해경제자유구역청장] 감사합니다.

[조광주 위원] 사실 저희가 투자유치를 하기 위해서 계속 MOU를 체결하고 있지 않습니까? 그래서 보니까 투자액 MOU 체결한 금액도 2,000불 이상이 됐어요. 그런데 실질적으로 체결 이후에 투자이행으로 이루어져야 하는데 그 부분이 매년 지적이 되고 있지 않습니까?

[황해경제자유구역청장] 네.

[조광주 위원] 지금 어느 정도 투자유치가 진행되고 있습니까?

[황해경제자유구역청장] 답변드리겠습니다. 관심 감사드리고요. 자료 11쪽을 보시면 MOU 체결한 기업이 19개 사에 20억 1,800만 불이 MOU가 되었고 그중에 FDI가 도착된 것은 1개 사에 2,200만 불 정도 도착이 돼 있고 또 금년 3월에는 5억 불 FDI 신고가 돼 있는 상황입니다.

[조광주 위원] 사실 이게 MOU 체결도 중요하지만, 실행률이 중요하기 때문에 정말 그 부분에 대해서 굉장히 신경을 써야 되는데 인력부분은 어때요? 인력부분 때문에 좀 어렵지 않나요?

[황해경제자유구역청장] 인력부분이 저희가 늘 고민하는 부분들인데 사실 황해청에서 투자유치에 전념하는 인력이 상당히 부족한 상황입니다. 특히 시간선택제 직원 비중이 높기 때문에 투자유치의 안정성을 위해서는 일반임기제라든지 추가적인 투자유치 인력을 확보할 필요가 있다고 생각합니다.

[조광주 위원] 사실 시간선택제라는 게 어떤 제도상으로 활용되는 부분이, 왜 이런 시간선택제가 이뤄진 것 같아요?

[황해경제자유구역청장] 저희 조직은 경기도에서 통합적으로 조직부서에서 검토하고 관리하고 있는데 기준인건비라는 게 있습니다. 그래서 기준인건비는 행자부의 승인을 얻어서 인력 1명을 증원하는 데도 행자부장관의 승인이 필요한데 이 시간선택제 공무원들은 기준인건비에 포함하지 않고 있습니다. 그러다 보니까 일반임기제를 늘리는 부분은 굉장히 어렵고, 기준인건비에 해당하지 않는 시간선택제를 활용하는 측면이 있습니다.

[조광주 위원] 시간선택제도 정규직이라고 표현하잖아요?

[황해경제자유구역청장] 맞습니다.

[조광주 위원] 사실 공공기관의 문제점이 황해청뿐만이 아니라 일자리를 나눈다는 차원에서 요즘에 많이 주 4일 근무라든지 이런 게 화두가 되고 있지 않습니까? 그런데 공공기관에서조차도 어떤 편법이라고 그럴까, 사실 분명하지 않은 것 같아요. 일하는 직원들이 정말 일하고 싶은 곳이 돼야 하거든요. 그런데 지금 사실은 이런 시간선택제라든지, 일의 과정은 높은데 실질적으로 받아 가는 월급이라든지 이런 걸 보면 굉장히 낮잖아요. 업무 진행하는 것에 대해서 과다한 거죠, 사실은. 그래서 이러한 부분을 근본적으로 해결할 수 있는 방안 마련이 필요하거든요. 그런 것들을 제안할 것 있습니까?

[황해경제자유구역청장] 저희도 조직부서에다가 투자유치 인력 자체가 부족한 부

분에 대해서 건의를 하고 있고 특히 그 부분이 시간이 많이 걸리는 상황이라면 현재 들어와 있는 시간선택제 공무원이나 일반임기제 공무원이나 하는 업무의 강도나 업무의 내용은 비슷한데 한 사람은 임기제고 한 사람은 시간선택제로 불합리하게 운영되는 측면이 있습니다. 그래서 그런 부분들을 일반임기제로 전환하는 부분을 건의하고 있는데 조직 전체를 운영하는 부서의 입장이 있다 보니까 그게 쉽게 받아들여지고 있지는 않습니다.

[조광주 위원] 이게 사실 우리가 공공기관뿐만이 아니라 대기업도 보면 동일한 일을 하면서도 임금 격차가 굉장히 심하거든요. 이 문제는 공공기관에서부터 바로잡아 나가야지만 대기업들도 동일노동 동일임금을 지킬 거로 생각합니다. 같이 이 문제를 고민하겠습니다.

[황해경제자유구역청장] 네.

[조광주 위원] 그리고 황해청이 평택항구라든지 계속 기업들을 유치하고 있는데 사실 기업을 유치하는 것도 중요하지만 또 그 유치한 기업을 지원하는 일이 중요하거든요.

[황해경제자유구역청장] 네.

[조광주 위원] 그래서 기업을 유치하기 위해서, 그 중요한 일들을 하기 위해서는 청장님이 생각할 때는 어떤 게 필요하다고 봅니까?

[황해경제자유구역청장] 우선 저희 황해청에서 제일 중요한 부분이 투자유치를 지속해서 해 나가는 게 가장 중요하다고 생각합니다. 그래서 투자유치 과정에서 MOU를 하게 되는데 이 MOU 기업들을 지속해서 관리를 해서 이 회사들이 실질적인 투자와 계약으로 이루어지도록 하는 그 부분을 중요하게 생각하고 있고요. 또 투자로 이어지더라도 그 회사에서 인력을 고용하고 회사를 운영하다 보면 외국기업들도 그렇고 국내기업도 여러 가지 어려움에 봉착을 합니다. 그런 의미에서는 그 회사들에서

발생하는 기업들의 필요한 사항들을 끊임없이 지원해 주고 또 후속적인 관리를 할 필요가 있다고 생각합니다.

[조광주 위원] 그러면 예를 들어서 사실 판교라든지 특히 광교라든지 아니면 북부라든지 보면 비즈니스지원센터 같은 것이 있지 않습니까? 그러한 부분이 필요하다 하시는 건가요?

[황해경제자유구역청장] 맞습니다. 제가 평택항 쪽에 사무실이 있고 또 황해경제자유구역청을 맡으면서 고민을 했던 부분이 포승국가산단이라든지 평택시에서 추진하는 지방산단이라든지 또 황해경제자유구역청 그리고 또 자유무역지대, 수많은 기업들이 그 지역에 위치해 있는데 이 기업들을 지속해서 통합적으로 보고 지원하는 그런 부분들은 좀 부족하게 느꼈습니다. 그런데 그게 위원님 말씀하신 대로 광교나 판교나 또 북부지역의 그런 기업들을 지원하는 비즈니스센터가 있는데 평택항 쪽은 경기남부 쪽인데 그런 것들이 전혀 없는 상황입니다. 그래서 그런 것들을 좀 종합적으로 보고 지원할 수 있는 센터 같은 게 필요하지 않을까 해서 내년도에 비즈니스센터를 어떤 방법으로 할 수 있는 건지, 필요한 건지, 어떻게 할 수 있는지 이런 것들을 검토하기 위해서 타당성 연구용역 예산을 지금 반영 중에 있습니다. 위원님께서 도와주시면 그런 부분들이 원활하게 진행될 수 있을 것으로 봅니다.

[조광주 위원] 네, 비즈니스지원센터 필요하죠. 사실 외국기업들을 유치하고, 기업을 유치하는 것도 중요하지만 지원을 통해서 더 성장 발전시켜 나가야 되기 때문에 하여튼 관심 있게 지켜보면서 도움이 되겠습니다.

[황해경제자유구역청장] 감사합니다.

[조광주 위원] 그리고 요즘에, 사실 매년 반복되는 이야기일 것 같아요. 사회적경제에 대한 부분, 사실 우리가 사회적으로 발생하는 문제를 비즈니스를 통해서 해결해 나가는 거거든요.

[황해경제자유구역청장] 네.

[조광주 위원] 그래서 사실 공공기관에서 사회적경제 영역에 있는 제품을 구매하라고 저희가 요구를 해요, 보통. 그리고 법적으로도 아마 구매해야 하는 퍼센티지가 있을 거예요. 그건 알고 계시죠?

[황해경제자유구역청장] 네.

[조광주 위원] 그런데 제가 드리고 싶은 거는 보통 장애인 생산품 생산시설에서 아니면 판매시설에서 제품을 많이 구입을 해요, 황해청도 그렇고. 그런데 사실 요즘에 사회적경제 영역이 굉장히 범위가 넓어졌어요. 사실 그러다 보니까 어떤 한정된 부분만이 아니라 사실은 다양한 일들을 하고 있거든요. 그러면 다양한 일을 하고 있는 부분을 공공기관에서 관심을 가져야 하거든요. 그리고 관심을 가져야 또 그 문제를 같이 해결해 나가는 거거든요. 그래서 나는 황해청도 좀 그러한 부분에서 고민해 주셨으면 합니다.

[황해경제자유구역청장] 그렇게 하겠습니다.

[조광주 위원] 네, 수고하셨습니다.

일자리에 대해서

사실 대기업이 일자리 창출하지 않아요. 통계상으로 보면 중소기업들이 일자리 창출을 하죠. 그래서 이런 산단 조성도 분명해져야 해요. 유치하면 거의 대기업 위주로만 전부 유치하려고 하는데 그거보다는 같이 중소기업들이 들어가서 할 수 있는 그런 산단이 조성돼야 하거든요. 그렇지 않아요?

[조광주 위원] 조광주 위원입니다. 행정감사 준비하시느라고 수고가 많았는데요. 사실 요즘에 기업들이 국내시장이 워낙 좁다 보니까 결국은 수출을 중점으로 갈 수밖에 없는 그런 구조이지 않습니까? 환경이 그렇게 돼 있는데 사실 수출하기까지 과정이 굉장히 쉽지 않거든요. 특히 중소기업들 같은 경우에 수출하려면 인증을 받는 과정이라든지 그런 과정이 너무 까다롭기 때문에, 사실 많은 고충이 따르기 때문에 그런 문제점이 많이 나오고 있거든요. 그런 것 관련해서 도에서 일정 정도 일을 진행하고 있는데요. 경기도 청년 트레이드 매니저 육성사업과 관련해서요, 무역전문가 양성을 하고 있지 않습니까?

[경제실장] 네.

[조광주 위원] 그런데 보통 청년들이 자기 전공도 있지만 비전공자들도 많지 않습니까?

[경제실장] 그렇습니다.

[조광주 위원] 그래도 자기 전공이 아닌 부분에서 무역을 하고 싶어 하는, 전망사업이라든지 이런 사업적인 전망이 밝다고 생각하면 그거와 관련된 일을 하고자 하는 일들이 많이 벌어지고 있지 않습니까? 그런 과정에서 사실 양성하고 있는데 작년에 비해서 취업률이라든지 이런 부분이 교육을 양성시키고 나서 떨어진 걸로 알고 있어요. 그 이유가 무엇입니까?

[경제실장] 위원님, 2016년도 취업률이 전체 수료생의 한 45.9% 그렇게 돼 있고 올해 취업현황은 아직 연말이 되지 않아서 위원님, 현재는 한 총 40명이 취업을 한 상태고 아마 연말까지 되면 전년도 수준의 취업률이 될 거로 보는데 현재는 위원님 지적처럼 퍼센티지가 낮은 건 사실인데 연말까지 최선의 노력을 다하겠습니다.

[조광주 위원] 사실 저는 그렇게 생각해요. 이게 숫자상으로도 늘어나고 있는 게 사실이잖아요. 그러면 거기에 따른 부분을 늘려나가야 하잖아요. 어떤 성과 자체가 늘어나야 하지 않습니까? 그런데 작년에 맞추려고만 해서도 안 되지 않습니까? 그 특별한 이유가 있어요?

[경제실장] 위원님 말씀처럼 계속 늘려가고 성과율도 높여야 되는 게 맞습니다.

[조광주 위원] 성과를 높이려면 가장 중요한 게 예산이라고 생각합니다. 그런데 예산과 관련해서 사실 작년보다 예산이 줄었거든요. 그거 알고 계세요?

[경제실장] 아직 본예산 편성…….

[조광주 위원] 아니, 2016년…….

[경제실장] 2016년 대비 2017년이요?

[조광주 위원] 네.

[경제실장] 좀 줄었습니다.

[조광주 위원] 특별히 준 이유가 뭡니까?

[경제실장] 위원님, 그 당시 예산편성을 할 때 권역하고 수요조사를 해서 수요조사에 맞게 했는데 수요조사 상황이 아마 기존의 과정이나 이런 게 줄어서 수요가 파악

이 돼서 예산을 줄인 걸로 알고 있습니다.

[조광주 위원] 사실 수요조사를 했다고는 하는데 예산은 경기도에서 집행하는 걸 보면 예산 세우면 그 수요를 다 맞춰내더라고요. 교과서적일 정도로 잘 맞춰요. 그런데 수요조사가 줄어서 다시 예산을 줄여서 했다는 게 저는 납득이 안 가요.

[경제실장] 위원님, 예산 세워서 다 맞출 수도 있고요. 어떻게 보면 저희가 그렇게 무리하게 예산집행을 하지는 않습니다.

[조광주 위원] 무리하게가 아니라 적어도 무역과 관련해서 미래지향적으로 생각을 한다면 기존 예산, 맞추지 못한다는 게 말이 됩니까? 더 성과를 내려면 수출주도형 국가에서 더 늘려나가야죠, 적어도 수출과 관련된 전문가 양성이라고 생각한다면. 그렇지 않아요?

[경제실장] 위원님, 수출 역점 두시는 것에 대해서는 동의합니다.

[조광주 위원] 지금 일자리 문제가 얼마나 심각합니까, 글로벌 시대에? 정말 국내에서는 한정돼 있지 않습니까? 결국은 청년들이 외국 나가서 역할을 해야 하거든요. 그럼 많이 양성할 수 있는 부분이 있으면 그러한 부분을 더욱더 예산을 세워서라도 만들어 내야죠. 그렇지 않습니까?

[경제실장] 네, 동의합니다.

[조광주 위원] 꼭 그렇게 신경 써서 무역과 관련해서는…….

[경제실장] 내년도 예산에 저희가 한 번 더 노력해 보겠습니다.

[조광주 위원] 그리고 선발해 놓고 중도포기자들이 많이 발생하지 않습니까?

[경제실장] 네.

[조광주 위원] 그거와 관련해서도 좀 최소화시킬 수 있는 그런 방법이 나와 줘야 될 것 같아요.

[경제실장] 알겠습니다.

[조광주 위원] 그렇게 꼭 해 주시기를 바랍니다. 그리고 GBC와 관련해서 얘기하는데요. GBC 사무소 방문해 보셨죠?

[경제실장] 있는 사무소는 못 가 봤고요. 앞으로 할 때는 가봤습니다.

[조광주 위원] 할 때는? 왜냐하면…….

[경제실장] 싱가포르를 가봤습니다.

[조광주 위원] 싱가포르에 대해서는 시장조사를 정확하게 했어요?

[경제실장] 싱가포르에 대한 것은 아까 보고드렸습니다만 사드문제 때문에 중국과의 다변화를 찾다가 중국에 대한 상권이나 이런 부분이 많이 중첩이 되고 그쪽과의 기존 거래선도 확보를 해야 되기 때문에 그런 것들 모든 것을 고려했을 때 싱가포르가 최적지라고 해서 저희가 이번에 싱가포르를 선정해서 개소를 할 계획입니다.

[조광주 위원] 싱가포르 자체에 대한 매출보다는 인근지역에 대한 부분을 염두에 두고 하는 건가요?

[경제실장] 그렇습니다. 지금 GBC 오픈하는 싱가포르 내에 중화상공회의소가 있습니다. 싱가포르 내에 위원님 잘 아시지만 중국계가 경제 분야에 굉장히 많은 부분을 차지하고 있어서 그게 같이 본토하고 연결될 수 있는 접점 차원에서 싱가포르를 같

이 고려해서 설치하게 됐습니다.

[조광주 위원] GBC를 가보면 저는 그런 생각이 들어요. 숫자를 늘려나가는 게 중요하지 않다. 어떻게 일을 할 수 있게끔 만들어줄 것인가를 고민해야 된다. 인력부분이라든지 정말 수출이 제대로 이루어질 수 있도록.

[경제실장] 위원님, 그 의견에 전적으로 동의합니다.

[조광주 위원] 그런데 실장님이 보기에 지금 GBC에 각 지점이 있는데 특히 미국이라는 시장은 굉장히 거대하지 않습니까? 유럽이라든지.

[경제실장] 네.

[조광주 위원] 그런데 미국 가보셨나요?

[경제실장] 미국 GBC는 못 가봤습니다.

[조광주 위원] 저는 실망했어요, 솔직히 가보고. '그 인력 갖고 과연 우리나라 기업들이 수출하는 데 도울 수 있을까?' 그런 생각이 들었어요. 여기 담당, 혹시 미국 GBC 가보신 분 있으세요?

[경제실장] 우리 국제협력⋯⋯.

[조광주 위원] 거기 미국 GBC 가보고 느낀 점 있어요? 답변해 주세요.

[국제협력관] 국제협력관 조정아입니다. 위원님 말씀에 동의합니다.

[조광주 위원] 사실 미국이라는 시장이 어마어마하게 크지 않습니까? 또 세계시장을 주도해 나가고 있지 않습니까?

[국제협력관] 네.

[조광주 위원] 그럼 적어도 시장 상황에 따라서 인력을 보강하고 효율적인 일을 만들어 내야 하거든요. 그런데 지금 GBC 형태들을 보면 숫자에 너무 치중하고 있다는 생각이 들어요. 실질적인 일을 할 수 있게끔 해 줘야 해요.

[국제협력관] 어떤 숫자……

[조광주 위원] 인력이라든지 전문가가 직접적으로 투입돼서 정말 수출하는 데 있어서 실질적인 역할이 돼야 한다고요. 단순하게 중개를 하는 건 의미가 없어요. 그거는 이제 온라인상으로도 하는 시대가 됐지 않습니까?

[국제협력관] 위원님 말씀에 전적으로 동의하고요. 그래서 특히 미국 같은 경우는 위원님 지적하신 그런 부분을 감안해서 저희가 올해 시범사업으로 추경에 위원님들께서 예산을 주셔서 반영해서 지금 미국만 하고 있는 게 있는데요. 선진시장 진출 전략 사업으로 해서 전문가들, 특히 미국 현지시장 전문가가 굉장히 중요한 문제여서 현지 브랜드 마케팅 전문가나 이런 분들하고 저희가 시범적으로 선진시장 판로개척 지원사업을 올해 해서 지금 진행 중에 있습니다. 그래서 이 결과가 잘 나오면 이걸 다른 GBC로도, 그러니까 전문가들을 같이 투입해서 GBC랑 같이 결합해서 일할 수 있도록 이런 체제를 만들어 나가려고 합니다.

[조광주 위원] 그런 토대를, 모범사례를 잘 만들어서 정말 제대로 일할 수 있게끔 인력보강이 됐든 어떤 활동을 해 주시기를 바랍니다.
그리고 끝으로 추가 하나만 더 하겠습니다. 들어가셔도 되고요. 사실 우리가 용인에 화장품 산업단지 조성을 했죠? 투자유치 했죠?

[경제실장] 아모레퍼시픽단지……

[조광주 위원] 용인에.

[경제실장] 그러니까 아모레퍼시픽단지 말씀하시는 것 같은데…….

[조광주 위원] 용인에 화장품단지라고만 쓰여 있어요. 아모레라고는 안 쓰여 있고.

[경제실장] 네, 아모레퍼시픽입니다.

[조광주 위원] 용인 뷰티산단 해서.

[경제실장] 네, 그렇습니다.

[조광주 위원] 그게 아모레가 위주인가요?

[경제실장] 네, 주식회사 아모레퍼시픽이 시행사입니다.

[조광주 위원] 지금 조성 중에 있나요?

[경제실장] 제 기억으로는 얼마 전에 산업단지 계획심의를 받은 걸로 알고 있습니다.

[조광주 위원] 4,900명이나 고용하고 있다고 하지 않았습니까?

[경제실장] 네, 기존에.

[조광주 위원] 제가 왜 이 이야기를 하냐 하면 대기업 중심으로 화장품산업을 끌고 가고 있잖아요, 지금 대한민국을 가만히 보면. 그런데 실질적으로 이 화장품 업계가 전망사업이라고 해서 어마어마한 기업들이 또 수많은 젊은이가 이 사업에 뛰어들고 있어요.

[경제실장] 네.

[조광주 위원] 그러면 새로운 개척을 하는 벤처정신, 도전정신을 갖고 뛰어드는 청년들을 위해서 산단이 조성되고 어떤 장소가 제공될 때는 그러한 벤처라든지 청년들의 공간을 만들어 낼 수 있는 부분도 같이 만들어져야 해요. 대기업 위주만 딱 끝내고 말면 사실 그런 개발은 제가 볼 때는 일자리 창출이 옮겨 다니는 거예요. 사실 대기업이 일자리 창출하지 않아요. 통계상으로 보면 중소기업들이 일자리 창출을 하죠. 그래서 이런 산단 조성도 분명해져야 해요. 유치하면 거의 대기업 위주로만 전부 유치하려고 하는데 그거보다는 같이 중소기업들이 들어가서 할 수 있는 그런 산단이 조성돼야 하거든요. 그렇지 않아요?

[경제실장] 위원님, 맞는 지적이십니다.

[조광주 위원] 그래서 앞으로는 실장님도 그런 점을 염두에 둬야 할 것 같아요. 지금 경기도가 보면 이상할 정도로 대기업들이 많이 들어왔어요, 사실. 굉장히 많이 들어왔어요.

[경제실장] 경기도를 대기업이 많이 선호합니다.

[조광주 위원] 선호할 수밖에 없죠.

[경제실장] 지리적 위치…….

[조광주 위원] 인구비례라든지 이런 것, 그런데 우리는 중소기업들이 더욱더 성장할 수 있는 기반을 많이 만들어줘야 하잖아요. 대기업들은 외국 가서도 얼마든지 경쟁력 있는 그런 시스템이 돼 있잖아요. 그러면 국내 정도는 중소기업들이 어느 정도 살아나가서 힘을 축적해서 외국으로 진출할 수 있는 교두보가 돼야죠.

[경제실장] 네, 알겠습니다.

[조광주 위원] 꼭 그렇게 해 주시기 바랍니다.

청년 시리즈에 대해서

적어도 소관 상임위 의견이 적극 반영돼야 하거든요. 그런데 소관 상임위 의견은 전혀 반영이 안 되고 몇몇 대표성 있는 분들에 의해서 이게 결정이 되는 모습이 지금 나타나고 있어요. 결국은 소통이 전혀 안 되는 거잖아요. 그래서 사실 이러한 부분에서 분명히 앞으로는 소통을 해 나가야 해요.

[조광주 위원] 조광주 위원입니다. 김화수 대표님 수고 많으신데요. 사실 일자리 부분이, 청년 취업 문제가 단순하게 일자리 부족에서만 오는 게 아니잖아요. 그렇죠?

[경기도일자리재단 대표이사] 네.

[조광주 위원] 일자리 양산으로만 해결할 수 있는 문제는 아니고 사실 양질의 일자리를 만들어 내야 하는 거거든요. 그래야 또 청년들이 일을 하려고 하지 지금 같이 그냥 무분별하게 숫자만 늘려서는 안 되는 문제라고 봅니다.

[경기도일자리재단 대표이사] 네.

[조광주 위원] 경기도에서 야심 차게 청년 시리즈, 그렇죠? 3종 세트라고 해서 계속 요즘 뜨거운 감자가 되고 있죠?

[경기도일자리재단 대표이사] 네.

[조광주 위원] 거기에 대해서 어떻게 생각하세요?

[경기도일자리재단 대표이사] 답변드리겠습니다. 저희 일자리재단에서 크게 미스매치, 특히 경기도 내 기업들이 처해 있는 환경이 다른 시도와 조금 특수성이 있습니다. 특히 제조업의 경우에는 인근 환경뿐만 아니라 교통환경 그리고 나아가서는 급여의 조건까지 그렇게 녹록지가 않기 때문에 사실 저희가 초기에 일자리 관련 사업

을 만들고자 할 때 기업 중심으로 해서 어떤 일자리가 만들어질 수 있게끔 기업 중심으로 접근해야 하는 게 맞을까, 즉 수요 사이드에서 고민을 많이 했고 기존의 일자리 사업들이 대부분 수요 사이드에서 많이 만들어진 게 사실입니다.

그런데 저희들이 조금 더 연구하면서 사실 경기도형 미스매치의 특성은 수요의 문제보다는 공급의 문제라고 판단했습니다. 즉 기업으로 유입이 안 되거나 또는 유입이 되더라도, 이를테면 4년 이내에 중소기업을 떠난 청년들 가운데 한 70%는 대부분 2년 이내에 나온 걸로 나옵니다. 그렇기 때문에 어떻게 하면 그들을 기업에 조금 유지시킬 수 있을까, 그것이 기업의 어떤 기술 축적에도 도움이 되고 또 그들의 장기근속에도 도움이 되기 때문에 그럴 수 있는 인센티브, 모티브를, 어떤 동기부여를 무엇으로 만들 수 있을까라고 생각해서 만든 게 이번에 저희가 연구하게 된 청년 시리즈입니다. 물론 이것만으로, 어떤 급여조건만으로 재직 유도와 또 장기근속 그리고 유입이 된다고 생각하지는 않습니다. 앞서 말씀드린 것처럼 환경적인 측면까지 함께 많이 개선이 돼야 되는 게 사실인데 참고로 환경적인 측면이 한국에서 미스매치가 많이 문제된 것 중의 하나는 빠르게, 급속히 올라간 고학력화도 영향을 주기도 합니다. 그래서 한 번에 모든 걸 해결할 수가 없겠지만 그래도 재정적 비전을 갖고 좀 근속을 유지하면서 새로운 방법들이 하나, 둘 더 나오는 게 필요하지 않을까, 그런 측면에서 1차적으로는 재정적 비전이 좀 필요하겠다는 생각을 했습니다.

[조광주 위원] 그래서 재정적 비전이 필요하다고 보시면, 사실 경기도의 가용자원이 한 어느 정도 된다고 생각하세요?

[경기도일자리재단 대표이사] 사실 예산과 관련해서는 저희가 판단하기가 그렇게 쉽지는 않았습니다. 재단이 갖고 있는 정보가 도의 예산집행 수준까지 파악하면서 접근하기에는 좀 어려웠는데, 그래서 예산이나 규모는 도와 함께 좀 협의를 많이 했습니다. 그래서 예산에 있어서는 도의 제안과 의견들을 많이 참고했습니다.

[조광주 위원] 그럼 일자리재단이 일하는 청년 시리즈를 만들 때 가장 중심적인 역할을 해야 할 위원회가 어디라고 봅니까?

[경기도일자리재단 대표이사] 당연히 경과위, 상임위라고 생각합니다.

[조광주 위원] 그렇게 보시죠?

[경기도일자리재단 대표이사] 네.

[조광주 위원] 당연히 경과위인데 사실 여태까지 벌어지는 일이 청년 시리즈의 문제만큼은 경과위원들이랑 전혀 소통 없이 벌어지고 있어요. 알고 계시나요?

[경기도일자리재단 대표이사] 네, 그런 면이 있습니다.

[조광주 위원] 그래서 제가 볼 때는 문제라는 겁니다. 적어도 소관 상임위 의견이 적극 반영돼야 하거든요. 그런데 소관 상임위 의견은 전혀 반영이 안 되고 몇몇 대표성 있는 분들에 의해서 이게 결정이 되는 모습이 지금 나타나고 있어요. 결국은 소통이 전혀 안 되는 거잖아요. 그래서 사실 이러한 부분에서 분명히 앞으로는 소통을 해 나가야 해요. 그냥 상임위에서 안 되더라도 위에서 하면 된다, 위에 있는 대표성 있는 데서 하기만 하면 된다. 그러면 결국 그 일이 제대로 진행되겠습니까? 중심의 축을 갖고 있는 데에서 동의를 안 하는데?

[경기도일자리재단 대표이사] 저희는 상임위가 중요하다고 봅니다.

[조광주 위원] 적어도 그 부분에 대해서는 우리 일자리재단 대표님뿐만이 아니라 그와 관련된 다른 여러 곳에서 같이 협의할 수 있는 장을 만들 수 있도록 이걸 일자리재단이 추진하니까 적극적으로 말씀을 하시기를 바랍니다.

[경기도일자리재단 대표이사] 네, 알겠습니다.

[조광주 위원] 그렇게 해 주시고요. 지금 3D디지털패션 전문인력 양성 과정을 운영하셨더라고요.

[경기도일자리재단 대표이사] 네.

[조광주 위원] 그런데 사실, 여기 보니까 15명 교육을 했던데, 그렇죠?

[경기도일자리재단 대표이사] 네.

[조광주 위원] 그런데 이 디지털패션 전문인력을 배우고자 하는 분들이 매우 많을 것 같아요. 수요 조사는 해 봤어요?

[경기도일자리재단 대표이사] 네, 이 사업은 졸업 후 취업처까지 어느 정도 구상을 하면서 진행된 사업입니다. 그리고 국비지원을 통해서 만들어진 사업입니다.

[조광주 위원] 사실 15명인데 이렇게, 우리나라, 우리 경기도 같은 경우에는 패션과 관련해서 북부라든지 남부라든지 굉장히 관심이 많은 업종 중의 하나잖아요. 그러면 적어도 교육과 관련해서, 사실 수원에 한정돼서 해 봐야 얼마나 효과가 있겠어요? 형식에 치우친 것처럼 보여요, 제가 볼 때는. 수요 부분이, 나는 이러한 부분이 말이에요. 어떤 사업장에서 하게 되면 인원이 한정할 수밖에 없어요. 요즘엔 온라인이 얼마나 잘 발달해 있어요? 사실 이런 교육 정도는 어느 정도 온라인에서도 커버할 수있는 부분이 굉장히 많다고 보거든요. 그럼 적어도 교육장에 못 가는 다른 타 지역에 사는 사람들이 할 수 있는 역할이 뭔가를 앞으로 고민하셔야 해요. 그렇게 해서 온라인을 통해서 정말 배우고자 하는 분들이 쉽게 접근할 수 있도록 해 줘야 하거든요. 여기서 이거 하면 실질적으로 수원 인근에 사는 분 외에는 구조상 여기 올 수가 없어요. 그렇잖아요.

[경기도일자리재단 대표이사] 네.

[조광주 위원] 경기도만 보더라도 어마어마한 숫자가 사실 패션 디자인을 전공 또는 하려고 하고 있어요. 그러면 실질적으로 수요와 공급이 맞아떨어져야 하잖아요. 그런 부분에 대한 고민을 좀 하셔야 할 것 같아요.

[경기도일자리재단 대표이사] 네.

[조광주 위원] 그렇지 않으면 사실 그냥 말 그대로 형식적으로 하고 가는 숫자놀음에 빠지기 쉽거든요. 지금 워낙 방대하다 보니까, 나는 그래서 교육시스템이 이제는 바뀌어야 한다. 워낙 방대하고, 그게 어떤 교육장을 통해서 하는 것도 중요하지만 실질적으로 그렇지 못한 사람들이 접근할 수 있는 방법을 앞으로 만들어 놔야 한다. 또 여기 일자리재단 같은 경우에 이게 사실 플랫폼을 잘 활용할 수 있게끔 만드는 일이 잖아요. 구직자가 무슨 수로 부천이라든지 이렇게 왔다 갔다 하겠어요. 쉽게 자기가 접근할 수 있는 네트워크를 확보하는 게 중요하겠죠. 난 그런 부분에 있어서도 역할을 하셔야 된다고 봐요.

그리고 청년구직지원금과 관련해서 좀 그래도 굉장히 경쟁률이 셌죠?

[경기도일자리재단 대표이사] 네, 상반기와 하반기 경쟁률이 조금 달랐습니다만 하반기 경쟁률이 6.1 대 1 정도 나왔습니다.

[조광주 위원] 이 선발과정에 대해서 지금 선발을 어떤 식으로 하고 있어요?

[경기도일자리재단 대표이사] 하반기와 상반기 선발과정이 조금 달랐습니다. 하반기는 1차 서류전형과 서류전형 안에 들어가 있는 계획서를 평가해서 1차 선발을 했고 그다음 2차 선발은 상향식 오디션을 통해서 계획서를 가지고 그 계획서를 심사위원들에게 인터뷰 형식으로 설명해서 거기서 선발되는 방식이 1차였고 2차에서는 조금 형식을 바꿨습니다. 2차에서는 오디션 방식이 갖는 장점도 있고 단점도 있습니다만 단점이 좀 많이 부각이 된 점이 있었습니다. 그래서 2차에서는 서류를 통해서 미래 취업 활동계획서를 받았고 그 활동계획서와 소득 기준으로 선발했습니다. 전체 가중치 가운데는 소득 기준이 꽤 가중치가 컸습니다.

[조광주 위원] 선발 과정에서 잡음이 없도록 신중하게 해 주셔야 될 것 같아요.

[경기도일자리재단 대표이사] 네.

[조광주 위원] 그리고 요즘에 사실 취업들이 어렵다, 어렵다고 하다 보니까 특히 인문계열이라든지 예술계열 보니까 여기도 전공자, 그분들이, 이제 젊은 친구들이 나와서 사실 자기 전공 갖고 먹고사는 문제 고민할 수밖에 없는 게 지금 대한민국 현실인데. 그래서 융합 직업 프로그램이라고 해서 했더라고요. 그런데 이걸 갖다가 1차, 2차를 했어요, 예산을 도에서 3억 정도 해서. 그런데 이것과 관련해서 효과가 어떻다고 생각하세요?

[경기도일자리재단 대표이사] 사실 올해 처음 이게 시범사업 비슷하게 추진했습니다. 해서 사실 초기의 목적만큼 그렇게 많은 교육생을 확보하지는 못했습니다. 못 해서 수정을 통해서 조금 사업 규모를 줄인 측면도 있습니다. 그러나 취업활동과 관련된 취업만큼은, 당초 취업률 만큼은 만들어 낼 수 있으리라고 보고 있습니다.

[조광주 위원] 주로 어떤 교육을 시켜주는 거예요?

[경기도일자리재단 대표이사] 인문계열 전공자 중심으로 어쨌든 많이 확보해서 총 30회 차 정도로 나누어서 교육을 수행하게 됩니다. 그래서 그때 주로 하게 되는 수업들은 IT, 마케팅, 경제, 뉴미디어 이러한 분야의 강의를 다 다시 세분화시켜서 수업을 많이 했고요. 직업훈련과정이 아니기 때문에, 직업훈련과정이라면 특정과목 중심으로 쭉 심도 깊게 들어가야 되는데 이것은 융합과정이기 때문에 심도보다는 조금 더 확장 가능한 그런 형태로 수업을 많이 진행했습니다. 이를테면 강의명 몇 개를 예시를 드리면 "최신 IT서비스 동향"이라든지 또는 "인도 시장과 글로벌 마인드", 인도 시장에 대해서 살펴보는 것 또는 페이스북 라이브를 어떻게 마케팅에 활용할 수 있을까, 직장 커뮤니케이션 방법은 어떠할까 이러한 내용들 중심으로 수업을 한 30회 차 강의해서 진행했습니다.

[조광주 위원] 그래서 이런 것도 사실 1차 수원이었고, 2차 부천·의정부 딱 정해져서 한정돼서 했잖아요, 그렇죠?

[경기도일자리재단 대표이사] 네.

[조광주 위원] 사실 지금 말씀하는 내용 정도의 교육은 온라인에서 얼마든지 할 수 있는 일이라고 봐요. 나는 그런 걸 효율적으로 사용해야 한다는 거예요. 이렇게 성과 위주의 눈으로 보여주는 게 중요한 게 아니라 얼마나 이 부분을 실용화, 써먹을 수 있느냐가 중요하잖아요. 그럼 많은 사람이 들을 수 있는 장을 만들어줘야 하잖아요. 그래서 이런 게 사실 온라인 교육을 통해서 얼마든지 할 수 있는 일들이거든요. 이렇게 장소를 선택해서 하면 인원이 한정할 수밖에 없어요. 그런데 온라인을 통해서 하면 많은 사람들이, 특히 많은 청년들이 볼 수가 있다는 거예요. 특히 경기도에 얼마나 많습니까? 졸업 예정자들도 많고 사실 자기가 뭔가 '이런 교육을 받아봐야겠다.'라는, 이건 사실 받고 싶은 게 있을 수 있어요, 수요가 많을 수 있어요. 그래서 그런 부분에 있어서 앞으로 좀 고민하셔야 할 것 같아요. 어떤 장소를 선택해서 교육 실시하고 이러는 것도 중요하죠. 그런데 요즘에 사실 일일이 가서 교육받는 것 그거 쉽지 않아요. 그럼 자기가 편하게 집에서도 받을 수 있는 그런 어떤 프로그램을 만들어 주면 하거든요.

[경기도일자리재단 대표이사] 네, 그거 관련해서 저희 계획을 좀 설명드려도 되겠습니까?

[조광주 위원] 네.

[경기도일자리재단 대표이사] 교육하게 되면 크게 직업훈련교육과 역량 강화 교육으로 나눌 수가 있는데요. 직업훈련교육은 보통 최소한 400시간 이상, 많게는 한 1,000시간 가까이 교육이 필요합니다. 그래서 직업훈련교육은 현실적으로 온라인화하기가 상당히 좀 힘든 면이 있기 때문에 직업훈련교육은 일반적으로 오프라인 공간에서, 다만 오프라인 공간이기 때문에 방금 조광주 위원님께서 말씀하신 것처럼 그러한 한계들은 또 있습니다. 그에 비해서 역량 강화 쪽 분야의 그런 과정들은 충분히 온라인화할 수 있는 가능성이 당연히 있고 또 그렇게 많이 되어져 있기도 합니다. 또는 일부는 하이브리드로 온라인과 오프라인을 묶어서 하기도 하는데 저희 플랫폼이

앞서 잠깐 설명을 드렸습니다만 내년 총 1년 전체 기간 동안 교육 관련된 도내, 서울을 포함한 수도권 내 오프라인에서 이루어지고 있는 교육프로그램 10만 건이 올라오게 되고 그리고 온라인으로 이용할 수 있는 프로그램들, 즉 우리가 만드는 게 아니지만 이미 다른 곳에서 만들어 놓았던, 경기도의 경우에는 GSEEK과 같은 플랫폼도 있기 때문에 그곳에 있는 콘텐츠들을 또 한 1만 건 정도를 올릴 겁니다. 그 1만 건은 우리가 예산을 들여서 만드는 건 아닙니다. 이미 존재하고 있는 콘텐츠들을 확보해서 올리는 것이기 때문에 오프라인에서 이루어지고 있는 10만 건 그리고 온라인에서 현재 이루어지고 있는 저희가 선별할 수 있는 콘텐츠 1만 건을 등록해서 온라인과 오프라인을 함께 도민들이 이용할 수 있게끔 그렇게 계획을 갖고 있습니다.

[조광주 위원] 요즘에 온라인 교육을 많이 하는데 거의 보면 흔히 어디 가서도 쉽게 접한 것들이 많아요. 나는 경기도에서, 물론 그런 거 하지 말라는 건 아니에요. 주민자치센터라든지 이런 데서 다 하고 있지 않습니까? 동네에서 쉽게 접근, 사실 그러한 부분은 도에서는 조금 지양해야 한다. 도는 좀 차별화시킬 필요가 있거든요. 시군에서 하는 일을 갖다가 똑같은 거 할 필요 없어요. 특히 온라인 교육만큼은 시군에서 접하지 못할 것들을 해 줘야 하거든요. 그러한 부분을 좀 조사할 필요가 있어요. 그래서 정말 필요한 거. '아, 경기도에 가면 내가 살고 있는 우리 시군에서도 접하는 거 또 해?' 그러면 별로 관심 없잖아요. 그런데 '저기 가면 우리 시군에서 감히 접할 수 없는 걸 볼 수가 있어.' 이런 인식을 심어줘야 하거든요. 난 그런 수요 조사를 분명히 할 필요가 있다. 그래서 그런 부분에 대해서 일자리재단에서 실행해 주시기 바랍니다.

[경기도일자리재단 대표이사] 네, 알겠습니다. 저도 전적으로 동의하기 때문에 그렇게 하겠습니다.

[조광주 위원] 그렇게 꼭 해 주시고요. 그리고 중장기 일자리 정책 개선 방안 연구를 지금 하고 있죠?

[경기도일자리재단 대표이사] 네, 조금 늦게 시작이 되어서 아직 좀⋯⋯.

[조광주 위원] 언제쯤 이게 완성이 되나요?

[경기도일자리재단 대표이사] 원래 연말까지 마무리할 계획을 갖고는 있습니다마는 저도 최근에 현재 진행속도를 깊이 리뷰를 한 바에 의하면 조금 시간이 더 필요하지 않겠냐는 생각은 갖고 있습니다.

[조광주 위원] 이게 굉장히 중요한 문제인데. 그렇죠? 사실 일자리 미스매치라든지 기타 등등 이 연구가 제대로 나와주면 효과를 발휘하는 거잖아요.

[경기도일자리재단 대표이사] 네, 저도 관심 갖고 보고 있습니다.

[조광주 위원] 지금 올해도 좀 어려울 거 같네요, 그렇죠? 그럼 보통 한 내년 상반기 정도.

[경기도일자리재단 대표이사] 상반기 후반까지 가지는 않을 거 같습니다. 1분기까지는 마무리하도록 하겠습니다.

[조광주 위원] 그래요, 저도 기대하겠습니다. 이건 나오면 우리 경제위원님들은 다 관심이 있을 거예요. 아주 잘 만들어 주시기 바랍니다. 수고하셨습니다.

공유경제에 대해서

협동조합은요. 회사예요, 회사. 사회적기업도 마찬가지로 비즈니스 통해서 사회적 문제를 해결하는 거지만 기업입니다. 우리나라 구조가 뭐냐 하면 마을기업은 행안부에서 하고 사회적기업이라든지 고용노동부에서 합니다.

[조광주 위원] 행정감사 준비하시느라 수고 많으셨는데요. 아까 원욱희 위원님이 말씀하시지 않았습니까, 공유경제과 일원화 부분을?

[공유시장경제국장] 네.

[조광주 위원] 그런데 사실 내용을 좀 들어가 봐야 해요. 여기에서 사실 업무를 분리를 시켰는데 과연 경제과학기술위원회 위원님들이랑 정말 상의를 하고 이렇게 업무 분리가 됐는지를 갖다가 좀……. 그 내용은 아시죠? 기획재정위원회에서 일방적으로 업무분장을 시킨 거 아니에요?

[공유시장경제국장] 아마 의회운영위원회에서 과 단위로 분리한 걸로 알고 있습니다.

[조광주 위원] 의회운영위원회에서. 그런데 저희 경제위랑 상의 안 했잖아요. 그렇죠? 그게 지금 우리 현실이에요. 사실 일을 어디서 하는 게 정말 맞는가를 집행부에서 분명히 말씀해 주셔야 해요. 사실 생각해 보세요. 지금 공유경제과에서 하는 일 전반적인 일이 어디서 하는 게 맞는가? 그게 중요하다고 생각해요. 지금 이렇게 강제적으로 분리시켜놓고 업무를 전부 저희가 할 수 있는 원래의 영역이 다 다른 쪽으로 가버렸어요. 그러다 보니까 그런 내용을 전혀 숙지 안 했을 경우에 받아들이는 입장이 '거의 업무가 기획재정위네?' 이렇게 받아들일 수밖에 없잖아요. 그런데 이 업무 내용을 잘 봐요. 여기에서 실질적으로 업무내용을 잘 파악해 보면 어디서 하는 게 맞는가를 집행부에서 분명한 입장을 갖고 계셔야 돼요. 그런 점에서 어떻게 생각하세요?

[공유시장경제국장] 저희는 아까 말씀드린 것처럼 업무가 집행부 입장에서는 일원

화 되는 게 바람직하지 않나 그런 생각을 하고 있는데요. 저희가 의회에서 조정되는 부분에 대해서는 사실 좀 어려운 부분이 있다는 말씀을 드립니다.

[조광주 위원] 그 조정도 사실 집행부에서 여태까지 분명한 입장을 안 내놓으니까, 사실 원래 소관 상임위였던 우리 상임위 같은 경우에 논의구조에서 빠져버리잖아요. 위원장님, 그런 거 보고 받은 적 있어요?

[위원장] 공유경제 여기에 대해서요?

[조광주 위원] 네.

[위원장] 저 보고 받았죠. 보고받아서 제가 사실은 그거에 대한 굉장히 많은, 국을 하나 만들자, 별 논의를 다 했어요. 그럼에도 불구하고 운영위원회에서 이렇게 하게 된 거기 때문에 제가 그 부분에 대해서는 여기서 저한테 논의를 안 했다고는 얘기 안 하고 논의를 했습니다. 했는데 그럼에도 불구하고 용역을 해서 이렇게 했다고 운영위원회에서 그렇게 했기 때문에 저는 어쩔 수가 없어서, 집행부에서도 그렇게 얘기 하는 거예요.

그래서 사실은 집행부도 아까 국장님이 말씀하셨지만 그렇게 일원화되는 게 좋다는 그러한 내심이 있어서 그렇게 했는데 어떻게 보면 지금 핵심적인 거는 다 기재위로 가져가고 그러한 몇 개 세 가지 분야만, 블록체인이라든지 이런 세 가지 분야만 왔다 라는 거에 대해서 아까 존경하는 원욱희 위원님께서도 그러한 부분을 질의하신 내용 이 그래서 질의하신 것 같기 때문에.

또 한 가지 저는 또 그거에 관련해서 말하는 게 주식회사는 지금 공유시장경제국에 있어야 할 이유가 없어요. 이거는 경제실에 와야 됨에도 불구하고 왜 여기 공유시 장경제국에서 가졌는지에 대한 그런 것도 내가 이따 질의를 하려고 그러는 겁니다. 그래서 국장님께서는 이거를 정리해 주세요. 주식회사는 경제실로 와야지 무슨 공 유시장경제국으로 왜 있어야 하는지 그거에 대한 걸 분명히 하셔서, 아니면 제가 이

거 행정감사가 끝나고 나면 위원님들하고 논의를 해서 우리는 경제실에 있는 세 가지 분야를 아예 그냥 기재위로 줄 것인지 그거에 대한 논의를 하고 주식회사는 거기에 있을 이유가 없고 경제실로 보내는 거하고 그거 가지고 논의를 하겠습니다. 국장님 의견을 좀 말씀해 주세요.

[조광주 위원] 그건 제 질의 끝나고 다시 질의해 주시고요. 사회적경제 영역이라고 할 수 있는 사회적기업이라든지 협동조합이라든지 회사입니까, 아닙니까? 협동조합이 회사입니까, 아닙니까?

[공유시장경제국장] 그게 법인 형태에 따라 틀린 데 회사인 경우도 있습니다.

[조광주 위원] 협동조합은요. 회사예요, 회사. 사회적기업도 마찬가지로 비즈니스 통해서 사회적 문제를 해결하는 거지만 기업입니다. 우리나라 구조가 뭐냐 하면 마을기업은 행안부에서 하고 사회적기업이라든지 고용노동부에서 합니다. 그래서 중소기업, 특히 중소기업과 관련돼서 일하는, 지금 국회에서도 이 부분에 대해서 문제가 많다고 하고 있어요. 기업에 대한 이해도를 분명히 갖고 있어야 되는데 그냥 단순하게 소관 부처에서 주도만 하려고 그래요. 그러면 내용 들어가면 다 실패할 수밖에 없는 거죠.

지금 사회적기업 99%가 제대로 정착되고 있을 것 같아요? 왜냐하면 분명한 내용을 갖고 서로 좀 조율할 부분은 정확하게 집행부에서도 입장을 내놔야 돼요. 실질적으로 기업에 대한 정확한 인식을 안 하고선 협동조합이라든지 사회적기업이라든지 이런 거 무분별하게 자칫 잘못했다가는 계속 성과보다는 실패가 많이 발견되잖아요. 그래서 공유경제국이 정말 그러한 역할을 갖다가 이렇게 신설이 돼서, 사실은 이게 작다면 작고 엄청 방대한 영역이에요.

[공유시장경제국장] 네, 맞습니다.

[조광주 위원] 방대하기 때문에 구체적으로 이제 나눠야 해요, 정말 일을 제대로 하

려면. 그런데 이게 애매모호하게 의회에서 끌려가는 듯한 그런 입장을 가져서도 안 된다고 봐요. 그럼 설득을 해야죠. 이 일을 진행하기 위해서는 이렇게 할 수밖에 없는 설득이 필요한 거예요. 그런데 그냥 던져놓고 의회에서 알아서 해라 이렇게 되니까 결국은…….

내가 이렇게 보면요. 솔직히 전 처음에 관심 가졌거든요. 관심 안 갖게 되더라고. 뭐 의원 혼자 그거 관심 가져야 무슨 의미가 있어요, 지금? 그게 현실이잖아요. 그래서 그런 부분에 대해서 심도 있게 논의 좀 하시고 제대로 된 결정을 해 주셨으면 합니다.

[공유시장경제국장] 네, 업무영역이나 이런 부분에 대해선 다시 한 번 살펴보겠습니다.

[조광주 위원] 좀 그렇게 해 주시고요. 지금 우리가 공유경제사업을 해요. 그런데 내가 이걸 할 때마다 느끼는 게 있어요. 매년 공유경제 활성화 지원이라고 해서 예산을 만들어서 합니다. 그럼 예산실에서 맨날 제로로 올라와요. 올해 마찬가지죠?

[공유시장경제국장] 네, 그렇습니다.

[조광주 위원] 그렇죠?

[공유시장경제국장] 네.

[조광주 위원] 거기에 대해서 어떻게 생각하세요?

[공유시장경제국장] 저희는 사실 좀 필요하다고 봐서 이렇게 예산을 올렸는데 아마 예산실에서는 생각이 좀 다른 것 같습니다. 그래서 조정이 되고요.

[조광주 위원] 국까지 만들었어요, 공유경제라는 타이틀의. 그래 놓고서는 공유경제

활성화 지원을 위해서 일을 하고 있는 데조차도 단 한 번도 예산을 세워본 적이 없어요. 집행부 쪽에선 제로로 올라와요, 항상. 내 상식으로는 이해가 안 가요, 솔직히. 국장님이 좀 그러한 부분에서 사실 컨트롤이 안 되나요?

[공유시장경제국장] 저희도 이번에 예산을 좀 요구를 세게 했는데, 그럼에도 불구하고 반영이 안 됐습니다.

[조광주 위원] 그러니까 힘의 논리예요?

[공유시장경제국장] 그 점에 대해서는 약간 아쉽게 생각합니다.

[조광주 위원] 그럼 힘의 논리에 의해서……. 아니, 공유경제국까지 만들었잖아요. 그런데 활성화 지원사업을 안 하면 뭐하러 세웠어요. 정말 집행부 쪽에서 제로 만든 걸 갖다가 필요에 의해서 세웠습니다. 그래서 진행을 했어요. 그럼 그 진행되는 사항을 더욱더 활성화하기 위해서는 대책, 계속 지속적인 어떤 대책을 만들어야 하잖아요. 그런데 또 제로로 올라오면 서로 정말 이게 신뢰 갖고 일하자는 건지 이해가 안 가는 거예요.

그러한 부분에서 좀 분명히 해 주셨으면 해요. 진짜 이게 사실 내가 공유시장경제국의 따복 관련돼서 공유경제국 산하지 않습니까? 그래서 얘기하는데 이런 마을기업 관련 사업 많은 일을 하고 있는 건 내가 알아요. 정말 필요하고요. 정말 필요합니다. 하지만 거기에 문제점이 숨어 있어요. 사업계획서에서 마을사랑방사업이라든지 이런 걸 하겠다고 올린 계획대로 진행을 하고 있는지를 체크해 보세요. 만일에 본래의 사업목적대로 그 사업을 안 하고 사업변경을 해 가면서까지 그 사업을 진행하려고 하는 데는 분명히 그건 지원을 끊어야 됩니다. 그것 정확하게 검토하세요. 제가 지켜보겠습니다.

[공유시장경제국장] 네, 알겠습니다. 저희가 수시로 점검을 나가고요. 또 이렇게 사업계획을 변경하려면 저희 승인을 받아야 되는데 일단 위원님께서 말씀하신 부분은

다시 한 번 체크해 보겠습니다.

[조광주 위원] 중요하죠? 나는 그 사업 굉장히 중요하다고 생각해요. 그런데 그게 너무 개인에 의해서 좌지우지해서는 안 돼요. 본래 사업계획서를 세워서 사업을 하다 보면 변동이 일어날 수는 있어요. 있을 수 있죠. 그런데 거기에 합리적인 명분이 있어야 되지 않습니까?

[공유시장경제국장] 네, 맞습니다.

[조광주 위원] 적어도 본래 사업의 목적에 벗어나는 사업을 해서는 안 돼요.

[공유시장경제국장] 맞습니다.

[조광주 위원] 적어도 그건 지켜가야 해요. 그 부분에 대해서 잘 지켜봐서 검토를 해 보세요.

[공유시장경제국장] 네, 그렇게 하겠습니다.

신용보증재단에 대해서

지금 우리나라 일자리 불평등 문제가 사실 우리가 동일한 조건의 일을 하면서 동일한 대접을 못 받는다고 그랬을 때 일의 능률이 오르겠습니까? 나는 그러한 부분에서 신보가 앞으로 또 어차피 계속 일자리를 만들어 내야 되지 않습니까, 인력이 부족하기 때문에? 그래서 그 부분을 분명히 좀 해 주셔야 된다고 생각합니다.

[조광주 위원] 행정사무감사 준비하시느라고 수고하셨습니다. 사실 요즘에 일자리 문제가 심각하지 않습니까? 계속 위원님들도 얘기를 하듯이. 특히 신보 같은 경우에는 업무 과다로 인해서 직원 문제가 좀 어려움을 겪고 있는 걸로 알고 있는데 지금 상황은 어떻습니까?

[경기신용보증재단 이사장] 아무래도 저희가 지점 수도 부족하고 그에 따라서 지금 현재 업무가 좀 과도해 가지고 직원들이 많이 힘들어하고 있습니다.

[조광주 위원] 그래서 그러한 부분에서 특히 계약직을 활용하고는 있죠, 지금?

[경기신용보증재단 이사장] 네, 그렇습니다.

[조광주 위원] 그런데 사실 일자리라는 게 일이 능률이 올라야 하지 않습니까?

[경기신용보증재단 이사장] 네.

[조광주 위원] 지금 신보에서 정규직과 비정규직의 문제를 그래도 굉장히 개선하려고 노력을 하셨더라고요. 그래서 비정규직 부분의 정규직화를 계속해 내고 있고. 하지만 공공기관에서 사실 계약직 부분 문제는 고민해야 된다고 생각하거든요. 전부 정규직화시킬 수 있는 그런 제도를 만들어야 된다고 생각해요.

지금 우리나라 일자리 불평등 문제가 사실 우리가 동일한 조건의 일을 하면서 동일한 대접을 못 받는다고 그랬을 때 일의 능률이 오르겠습니까? 나는 그러한 부분에서 신보가 앞으로 또 어차피 계속 일자리를 만들어 내야 되지 않습니까, 인력이 부족하기 때문에? 그래서 그 부분을 분명히 좀 해 주셔야 된다고 생각합니다.

[경기신용보증재단 이사장] 네, 알겠습니다.

[조광주 위원] 그렇게 좀 해 주시고요. 그리고 지난번에도 한 번 업무보고 때 제가 말한 적이 있어요. 요즘에 굉장히 경기가 안 좋다 보니까 사실 자영업자라든지 서민들이 사채를 쓰고 있지 않습니까? 그런데 사실 그분들이 사채를 해소하기 위해서는 신보에서 어떤 역할을 해 줘야 되지 않습니까? 일정 정도는 하고 있다고 하는데 전에도 주빌리은행에 대해서 한 번 얘기를 한 적이 있어요. 사실 채권 소각과 관련해서 신보에서도 채권이 발생해서 채무가 지연이 되면 결국은 채권 부분을 해결을 하죠?

[경기신용보증재단 이사장] 네, 그렇습니다.

[조광주 위원] 신보에서 해결 못하고 결국은…….

[경기신용보증재단 이사장] 자산관리공사가 매각하고 있습니다.

[조광주 위원] 그런 데다가 매각을 하지 않습니까?

[경기신용보증재단 이사장] 네.

[조광주 위원] 그래서 사실 그러한 역할을 좀 하고 있는데 그것과 관련돼서 지금 특별히 색달라진 게 좀 있나요, 새로워진 게?

[경기신용보증재단 이사장] 일정 부분에 대해서 저희가 받을 수 없는 채권은 정리를 할 수 있도록…….

[조광주 위원] 어떻게 정리해요?

[경기신용보증재단 이사장] 특별상각 조치를 하고 있습니다.

[조광주 위원] 네?

[경기신용보증재단 이사장] 특별상각.

[조광주 위원] 특별상각이라면?

[경기신용보증재단 이사장] 특별상각 조치를 해서 그걸 관리를 하다가 그것도 안 되면 자산관리공사나 추심회사에 넘기는 절차를 하고 있습니다. 옛날에는 그걸 적극적으로 안 했는데 요새는 매년 조사를 해서 하고 있습니다.

[조광주 위원] 지금 워낙 장기적으로 보면 경기가 안 좋아지다 보니까 사실 청년들 문제라든지 특히 우리 또 고령화사회로 가고 있지 않습니까? 이미 이러한 부분에서 이분들이 어떤 생계라든지 일을 하기 위해서 창업하지 않습니까? 창업하다가 보면 사실 자금 부분에서 굉장히 어려움을 겪어요, 현실적으로. 그래서 나는 사실 창업이, 청년들 같은 경우에는 창업에 대한 어떤 기회, 다시 선택할 수 있는, 재기할 수 있는 어떤 프로그램이라든지 이러한 부분이 반드시 필요하다고 보고요.

그리고 고령화사회로 접어들면서 노인들 같은 경우에 창업을 했을 때 굉장히 위험성이 더 크죠?

[경기신용보증재단 이사장] 네.

[조광주 위원] 그래서 그것과 관련돼서 사실 어떤 제도적인 뒷받침이 마련돼야 하는데 사실 창업자금을 만드는 데 있어서 굉장히 어려움을 겪고 있는 게 현실이거든요.

[경기신용보증재단 이사장] 네, 그렇습니다.

[조광주 위원] 사실 청년들 같은 경우에 청년창업운전자금을 마련하려면 굉장히 어렵고 또 고령화사회로 접어들면서 노인들 같은 경우에는 더더욱 어려운 게 현실이거든요. 그것과 관련돼서 어떤 신보에서 하는 일이 있나요?

[경기신용보증재단 이사장] 그래서 청년창업 지원하는 특별보증상품, 그다음에 창업실패자에 대한 재도전 특례보증 이런 상품이 있고요. 금년에 중기부에서 1,000억을 창업자금으로 확보를 해서 저희한테 한 70억 정도 배정이 됐습니다.

[조광주 위원] 그래서 다 소진하게 시켰나요?

[경기신용보증재단 이사장] 올해에 시행한 지가 얼마 안 돼 가지고 지금 하고 있습니다.

[조광주 위원] 그러면 실질적으로 수요자 조사를 좀 해 봤어요?

[경기신용보증재단 이사장] 수요자 조사까지는 못 했습니다.

[조광주 위원] 아직까지 신보가 문턱이 조금 높은 건 사실이에요. 제가 왜 이런 말씀을 드리냐 하면 신보에 대해서 알리는 게 중요하다. 홍보와 관련해서 이러한 부분이 굉장히 중요하다고 보거든요. 작년 홍보예산이랑 올해 홍보를 한 걸 보니까, 아직은 진행 중이잖아요. 사실 이게 9월 말까지 현황이에요, 보니까. 작년에 토털 8억 5,000 정도 집행을 했는데 행감자료에서 보면 5억 3,000 정도가 집행이 됐어요. 그래서 나머지 어떤, 그래두 작년보다는 더 신보를 알릴 수 있는 장을 만들어 내야 하잖아요. 그것과 관련해서 어떤 계획을 세우고 있습니까? 올해 다 가고 있는데.

[경기신용보증재단 이사장] 솔직히 저희가 홍보비 예산이 별로 많지 않습니다, 지역 언론사협회하고. 또 광고도 해야 되고 하기 때문에. 그런 걸 못 하고 있는데 대개 연말, 연초에 홍보예산이 다 정해지기 때문에, 일정 부분은 정해지고 그 나머지 부분으

로 필요한 부분을 또 보완해서 하고 있습니다. 그런데 요새는 시군이나 이런 데서 전광판 같은 것도 자체적으로 무료로 쓸 수 있도록 하는 그런 곳도 있고 그래서 협의를 해서 그런 쪽의 홍보도 하고 또 G버스라든지 인터넷망을 통해서 저희가 계속 홍보를 하고 있습니다.

[조광주 위원] 저는 홍보와 관련돼서 사실 전문적인 영역을 갖고 일하시는 분이 있나요?

[경기신용보증재단 이사장] 홍보 출신은 아니지만 저희 홍보담당을 임종관 차장이 한 5년 정도 하고 있기 때문에요.

[조광주 위원] 5년 정도 했으면 이제 노하우는 있겠네요. 그런데 매년 반복되는 정해진 홍보 스타일이 아니라 요즘에는 사실 홍보도 어떤, 기업도 운영하는 데 있어서 요즘에는 그냥 기존의 방식을 탈피한 파괴적 혁신이라고 그래서 하고 있지 않습니까? 많은 다양한 방법을 동원해서. 나는 신보가 정말 서민들, 특히 사회적약자를 위해서 나름대로 역할을 하려고 하고 있지 않습니까? 그럼, 정말 홍보가 깊숙이 들어갈 수 있는 방법이 무언가를 이제 고민해서 홍보를 해야 된다고 생각하거든요.

[경기신용보증재단 이사장] 네, 알겠습니다.

[조광주 위원] 그런 부분에서 심도 있게 좀 논의해서 고민해 주셨으면 합니다. 특별히 또 그것 관련해서 말씀하실 게 있나요?

[경기신용보증재단 이사장] 하여튼 노력하겠습니다.

[조광주 위원] 적극적으로 하시기 바랍니다. 그리고 매년 지적되는 사항인데 운용 배수가 어느 정도 지금 하고 있나요, 신보요?

[경기신용보증재단 이사장] 좀 전에 박 위원님 말씀하셨지만 한 5배수 정도.

[조광주 위원] 5배수는 매년 정해진 배수인데, 그렇죠?

[경기신용보증재단 이사장] 5배수 부근에서.

[조광주 위원] 네, 그 부근에서 매년 정해져 있는데 사실 그래서 적극적인 투자를 할 필요가 있다고 매년 얘기를 하지 않습니까?

[경기신용보증재단 이사장] 네.

[조광주 위원] 그러니까 작년에도 똑같은 얘기였어요. 그런데 그 특별한 이유가 있어요? 맨날 반복되는 얘기는 하고 있어요, 5배수라고 항상.

[경기신용보증재단 이사장] 출연금에 한계가 있기 때문에 그렇습니다.

[조광주 위원] 너무 안전 그것 때문에 그러나요?

[경기신용보증재단 이사장] 아니, 저희들은 적극적으로 하고 있는데요, 보증을. 실적도 높이고 그동안에 상당히 높여가고 있습니다. 그런데 그 보증실적 높인 것만큼 또 출연금도 많이 향상이 돼서 대개 5배수 수준에서 안정적으로 운용이 되고 있습니다.

[조광주 위원] 안정적으로?

[경기신용보증재단 이사장] 네.

[조광주 위원] 안정적으로 운행을 하고 있다. 사실 현장에 나가보면요. 자금이 필요한 사람들이 정말 어마어마하게 많습니다. 그런데 아직 대한민국이란 나라가 사채시장이 굉장히 큰 시장을 지배하고 있어요. 그럼에도 불구하고 사실 문턱이 낮은 것 같으면서도 굉장히 높기 때문에 어려움을 겪고 있거든요. 사실 재기를 하려고 할 때 거의 불가능하다 그래요, 어떤 자금을 융통하기가. 결국은 벼랑 끝에 몰린 사람들 입

장에서는 사채를 쓸 수밖에 없거든요. 그런데 사채라는 게 사실 능력이 돼야 갚을 수 있는 거 아닙니까? 능력이 안 돼서 사채를 쓴 거지 않습니까?

그런데 신보에서 어떤 등급 제한을 두고 하고 있지 않습니까, 보면 그 기준? 그런데 그 기준에도 못 미치는 사람에 대한 역할을 좀 해 줘야 하거든요. 난 그런 부분에 대해서 굿모닝론, 햇살론 이렇게 나오는데 실질적으로 제대로 활용할 수 있는 그런 게 나와 줘야 해요. 실질적으로 그런 부분에서 한번 신보에서 지금 고민하는 게 있어요?

[경기신용보증재단 이사장] 그런데 저희는 보증회사다 보니까 그런 걸 마음대로 할 수 없는 한계가 있습니다. 그래서 실은 정말 어려운 사람들에 대해서는 국가기관에서 정책적으로 사회안전망을 통해서 직접지원을 해 줘야 되는 그런 문제가 있는 것 같고요. 저희들은 어느 정도 자금을 보증하고 대출해 주면 갚을 수 있는 능력이 있어야 되기 때문에 그런 걸 아무래도 감안하다 보니까 좀 한계가 있다고 생각을 합니다.

[조광주 위원] 네, 한계는 있죠. 나는 당연히, 국가에서 할 일, 지방자치단체에서 할 일 지금 구분해서 말씀을 하고 계시는데 지방자치단체에서도 사실 앞으로, 홍보가 다른 것 아니거든요. 이익을 발생시키는 것도 굉장히 중요해요. 어찌 됐든 신용보증을 하고 거기에 따른 어떤 이자 수입이라든지 아니면 도의 출자를 통해서 신보가 굴러가는 것이기 때문에. 하지만 홍보인 측면도 또 봐야 하거든요. 사실 그래서 아까 사채시장 문제에 있어서 해결할 수 있는 과제, 주빌리은행 제도나 채권 소각하는 이런 걸 하는 게 사실은 그게 홍보거든요. 그게 굉장히 보이지 않는 큰 홍보가 돼요, 사실은.

나는 신보에서 단순하게 금융권의 역할만 하는 게 아니라 물론 다른 일도 하고 있죠. 하지만 적어도 신보에서 정말 국가에서 꼭 규정지어서 할 수 있는 일이라고 못을 박을 게 아니라 이제 경기도에다가 요구를 해야죠. 도에다가 꼭 신보가 정해진 틀이 아니라 정말 신보가 하는 역할, 우리나라에서 벌어지는 다양한 금융과 관련된 이 녹록지 않은 환경을 개선시키는 데 있어서 그 역할이 뭔가를 사실 이제는 내놔야 한다고 봐요.

왜냐하면 사실 지금 보면 금융권들이 전부 다 그거잖아요, 이자 수입으로 유지해 가는 시스템. 그런데 공공성을 갖고 있는 기관들은 좀 차이 나는 역할을 해야 하거든요. 단순하게 금융권보다 좀 나은 역할이 아닌 전반적인 사회의 문제점을 체킹해 내고 그 문제점을 정말 해결해 나가는 데 있어서 이제 도에서 역할을 할 수 있게끔 받아내야 된다고 봐요.

그런 거 한다고 그러면 그게 사실은 공감대거든요, 소통이고. 그런데 사실 신보 출자에 대해서 아직까지 이해 잘 못하시는 의원들 의외로 많아요. 이게 현실이에요. 한번 의원들에 대해서 신보의 역할에 대한 교육 한번 해 봤어요? 그 역할이 안 되면요, 하다못해 왜 출자를 해야 하는지에 대한, 나는 그거야말로 중요한 홍보라고 봐요. 경기도 집행부도 중요하지만 그와 반대로 의원들의 역할이 정말 중요하기 때문에 의원을 상대로 할 수 있는 홍보, 진짜 신보의 역할이 뭔가를 사실은 나는 새로 의회가, 지금 9대지 않습니까? 다시 10대가 접어들 때 새로 들어오는 의원님들에만큼은 그러한 교육, 홍보 이런 것 반드시 필요하다고 봅니다. 그래야지만 신보를 이해하고 신보가 하는 일을 적극적으로 지원할 수밖에 없습니다. 우리 경제위 위원들만 가지고서는 정말 어렵습니다. 그렇기 때문에 그러한 역할들을 신보에서 방향을 잡고 좀 해주시기 바랍니다.

[경기신용보증재단 이사장] 네, 알겠습니다.

[조광주 위원] 지금 신보에서 보면 간담회 그래도 많이 하고 있어요, 사실 간담회들. 저도 1년에 제가 간담회 같이 참여하는 횟수라고 그래야 몇 번이겠습니까? 저의 일정상 빠듯하지만 가보면, 사실 현장의 목소리를 들어보면 그 얘기들을 계속 해요. 1년 거치라든지 2년 거치라든지 3년 거치라든지 이 거치 문제에 대한 얘기를 항상 해요. 그런데 지금도 1년 거치 상환이죠?

[경기신용보증재단 이사장] 네, 보통 1년 거치 2년 상환입니다.

[조광주 위원] 지금도 그렇죠?

[경기신용보증재단 이사장] 네.

[조광주 위원] 왜 그러냐면, 내가 왜 이 얘기를 하냐면 기업을 운영하는 사람들이 사실 1년을 거치해서 자금을 써서 어떤 제품을 개발하고 진짜 기업을 유지해 나가기가 너무 어려운 거예요. 원금을 내나간다는 게 굉장한 부담이거든요. 그래서 그 부분이 사실 작년에도 지적이 됐었어요. 그 부분에 대해서 신보에서 어떤 대책을 내놔야 한다고 얘기한 적이 있어요. 그거와 관련돼서 지금 어떤 하고 있는 일이 있나요?

[경기신용보증재단 이사장] 그래서 장기거치 기간 없이 장기분할상환하는 상품…….

[조광주 위원] 장기분할상품?

[경기신용보증재단 이사장] 네. 그래서 한 10년, 그전에 5년이 한도였는데 한 10년으로 장기분할할 수 있도록…….

[조광주 위원] 10년 분할. 그것도 하나의 방법인데 나는 거치기간도, 그게 법률적으로 문제가 있어요?

[경기신용보증재단 이사장] 은행에서 거치기간을 많이 안 줍니다.

[조광주 위원] 은행이랑.

[경기신용보증재단 이사장] 네. 그리고 정부 정책적으로도 지금 금융 대출을 할 때 너무 거치기간을 주면 가계대출 한도가 올라가기 때문에 그래서 축소하고 있는 그런 실정입니다.

[조광주 위원] 가계대출 한도 때문에?

[경기신용보증재단 이사장] 네.

[조광주 위원] 이게 우리나라가 지금 가장 큰 문제점이 숫자놀음이거든요. 사실 이게 통계상으로 막 실업자 문제를 내는 걸 예를 들어서 볼게요. 비경제활동인구도 엄밀히 따지면 실업자에 들어가야 하거든요. 저는 그렇게 봐요. 그런데 우리나라는 비경제활동인구라고 그러면 실업자에 안 들어가요. 청년들이 취직이 안 되니까 공부할 수밖에 없는 거잖아요, 더 나은 직장을 위해서. 그러면 그게 실업자지 어떻게 비경제활동인구라고 해서 실업자 안에 빠져요?

[경기신용보증재단 이사장] 잠재적 실업자입니다.

[조광주 위원] 그러면서 통계율을 내는 게 우리나라 현실이거든요. 이 거치 문제도 나는 그런 게 숨어있다고 봐요, 사실은. 사실 통계가 중요한 게 아니라 실질적으로 현장의 목소리를 담아내는 정책을 내려고 해야 하는데 자꾸 수치상으로만 따지다 보니까 이런 일이 발생하는 거거든요. 나는 적어도, 1년은 너무 짧아요, 기업을 하는 사람 입장에서는. 적어도 2년은 돼야 된다고 보거든요. 나는 그 부분은 좀 강력하게, 또 중앙기관에서도 일을 해 보셨잖아요. 요구를 좀 해 주세요.

[경기신용보증재단 이사장] 저희도 가능한지 그런 부분을 좀 검토하도록 하겠습니다.

[조광주 위원] 요구를 좀 하세요. 검토하는 걸로 하지 말고 좀 적극적으로 요구를 한번 해 보세요.

[경기신용보증재단 이사장] 네, 알겠습니다.

[조광주 위원] 그렇게 해 주십시오.

계층간의 문제에 대하여

청년과 노년층과의 어떤 계층 간의 일자리 문제를 갖다가 같이 분석해서 연결해서 이거를 갖다가 대책을 세워야지 따로따로 분리해서 대책을 내놓으면 안 하거든요. 그런 부분에서 만전을 기해 주시기 바라고요.

[조광주 위원] 조광주 위원입니다. 행정감사 준비하시느라고 수고 많으셨습니다. 우리 경제실이 사실 먹고 사는 문제를 가장 중심에 서서 해결하는 역할을 하는 중요한 부서지 않습니까?

[경제실장] 그렇습니다.

[조광주 위원] 요즘에 청년들 같은 경우에 일자리가 부족하고 또 사실 고령화 사회로 접어들면서 노인 빈곤층이 50%인 나라가 대한민국이 됐습니다. 그럼 결국은 노인도 일을 할 수밖에 없는 구조고 그래서 사실 청년들도 일자리가 부족하니까 창업을 하고 또 노인들도 일자리가 부족하니까, 지금 고령화 창업이 급증하는 건 아시죠?

[경제실장] 네, 신문 언론보도 좀 봤습니다.

[조광주 위원] 그거와 관련돼서 경기도에서 어떤 대책이 좀 있나요?

[경제실장] 그냥 일반적인 창업대책은 있고 고령화에 대한 별도는 사실상 위원님…….

[조광주 위원] 이게 참 사실 계층 간의 보이지 않는 여러 가지 요소들이 있어요, 갈등 요소들이. 그런데 사실 건강이라든지 이러한 거에서 사회적 약자라고 봐야죠. 그런데 말이 노인 빈곤층 50%죠. 그 50%엔 노인들이 일자리를 찾아 나설 수밖에 없는데 경기도에서 아무 대책이 없다는 건 제가 볼 때는 정말 너무 무책임하지 않냐는 생각이 듭니다. 그거와 관련해서는 실장님, 대책을 내놔야 됩니다.

[경제실장] 저희가 퇴직자나 5060 이렇게는 하고 있습니다만 위원님 지적처럼 노년자들의 창업 부분도 한번 눈여겨보도록 하겠습니다.

[조광주 위원] 지금 점점 급증하고 있습니다.

[경제실장] 알겠습니다.

[조광주 위원] 그게 현실이고 일자리 문제가 워낙 심각하고 청년들 같은 경우에도 사실 실업을 양산할 수밖에 없는 부분이 기술이 없는 친구들이 많지 않습니까?

[경제실장] 네.

[조광주 위원] 그러면 결국 기술창업을 위해서 뛰어드는 친구들은 그래도 기술이 있으니까 유지해 가지만 기술이 없는 젊은 청년들 같은 경우에는 결국은 무슨 일을 해야 되지 않습니까? 그럼 그 일을 할 수 있는 어떤 제도적인 장치들이 나름대로 경기도에선 만든다곤 해요. 지금 뭐 여러 가지 일을…….

[경제실장] 직업훈련도 하고…….

[조광주 위원] 네, 직업훈련도 하고 있는데 굉장히 부족하죠.

[경제실장] 네, 그렇습니다.

[소광주 위원] 그래서 이게 사실 계층 간의 문제를 갖다가 좀 분석을 해야 해요. 청년과 노년층과의 어떤 계층 간의 일자리 문제를 갖다가 같이 분석해서 연결해서 이거를 갖다가 대책을 세워야지 따로따로 분리해서 대책을 내놓으면 안 하거든요. 그런 부분에서 만전을 기해 주시기 바라고요.

그리고 지금 이제 중소기업육성기금과 관련해서, 항상 자금이 부족하죠?

[경제실장] 네, 부족합니다. 조금······.

[조광주 위원] 그런데 그거와 관련해서 부족하면 어떻게 좀 메꾸고 있습니까?

[경제실장] 저희가 예산을 추가로 확보를 일단 하고 있고요.

[조광주 위원] 잘 돼요, 예산확보가?

[경제실장] 뭐 그렇게 원하는 만큼 확보는 안 됩니다.

[조광주 위원] 사실 지금 이차보전이라든지 보전금 지원액 증가하고 있죠?

[경제실장] 그렇습니다.

[조광주 위원] 그러면 결국은 예산이 자꾸 빠져나가지 않습니까?

[경제실장] 네.

[조광주 위원] 그럼 그거와 관련해서 좀 우리가 고민을 해야 되지 않습니까? 사실 육성자금이라는 게 중소기업들에는 굉장히 중요한 역할을 하지 않습니까?

[경제실장] 네.

[조광주 위원] 그래서 그러한 부분에서 기금 재원확보를 위해서 노력해 주시고요.

[경제실장] 알겠습니다.

[조광주 위원] 우리나라가 보면 기술이 그전에는 중국보다 월등히 앞선 기술들이 많았어요. 그런데 지금은 이제 차이를 못 느끼는 그런 시대가 돼 버렸습니다. 특히 섬유

업종 같은 경우에는 중국이 거의 우리나라 따라잡았다고 생각하거든요. 그럼 섬유업이 경기도에서 육성을 한다고 북부에서 나름대로 노력을 하고 있는데 차별화를 시켜놔야 하거든요. 그거와 관련돼서 좀 대책을 세운 게 있습니까?

[경제실장] 위원님, 좋은 지적이시고요. 특히 중국과의 관계에서 섬유가 여러 가지 중국과의 기술력 차이나 이런 부분들이 많이 좁혀진 건 사실이고요. 그래서 사실 아까 모두에도 잠깐 말씀드렸습니다만 4차 산업 같은 거나 아니면 저희 경기도만의 강점을 가진 사업을 중심으로 특화는 하고 있는데 여러 가지 버거운 건 사실이라서, 저희가 아까 위원님이 잠깐 지적하신 차별화되는 측면에서 스마트 관련된 섬유를 접목하는 부분이라든가 이런 부분을 아주 지금 미세하게나마 조금 시작을 하고 있습니다. 그래서 조금씩 조금씩 확대해 나가면서 한번 차별화에 중점을 두고 노력하도록 하겠습니다.

[조광주 위원] 네, 이 차별화가 굉장히 중요하거든요. 사실 기술 관련해서 중국이라는 나라가 워낙 인구도 많고 사실 많은 어떤 일을 할 수 있는 영역들이 다양한 사람들을 확보해 낼 수 있지 않습니까?

[경제실장] 그렇습니다.

[조광주 위원] 그러다 보니까 사실 우리나라가 요즘에 중국이 추월하는 것도 생기기 시작했어요, 그렇죠? 예를 들어서 우리나라가 그나마 버틸 수 있는 게 화장품이라든지 이런 건 좀 그나마 버티는 것 같아요.

[경제실장] 중국에 수출이 많이 됩니다.

[조광주 위원] 그런데 조선이라든지 섬유 이런 거는 거의. 그럼 그런 차이가 나는 것을 사실 경기도에서는 우리가 차별화시킬 수 있는 부분, 특화 기술을 만들어 내야죠.

[경제실장] 맞습니다.

[조광주 위원] 그래서 세계시장에 진출할 수 있는 부분을 만들어야지, 그렇지 않으면 비슷한 일 해 봤자, 거기 우리나라보다 저렴한 노동력이 있고 그런 부분에서 결국은 질 수밖에 없지 않습니까?

[경제실장] 위원님, 말씀에 전적으로 동의합니다.

[조광주 위원] 그리고 우리나라 대기업과 중소기업의 임금 격차가 사실 더블이 차이 나죠, 더블. 그런데 이러한 부분에 대해서 사실 항상 일자리와 관련해서 고민은 해요. 고민들은 하는 데 실질적으로 그 격차를 어떻게 해소를 시켜내야 될 것인가에 대한 대책은 전혀 없어요. 경기도에서 그런 거 한번 해 본 적 있어요?

[경제실장] 대기업과 중소기업의 임금 격차 해소를 저희도 다 인식을 하고 있고요. 그게 일자리 미스매치의 제일 큰 원인이라고 해서 여러 가지 도가 청년사업을 하고 있는 건데 의회하고 계속 협의를 하겠습니다만 저희들이 나름 또 그런 미스매치사업을 하고 그 격차 해소를 위해서 노력, 국가도 또 하고 있습니다. 국가도 엄청나게 많은 자금을 투여해서 하고 있습니다.

[조광주 위원] 나는 대기업에 근무하는 친구들의 얘기를 이렇게 들어보면 근무 시간의 과부하가 거기에 숨어있더라고요. 결국 우리나라가 이 근무 시간이 OECD에서 뒤에서 두 번째일 거예요, 아마.

[경제실장] 그렇습니다.

[조광주 위원] 굉장히 장시간의 노동을 하는 나라 중에 하나거든요. 그럼 사실 이거 정책적으로 좀 접근해야 된다고 보거든요. 대기업에서 굉장히 고비용은 줄지 몰라도 강도 높은 일을 시키거든요. 결국은 대기업도 이직률이 그렇게 좋지는 않아요, 제가 볼 때는. 그게 현실이거든요. 그럼 그러한 부분에서 일자리를 좀 나눌 수 있는 부분, 그런 대책을 만들어서 요구를 해야 된다고 봐요. 경기도에서 좀 그런 거 시범적으로 해 줬으면 합니다. 경기도의 삼성전자, 삼성이 가장 큰 핵심으로 차지하고 있는

게 현실이고. 사실 기득권을 좀 내려놔야 되는 거 아닙니까? 시간이 어느 정도 여유가 있어야 사람들이 사람과 사람의 관계에 있어서 그래도 사람에 중심을 둘 수 있는 거죠. 나는 그 부분을 갖다가 경기도에서 좀, 공공기관에서부터 해야 된다고 봐요. 경북TP 얘기 좀 들으셨어요?

[경제실장] TK…….

[조광주 위원] TP, 경북TP.

[경제실장] 잘 못 들었습니다.

[조광주 위원] 거기에서는 일자리를 나눈다는 차원에서 지금 32시간 근무 그걸 시도를 했어요, 시범사업으로. 사실 이런 거 중요하거든요. 도에서도 공공기관이 모범이 되는 모습을 보이면 요구도 할 수 있어요, 대기업들에. 그런데 그렇지 못하면 기업들에 어떻게 요구합니까? 그래서 공공성 있는 부분에서 그런 접근을 분명히 할 필요가 있다.

[경제실장] 알겠습니다. 근무 시간을 통한 일자리 나눔은 한번 검토해 보겠습니다.

[조광주 위원] 그러면 업무 만족도도 올라갈 거예요. 일할 때는 확실하게 근무하고 쉴 때는 확실하게 쉬면 정말 일하는 사람 입장에서 좋지 않습니까?

[경제실장] 알겠습니다.

[조광주 위원] 그러한 부분을 할 필요가 있다고 생각합니다. 그리고 이제 슈퍼맨펀드와 관련해서 우리가 1호, 2호, 3호까지 지금 조성을 했어요. 그래 갖고서 1호도 176억을 투자했고 2호는 별로, 아직도 투자 검토 중이에요. 그렇죠?

[경제실장] 네, 현재 2호는 그렇습니다.

[조광주 위원] 3호는 뭐…….

[경제실장] 3호는 지난 9월에 결성이 돼서요.

[조광주 위원] 시기적으로 이제 조사만 하겠네요.

[경제실장] 현재는 그러고 있습니다.

[조광주 위원] 그런데 2호까지 그럼 조성을 했는데 2호에서 사실 아이디어 기술이나 유망 스타트업 발굴 투자를 갖다가 많이 적극적으로 안 하는 것 같아요, 내용을 보면.

[경제실장] 1호는 저희가 17개 기업에, 업체에 투자를 하고 2호는 위원님 말씀하신 대로 현재 3개 업체에 투자를 했고 3호는 아까 말씀하신 대로 조사를 하고 있는데요. 뭐 그렇게 안 했다고는 할 수 없고요. 저희가 위원님 조금 숫자는 부족합니다만 저희도 계속 이것은 하고 있습니다.

[조광주 위원] 이게 중요한 역할을 하는 거잖아요, 사실. 근데 궁금한 게 하나 있어요. 여기 보니까 내용에 골프클럽 제조하는 데에서도 투자를 받았더라고요.

[경제실장] 네? 어떤…….

[조광주 위원] 골프클럽 제조하는데.

[경제실장] 골프클럽이요? 네.

[조광주 위원] 이게 어떤 신기술과 관련해서 좀 연관이 있나요?

[경제실장] 제가 정확하게 전문성은 없지만 골프채나 클럽이 굉장히 고기술의 내용이 들어가야 됩니다. 가령 일종의 고탄소섬유 이런 것도 있고 그렇습니다. 그래서

그런 부분들이 기술개발에 들어간 거고 그런 측면에서 기술개발 창업으로 알고 있습니다.

[조광주 위원] 그럼 수입차 구매하는 데도 펀드를······.

[경제실장] 수입차 구매요?

[조광주 위원] 오토서비스라고 해서······.

[경제실장] 이거는 오토서비스입니다. 오토서비스이기 때문에 저희가 사실상 공식적으로 법적으로는 저희가 창업에, 슈퍼맨펀드에 대해서 업종 제한은 없습니다. 그런데 다만 위원님 말씀하신 대로 실적이나 이런 걸 기준으로 선택은 하고 있습니다만······.

[조광주 위원] 그런 거를 정말 취지에 맞도록 심도 있게 잘 접근해 주시고요.

[경제실장] 알겠습니다. 잘 염두에 두도록 하겠습니다.

[조광주 위원] 그렇게 해서 정말 제대로 활용될 수 있게 해 주시고요.

[경제실장] 알겠습니다.

[조광주 위원] 우리 경기도가 화장품 산업하면 그래도 많이 역할을 하지 않습니까?

[경제실장] 네.

[조광주 위원] 그런데 경기도의 화장품 산업과 관련해서 작은 기업들이 매우 많아요. 사실 그런 수요조사는 돼 있겠지만 화장품 회사들 간에 클러스터 하려고 하는 부분들이 좀 있어요. 그러한 부분에서 경기도가 역할을 해 주셔야 하거든요. 그런 것 조

사는 아직 안 해 봤죠?

[경제실장] 별도로 화장품만 해 본 적은 없습니다.

[조광주 위원] 저는 이 전망 산업들, 우리가 어차피 수출주도형 국가지 않습니까? 전망 있는 사업에 대한 부분은 중소기업이라는 한계를 벗어날 수 있는 부분이 사실 그런 클러스터 부분에 있다고 봅니다. 그래서 그런 역할을 경기도에서 해야 된다고 보거든요. 그런 부분에서 노력 좀 해 주세요.

[경제실장] 알겠습니다.

[조광주 위원] 그렇게 해 주시고. 판교와 관련해서 질의하겠습니다. 판교테크노밸리 상권과 관련해서 간담회도 하고 또 석식 없는 날이라 그래서 월 1회 쉬게도 하고 상인들을 위해서 나름대로 노력은 하셨어요. 그런데 판교가 진짜 외부에서 보면 굉장히 경기도의 야심 찬 계획에 의해서 자랑할 만한 그런 지역이라고 할 수도 있어요. 그런데 거기 상권과 관련해서 저녁때 혹시 가보셨어요?

[경제실장] 늦은 시간에는 가본 적이 없습니다.

[조광주 위원] 실장님, 기회가 되시면 늦은 시간에, 퇴근 시간에 한번 가보시기 바랍니다. 사실 이 상권이 완전 어두워 가지고 그대로 그냥 저녁때 이게 판교인가 할 정도로 침체돼 있습니다. 그러니까 결국은 거기서 많은 돈을 벌고 있는 기업들이 많지만 소비는 거의 거기서 소비가 일정 정도 안 이루어지고 있다는 거예요. 이게 어떻게 보면 전반적인 이 산업단지의 문제라고 볼 수 있는데 판교 정도는 정말 거기서 일하는 젊은 친구들이 그 안에서 놀 수 있는 문화를 만들어줘야 해요.

나는 이게 전반적인 산업단지의 문제라고 보거든요. 우리가 산업단지를 단순하게 기업을 유치하는 걸로만 전부 중점을 두고서 일을 해 왔잖아요. 지금은 젊은이들 취향이 사실 돈 버는 것도 중요하지만 문화적 활동이 같이 복합이 되지 않으면 현실적으로 가서 일하려고 하지도 않아요. 그나마 판교는 몰리기 때문에, 쏠리기 때문에 젊은이들이 많이 가려고 하는 거거든요. 근데 다른 산업단지도 전반적으로 한번 검토해 보세요. 판교도 그 정도인데 다른 지역은 오죽하겠냐고요, 그게 현실이거든요.

그래서 그런 부분에 대해서 좀 검토를 하셔 가지고요. 다른 산업단지도 마찬가지로 정말 문화적 혜택을 볼 수 있는 그런 부분에서 경기도가 역할을 해야 된다고 봅니다, 이제는. 앞으로 어차피 미래를 지탱해 나갈 수밖에 없는 청년들에 대한 부분을 우리가 그들이 요구하는 부분을 만들어줘야 하거든요. 그런데 그 부분은 사실 따로 놀고 있거든요, 지금. 그래서 그러한 부분에 대해서 경기도에서 검토해서 해결 방안을 좀 마련해 주시고요.

그 전에 아까 존경하는 원욱희 위원님이 말씀하셨지만 5일장과 관련해서 특별한 지원대책이 법적으로 없다고 그랬잖아요, 그렇죠?

[경제실장] 전통시장법에 규정에 나와 있는 대로 저희가 지원을 하기 때문에요.

[조광주 위원] 그래서 이게 중요한 지점이라고 봐요. 나는 법에 그렇게 나와 있으니까 그냥 가만히 계속 그렇게 갈 것인가, 아니면 대한민국의 5일장, 지방 같은 경우에는 엄청난 숫자의 5일장이 존재하는데 그럼 거기에서 현실로 벌어지는, 모란장은 좀 나은 편이에요, 제가 볼 때는.

[경제실장] 모란장은 굉장히 잘······.

[조광주 위원] 내 지역에 있으니까. 그런데 다른 5일장을 가면 사실 굉장히 안 좋아요. 그러면 지원할 수 있는 부분을 법의 틀이, 이게 어제오늘의 얘기가 아니잖아요. 그럼 사실 어떤 건의가 됐든 요구가 됐든 그런 법규에 문제점이 발견이 되면 그걸 해결할 수 있는 방안을 내놔야 한다고 보거든요. 사실 그러면 작년도 그렇고 재작년도 그렇고 법규에 그대로 그냥 법규만 지키고 가는 거잖아요. 그럼 이제는 바꿔야죠. 문제가 있으면 바꿀 수 있으면 바꿔서 어렵게, 5일장도 가보면 사실 고령화에 접어든

어르신들의 작은 일자리예요.

[경제실장] 그렇습니다.

[조광주 위원] 그런 작은 일자리가 그래도 활성화될 수 있게끔 해 주는 게 또 우리가 해야 할 일이죠. 점점 고령화 자영업자가 늘어나고 있는 이 마당에 그런 법규가 너무 규정돼 있는 틀이 있다면 그 틀을 바꿀 수 있는 게 뭔가를 갖다가 얼마든지 하실 수 있는 역할이 있잖아요. 좀 그렇게 해 주시기를 바랍니다.

[경제실장] 네, 알겠습니다.

[조광주 위원] 그리고 우리가 4차 산업 요즘, 그냥 끝으로 간단하게. 우리가 4차 산업, 4차 산업 요즘 하고 있잖습니까? 4차 산업이라는 게 워낙 범위가 넓을 것 같아요. 그 중에서 경기도에서 야심 차게 할 만한 게 뭐 있어요?

[경제실장] 요즘에 거론된 4차 산업은 다 열심히 하고 있습니다.

[조광주 위원] 다 열심히 하고 있는데…….

[경제실장] 딱히 드릴, 뭐 이렇게 한다는 게 큰 의미가 없어서 제가 말씀을 못 드리는데요. 저희 기존에 4차 산업 관련돼서 거론되는 사업은 다 있습니다, 경기도에.

[조광주 위원] 경기도에는 다 있는데 과연 그 일이 효과를 어느 정도 발휘할 수 있게 하느냐가 중요하지 않습니까?

[경제실장] 그렇습니다, 맞습니다.

[조광주 위원] 그런 부분에서 사실 우리가 4차 산업과 관련해서 요즘 굉장히 경기도에서 나름대로 이렇게 발표는 많이 해요.

[경제실장] 그렇습니다.

[조광주 위원] 그런데 발표가 중요한 게 아니라 지속해서 과연 현장의 목소리를 반영해서 가고 있느냐가 중요하다고 보거든요. 난 숫자로 자꾸 이렇게 넓혀나가는 건 중요하지 않다고 봐요. 거기에서 파생적으로 발생하는 일자리라든지…….

[경제실장] 맞습니다.

[조광주 위원] 사실 우리나라의 어떤 고질적인 문제, 경제적인 불평등 문제를 해결하는 역할도 해야죠. 그런 역할에서 만전을 기해 주시고요. 수고 많으셨습니다.

[경제실장] 알겠습니다. 감사합니다.

경제
행정감사
CHAPTER 4 | 2016

사회적기업에 대해서

사회적기업이 사실 어떤 매출증대를 통해서 꼭 이익의 개념으로 가는 그런 건 아니잖아요. 사회적인 문제를 어떻게 해결해 나가는 데 역할을 할 것인가가 가장 주목적이잖아요.

[조광주 위원] 조광주 위원입니다. 사회적기업이 사실 어떤 매출 증대를 통해서 꼭 이익의 개념으로 가는 그런 건 아니잖아요. 사회적인 문제를 어떻게 해결해 나가는 데 역할을 할 것인가가 가장 주목적이잖아요. 그런데 지역별로 특성들이 있지만 어찌 됐든 일을 해 나가는 데 있어서 이익을 발생시킬 수 있는 게 있으면 만들어 내야 하거든요. 왜냐하면 지금 사회적기업 구조가 무분별하게 준비되지 않고 접근을 했지 않습니까. 사실 실질적으로 사회적경제라든지 사회적기업의 역할이 뭔지도 모르고 뛰어드는 사람들이 굉장히 많은 게 지금의 현실이에요. 거기에서 지금 예비사회적기업 또 아니면 인증까지의 과정 속에서 떨어져 나갈 수밖에 없는 그런 기업들이 무수히 존재했죠. 제가 말하고 싶은 것은요. 지역별로 동종 업종에 대한 제한을 할 필요는 있다. 적어도 시장은 한정돼 있는데 그 한정된 시장을 가지고서 사회적기업이라는 이름으로 수많은 사람들이 떠들기 시작합니다. 그럼 분명히 이 사람이 정말 사회적기업가가 될 수 있는 자격을 갖고 있느냐, 없느냐를 판단해서 예비사회적기업을 받든 또 3년 지원받고 그다음 3년에 과연 인증을 받는데 그건 어떻게 역할을 할 수 있는, 그런 추천할 수 있는 사람인가, 아닌가를 갖다가 나는 그 안에서 평가해내야 된다고 보거든요. 그 점에 대해서 어떻게 생각하세요?

[따복공동체지원단장] 위원님, 너무 정확히 지적해 주셔서 제가 더 이상 드릴 말씀도 없을 것 같은데요. 실제로 그렇습니다. 지금까지 사회적기업 현황들, 마을기업 현황들을 보면 기본적으로 비즈니스 모델, 사업 아이템 측면에서 사회공헌이라든지 지역문제 해결하고 관계가 적은 것들도 꽤 있습니다. 그것은 고용부에서 일자리 창출형으로 많이, 또 주식회사 형태로 많이 진출해 있기 때문에 그런 문제가 있고요. 또 아울러서 사회적 공헌이라든지 가치라든지 이런 사회적 가치 철학에 대해서도 기업

가 마인드가 부족한 부분이 상당히 있습니다. 그래서 저희가 예비사회적기업 지정 심사할 때 그런 부분을 굉장히 강화하고 있는데요. 아직은 좀 부족한 부분이 있고 앞부분에 말씀하신 것처럼 사회적기업이 꼭 이익을 내는 것보다도 지역사회 문제를 해결하고 어떻게 하면 고용을 유지할 부분인가, 고용을 어떻게 하면 유지할 건가 이것도 굉장히 중요한 가치이기 때문에 그런 부분에 대해서도 저희가 지속해서 관심을 갖고 지원하도록 하겠습니다.

[조광주 위원] 그래서 업종 같은 경우에 지금 사회적기업들이 하는 형태들이 보면 거의 동종 업종들이 많아요, 사실은. 그런데 사실 지역적으로 보면 그 지역은 한정된 시장이거든요. 그게 새로운 사회적기업이라고 해서 진출을 하면 결국은 그 시장을 또 양분해야 하잖아요. 결국은 같이 죽자는 거거든. 결국은, 내가 모 기업이라고는 얘기 안 하겠습니다. 사회적기업에서는 가장 대기업 그룹에 들어가는데도 실질적으로 내부 들어가면 다 썩었어요, 다 적자고. 근데도 지금 명목을 갖고 유지하고 있지 않습니까. 그게 지금 현실이지 않습니까. 그럼 공공기관에서 할 수 있는 건 뭐냐? 그런 데에 철저하게 메스를 가할 수밖에 없다. 그들이 사회적 역할을 한 건 맞지만 사회적기업으로서 가는 모범사례로서는 아니기 때문에 그 아닌 걸 갖다가 계속 수혈을 하면서 끌고 갈 필요가 없지 않습니까. 그 부분 굉장히 중요한 거고요.

성남시 얘기가 나와서 말인데요. 성남시는 사실 사회적기업 역할이 취약계층 일자리 창출하는 데 접근하기 가장 좋은 것들이 뭐가 있냐고 해서 가장 그 부분에 접근한 게 청소용역이거든요. 그러니까 성남시 같은 경우에는 청소용역과 관련된 일을 하는, 예전에 개인이 수많은 이익을 가져갔죠. 옛날에는 청소용역 대표이사 같은 경우에 돈방석에 앉았던 자리였어요. 그런데 지금은 대표고 직원이고 월급 갭이 별로 차이가 안 나는 시스템을 만들어 냈습니다. 그 시스템을 만들어 내지 않으면 청소용역에 접근할 수 없게끔 지금 성남에서는 그렇게 했죠. 아까 얘기가 나와서 내가 말씀을 드리는데 어차피 직원들 급여라든지 복지향상이라든지 취약계층들이 접근해서 안정된 기반을 만드는 역할을 해 주는 게 사실 성남에서 사회적기업에 대한, 특히 청소용역과 관련돼서는 전부 그렇게 전환을 시켰거든요. 그래서 직원들이 사실 청소용역

사회적기업에 기존에 받던 급여에서 지금 급여는 상당한 수준으로 올라갔습니다. 대신에 대표이사 개인은 예전처럼 많은 수익을 못 가져가고 자기 인건비 정도 갖게끔 시스템을 만들어버렸죠. 그런 게 어찌 됐든 사회적 문제를 해결하는 거거든요, 취약계층이 자기가 이런 데서 일을 하지만 보람 있게끔 일할 수 있는. 사실 자본가적 논리로는 별로 재미없죠. 그런데 사회적기업이 그런 역할을 하는 거잖아요. 그래서 성남시 사례는 그런 식으로 접근해서 해결하고 있다고 보이고요.

그런데 그런 부분을 갖다가 사실 다른 각도로 해석해서 접근하면, 지금 보면 가끔가다가 성남시 얘기가 이상한 쪽으로 흐르는 게 나타나요. 그런 부분에서는 좀 분명하게, 성남시 문제가 거론될 때는 우리 단장님이 정확하게 접근을 해 주세요, 얘기를. 대표이사의 급여랑 일반 직원들의 급여랑 차이점이라든지, 그렇죠?

[따복공동체지원단장] 네.

[조광주 위원] 이런 부분을 명확하게 접근하고 그런 사회적 문제를 해결하고 있다고 그렇게 좀 접근해 주시고요.

그리고 지금 사회적기업이 예비사회적기업이 3년, 그죠? 또 인증을 받으면 한 3년, 6년 동안 지원을 받을 수 있잖아요. 사업개발비라든지 아니면 또 기타 등등 많겠죠.

[따복공동체지원단장] 지원은 2 플러스 3 해서 5년입니다. 재정지원은 5년입니다.

[조광주 위원] 그러니까 총 5년인데 보통 6년까지 가지 않아요?

[따복공동체지원단장] 예비 2년하고요, 인증…….

[조광주 위원] 예비 보통 3년까지 가지 않아요, 예비 보면? 2년으로 딱 끊나요? 지정은 3년인데 지원은 2년이다?

[따복공동체지원단장] 네, 그래서…….

[조광주 위원] 그런데 그 안에 나름대로 자기네들 노력하는 모습이 있겠죠, 사업개발이라든지 이런 걸로 해서. 그런데 제가 말씀드리는 것은 우리가 인증을 받고 보통 쭉 가지 않습니까, 계속 지원을 통해서 가는데. 사실 적자가 나는 데는 계속 적자가 발생하잖아요, 인증을 받고도. 그죠?

[따복공동체지원단장] 네.

[조광주 위원] 그러면 위험수위가 올라가는데 그 위험수위가 올라가는 인증기업들에 대한 지도 감독은 어떻게 하고 있습니까?

[따복공동체지원단장] 저희가 지금 모니터링을 하고 있고요. 현재 전수조사를 하고 있습니다, 그 기업들. 그래서 전수조사를 통해서 기업별 분류를 해 보고요. 그걸 바탕으로 해서 종합적인 맞춤형 지원 정책을 마련하고 있습니다. 12월 정도면 그 용역 결과가 나올 것 같습니다.

[조광주 위원] 그런데 굉장히 많잖아요. 인증기업이 많은데…….

[따복공동체지원단장] 전체를 하고 있습니다.

[조광주 위원] 전체를 다…….

[따복공동체지원단장] 2,200개 전체 기업을 대상으로 전체 조사를 해서 현장에 다 가서 조사를 하고 있습니다.

[조광주 위원] 지금 인증기업이 지원이 끝나면 무너지는 기업들이 많잖아요, 실질적으로 보면.

[따복공동체지원단장] 지금 현재까지 저희가 모니터링 조사해 본 바로는 아직까지는 그렇게 심각하지는 않습니다.

[조광주 위원] 아직까지 심각하지 않다?

[따복공동체지원단장] 네.

[조광주 위원] 굉장히 다행이네요, 그럼.

[따복공동체지원단장] 경기도는 아직도 양호한 편인데요. 그래서 올해 구체적인 데이터 조사가 나오면 그걸 가지고 구체적인 실행 방안을 만들려고 하고 있습니다.

[조광주 위원] 그러니까 사실 전체적으로 보면 일자리 창출이라는 것에 비교해 보면 우리나라가 기업이 하나 만들어져서 사실 10년 이상 가는 과정이 굉장히 어렵지 않습니까?

[따복공동체지원단장] 네.

[조광주 위원] 나는 사회적기업이 과정 속에서 일자리를 만들어 내거든요, 도산을 하더라도 만들어 낸다고는 생각해요, 어차피 그 과정 속에서. 일반 기업도 사실, 일반 창업 같은 경우에도 보면 70%가 3년 이상, 5년 이렇게 못 가지 않습니까? 그게 현실이고 그런 현실을 인정해야 하는데 문제는 사회적기업은 비즈니스 문제라는 거예요. 사회적 책임이라는 부분이 있기 때문에 그 역할을 제대로, 망하더라도 성실히 수행했느냐 안 했느냐가 중요한 거거든요. 난 그런 문제에서 정확하게 접근해 가야 된다고 봅니다.

[따복공동체지원단장] 위원님 말씀 전적으로 동감하고요. 먼저 지역별 동종 업체 업종을 제한해서 과당경쟁으로 인한 영업손실이 발생하지 않도록 하는 거는, 이것은

심사기준에 저희가 연구토록 한번 해 보겠습니다, 넣을 수 있도록.

그리고 말씀하신 것처럼 성남 사례 같은 경우는 저희도 주의 깊게 보고 있는데요. 이것은 구체적으로 연구를 해서 저희가 벤치마킹하도록 하겠습니다.

그리고 또 한 가지는 말씀하신 것처럼 사회적기업이 지역문제 해결하고 고용을 유지하고 또 직원 간의 임금격차를 해소하고 또 민주적으로 운영하고 이런 중요한 가치들이 있기 때문에 저희가 사회적경제를 지원하는 그런 타당성이 있는 거고요. 그런 부분을 저희가 집중적으로 전파해 나가도록 하겠습니다.

[조광주 위원] 네, 감사합니다.

부채탕감에 대해서

1%대에 상각 처리할 바에야 정말 기부라든지 이런 장을 만들어서 사실 얼마든지 해 줄 수 있는 여건이 하거든요.

[조광주 위원] 행정사무감사 준비하시느라고 수고들 많았습니다. 지금 금리 공시제하고 계시나요?

[경기신용보증재단 이사장] 네.

[조광주 위원] 그런데 홈페이지 들어가면 바로 눈에 띄나요, 아니면……. 일반인들이 바라봤을 때.

[경기신용보증재단 이사장] 네, 띄고 있습니다.

[조광주 위원] 일반인들이 바라봤을 때?

[경기신용보증재단 이사장] 네.

[조광주 위원] 아니면 예를 들어서 이 핸드폰으로 들어갔을 때…….

[경기신용보증재단 이사장] 아직 모바일로는 안 되고 있습니다.

[조광주 위원] 모바일로는 안 되고 있어요?

[경기신용보증재단 이사장] 네. 그래서 내년에 우리가 차세대 금융시스템을 도입하게 되면 모바일로도 확대할 수 있도록 그렇게 하고자 합니다.

[조광주 위원] 요즘에 보면 모바일이 대세잖아요. 모든 사람들이 인터넷도 전부 모바일

로 하는 시대인데 그래서 내가 모바일로 들어가서 안 되기에 물어보는 거예요. 빨리 조치하세요. 이왕 하는 거 어쨌든······.

[경기신용보증재단 이사장] 내년부터는 하도록 하겠습니다.

[조광주 위원] 이제 PC 덜 보잖아요. 거의 모바일로 사용하고 있는 추세인데 거기에 걸맞게 금리공시제를 해 주기 바라요.

[경기신용보증재단 이사장] 네. 금리공시제뿐만 아니라 저희들에 서류신청하고 하는 거 보증시스템을 모바일시스템으로 많이 활용할 수 있도록 고치도록 하겠습니다.

[조광주 위원] 네, 그렇게 조치해 주시고요. 그거 뭐 어려운 거 아니잖아요. PC에다가 했으면 모바일로 같이 연결하는 거 그렇게 크게 기술적으로 어려운 거 아니니까 빨리 조치하시고요.

그리고 청년들이 창업해 가지고 보통 보면 내가 특례보증지원 내용을 봤어요, 창업경진대회에서. 그런데 업체당 한 2억 원 이내에서 연 1% 고정금리로 이거 대출을 해 주셨는데 상환 조건이 3년이에요. 1년 거치 2년 원금균등분할상환. 그런데 창업경진대회에 나와서 1년 거치해서 2년 이내에 원금균등분할상환하기 쉬워요?

[경기신용보증재단 이사장] 좀 쉽지가 않습니다.

[조광주 위원] 지금 사실 이런 것들이 전부 가시적으로 보이는 거거든요. 실질적으로, 내용상으로 갈 수 있는 게 뭔가 고민을 해야 해요. 아니, 경기도에서 말이에요, 주식회사를 만든다고 그러고 손익분기점을 갖다가 3년을 잡습니다. 사업비로 40억이 책정돼서 움직이고 있어요. 그거 돈 받는 내용 아니에요. 그냥 지원금이에요, 지원금. 성격이. 근데도 손익분기점을 3년으로 잡거든요. 그런데 이런 청년 창업하는 친구들, 젊은 친구들이 와 가지고 3년에 원금 상환까지 1년 거치에 하라고 하면 이것이 상식적으로 몸에 맞아요?

[경기신용보증재단 이사장] 조금 그 부분은 어려운 점이 있습니다.

[조광주 위원] 이게 법적으로 문제가 될 수 있는 소지가 있습니까? 우리가 8년까지도 원금 상환 조건이 있죠? 기업에 따라서.

[경기신용보증재단 이사장] 이거는 하여튼 2년 상환이 안 되면 연장도 해 주고 있습니다.

[조광주 위원] 실질적으로 내용을 정확하게 파악해 가지고 정말 기업 하는, 운영을 하는 데 있어서 정말 자금이 어디까지 움직여질 수 있느냐를 체크해서 해 줘야 해요. 어떻게 1년 거치 2년 상환하라고 그러면 무슨 수로 배깁니까?

[경기신용보증재단 이사장] 그 부분에 대해서는 좀 더 심도 있게 조사를 해 보겠습니다.

[조광주 위원] 실질적으로 거치 부분도 좀 심도 있게 검토하시고요. 상환 부분도 정말 심도 있게 검토하십시오.

[경기신용보증재단 이사장] 네, 알겠습니다.

[조광주 위원] 그래 가지고 정말 와서 보증 지원받고 제대로 일할 수 있는 풍토를 만들어 줘야 해요. 그렇게 해 주시고요.

지금 지역재단법 개정 필요한 건 아시잖아요. 그렇죠?

[경기신용보증재단 이사장] 네.

[조광주 위원] 그거와 관련해서 좀 어떤 액션을 취하고 한 게 있나요?

[경기신용보증재단 이사장] 지금 저희가 기본재산 운용할 때 7,000억 가까운 돈을 예금만 할 수 있기 때문에 예금금리는 떨어지고 그래서 자산 운용의 활용성을 신보나 기

보처럼, 다른 금융기관처럼 할 수 있도록 그렇게 개정요청을 중소기업청에 해 놨습니다. 그래서 제가 중소기업청장님께도 건의를 또 드렸고 추진을 해 달라고 그랬는데 지금 국회가 좀 여러 가지 어려운 상태이기 때문에 진도가 그렇게 안 나가는 것 같습니다.

[조광주 위원] 지금 사실 의무 출연 요율 같은 경우에 굉장히 낮잖아요. 그렇죠? 중앙이랑 비교해 봤을 때. 중앙집권적으로, 우리 사회구조가 전반적으로 중앙 80 지방 20 이렇게 되어 있는 구조적인, 모든 틀이 그렇게 짜여 있잖아요.

[경기신용보증재단 이사장] 네, 그렇습니다.

[조광주 위원] 사실 대출 부분도 그렇게 짜여있다는 게 좀 개탄스러울 뿐이에요. 실질적으로 서민금융과 관련해서 움직일 수 있는 게 지방에서 운영하는 신용보증재단이잖아요.

[경기신용보증재단 이사장] 그렇습니다.

[조광주 위원] 사실 그런데도 불구하고 이런 부분에서 어떤 개편과 관련해서 당위성이나 이런 노력을 하신다고 하셨는데 이거와 관련해서 구체적으로 행동하셔야 해요. 도의회 차원에서도 결의안을 만들어서 중앙에 올리든지 일단 정치권에서 그런 액션을 취해서 정말 소상공인 지원을 위해서 기본적인 틀에서 할 수 있는 일들을 갖다가 우리가 좀 해야 된다고 보거든요. 국회에 법률 개정을 해 달라고 계속 요구를 해야 하는데 그런 일은 우리가 안 했어요. 그렇죠?

[경기신용보증재단 이사장] 저희가 요청하고 있습니다, 수시로.

[조광주 위원] 그냥 요청하는 거랑 의회 의결로 또 올리는 거랑 차이점이 있는 건 아시잖아요. 그거를 이번 기회에 구체적으로 올리자고요. 내용을 담으셔 가지고 올리는 걸로 그렇게 계획을 잡자고요.

[경기신용보증재단 이사장] 네, 알겠습니다.

[조광주 위원] 왜냐하면 이 틀을 지금 자꾸 바꾸려고 노력을 해야 하는데 그냥 중앙의 개인적인 인맥으로 건의하는 수준으로 가서는 안 돼요, 이제는. 법률을 바꾸려면 정말 어떤 의지를 갖고 하고 있다. 지방정부에서도 이런 의지가 있는데 너희 왜 현실적으로 보이는 게 이런 현실인데 이 현실을 갖다가 서로 고치려고 안 하느냐는 거를 갖다가 해야 하거든요. 정 안 되면 이슈화 시켜야죠, 이게 왜 문제가 할 수밖에 없는지를 갖다가. 좀 그런 거를 이번에 준비해 주시고요.

그리고 사회적 역할로 공헌사업하시는데 사회적기업과 관련해서, 사회적경제 영역에서 일하는 거와 관련해서 신보에서 구입이라든지, 조금이라도 예를 들어서 그런 거 하는 활동 거의 없는 것 같아요. 그런 거 있어요?

[경기신용보증재단 이사장] 저희가 사회적기업 지원도 하고 있고 또 일반 사회공헌활동으로 연탄 나르기도 하고 또 적십자사하고 협력해서 여러 가지 활동들, 나눔, 재능기부 이런 것들을 하고 있습니다.

[조광주 위원] 공헌사업은 하고 있는데 지금 우리나라 사회적기업의 가장 큰 문제가 비즈니스거든요. 사회적기업이 사실은 물품이라든지 사업을 해요, 사실 취약계층이라든지 이런 부분을 데리고 같이 함께. 그러면 그분들이 그 비즈니스를 하는 데 있어서 자기네들이 취급하는 품목이라든지 이런 거 처리를 해야 되거든. 물건이면 물건을 판다든지 용역이면 용역을 판다든지. 이런 거 관련해서 신보 같은 경우에는 그래도 각 지점들이 있고 인원이 꽤 하잖아요, 조직망이. 20개 지점이 있는데. 그런 데에서 작지만 사회적기업이리든지 이런 데에서 나오는 제품들이 있어요. 그런 제품들 같은 경우에는 금액이 많고를 떠나서 사실 여기에서 필요한 것들이니까, 제품 질이 떨어진다 이런 거 아닌 것들이 제법 있어요, 보면. 난 그러한 부분에서 좀 신경 써서 해야 할 필요가 있다고 생각하거든요.

[경기신용보증재단 이사장] 저희 재단에서는 사회적기업이나 여성기업에 대해서 우선

구매제도를 활용하고 있습니다.

[조광주 위원] 활용을 하고 있는데 구체적으로 하신 것들이 좀 있으세요?

[경기신용보증재단 이사장] 네, 그 실적이 사회적기업의 경우에 한 10% 미만 정도로 지금 구매를 하고 있습니다.

[조광주 위원] 10% 미만 하고 있고, 여성기업은?

[경기신용보증재단 이사장] 여성기업 비율은 한 11% 정도 했습니다, 저희 구매 총량 중에.

[조광주 위원] 일단 지금 우리가 가장 중요한 게 사실 지금 사회가 사회적 책임이잖아요. 사실 기업이 됐든 공공기관이 됐든 그 부분에 대해서 대표 맡으신 분들의 어떤 목적, 목표 이런 데 있어서 조금 들어가 줘야 하거든요. 기업을 운영하는 데 있어서 내가 이런 사회적 가치를 실현하는 데 있어서 역할을 하겠다는. 그래서 나는 그게 중요하다고 보거든요. 지금 그래도 그 정도 쓰고 계신다니까 천만다행인데요. 이게 계속 지적은 돼 왔으니까.

[경기신용보증재단 이사장] 네, 최대한 확대하도록 하겠습니다.

[조광주 위원] 그런 영역에 있는 부분이……

[위원장] 조광주 위원님 정리해 주시기 바랍니다.

[조광주 위원] 그렇게 많이 쓰더라도 실질적으로는 성장하는 데 굉장히 취약하거든요. 그런 것도 가치 실현이니까, 사회적 책임을 지는 거니까 적극 활용해 주십시오.

[경기신용보증재단 이사장] 네, 알겠습니다.

[조광주 위원] 감사합니다.

[조광주 위원] 부실채권과 관련해서 부실채권 처리를 하시는데 신보에서 부실채권 관리를 하지 않습니까? 그리고 신용보증회사들에 또 위탁도 주고. 그런데 보통 아예 부실채권을 도저히 회수 못 하는 것들은 처리도 하지 않습니까, 상각처리. 보통 몇 % 받고 상각처리하나요?

[경기신용보증재단 이사장] 이번에 1% 했습니다, 1%. 1%도 좀 안 됩니다. 부실채권이라고 저희가 특수채권을 모아서 해 보니까 그게 한 4,600억 정도 되는데 그중에 이번에 35억인가 이렇게 했기 때문에 아주 비율은 낮습니다. 그런데 그 이유가 중앙회에 저희가 보증을 서면 거의 다 재보증에 걸려 있기 때문에 중앙회에서 부실채권 소각을 못 하게 하고 있습니다, 현재. 그래서 그 기준을 좀 바꿔야 앞으로 부실채권을 효율적으로 관리할 수 있도록……

[조광주 위원] 매각처리는 안 하나요, 전혀?

[경기신용보증재단 이사장] 일부 매각합니다. 캠코나…….

[조광주 위원] 연 어느 정도 매각처리합니까? 몇 년 정도 된 것들.

[경기신용보증재단 이사장] 지난번 68억. 금년에 처음 했습니다.

[조광주 위원] 아, 금년에 처음.

[경기신용보증재단 이사장] 네.

[조광주 위원] 몇 % 받고 매각처리했어요?

[경기신용보증재단 이사장] 거의, 전체 채권액이 4,600억인데 그중에 1.4% 정도 회수

했습니다.

[조광주 위원] 매각처리를 하면 보통 채권회사들이 사 가나요, 아니면 신용보증……

[경기신용보증재단 이사장] 자산관리공사한테 저희가……

[조광주 위원] 네?

[경기신용보증재단 이사장] 자산관리공사, 캠코라고 있는데요, 거기서. 옛날 성업공사입니다.

[조광주 위원] 그럼 거기에서 사 가면 거기에서는 처리를 어떻게 하나요?

[경기신용보증재단 이사장] 거기서 사 가지고 처음에는 신용정보회사 이런 데에다가 추심을 해서 위탁해서 채권회수를 합니다.

[조광주 위원] 왜 제가 이걸, 우리가 중요하게 바라볼 필요가 있거든요. 왜냐하면 신용정보회사라는 데 구조가 사실 우리가 보기에 채권추심 하는 게 굉장히 강압적이라든지 이런 게 좀 있지 않습니까?

[경기신용보증재단 이사장] 네.

[조광주 위원] 요즘에 법적으로 많이 규제한다고는 하지만 실질적으로 그렇지 않은 게 많거든요. 그런데 그분들이 이걸 사 가면 원금을 다 회수하겠다는 걸로 달려드는 거잖아요. 그런데 우리가 파는 금액은 사실……

[경기신용보증재단 이사장] 싸게 사 가지고 많이 회수하려고……
[조광주 위원] 그렇잖아요, 1%대인데. 그래서 사실 요즘에 성남시 같은 경우엔 주빌리 은행이라고 그런 형태로 만들어서, 예를 들어서 부실채권을 5% 정도에 사들여서 부채

있는 분들이 한 7% 정도만 갚으면 부채탕감을 해결해 줘 버려요. 궁지에 몰린 걸 해결해 주지요. 성남시에서 그런 걸 시작하거든요, 기부금을 받아 가지고. 그래서 나는 정말 우리도 그런 부분에 대해서 고민을 해야 된다. 정말 이건 도저히 갚을 수 없는 사람들 부분이잖아요.

[경기신용보증재단 이사장] 네, 그렇습니다.

[조광주 위원] 그러면 경기도에서도 사실 많은 비용이 들어가는 게 아니잖아요. 1%대에 상각처리할 바에야 정말 기부라든지 이런 장을 만들어서 사실 얼마든지 해 줄 수 있는 여건이 하거든요. 그런 부분에서, 왜냐하면 이게 끝까지 물고 가거든요. 사실은 신용정보회사에 넘어가는 순간 거기는 거의 끝까지 물고 간다고 봐요, 제가 볼 때는. 굉장히 그 사람들은 끝까지 궁지에 몰리는 거거든요. 우리는 손을 떼서 편리할지 몰라도 궁지에 몰린 사람 입장에서는 끝까지 몰려가는 거거든요. 그러한 부분에서는 좀 우리도 새로운 형태의, 미국에서 시작된 롤링 주빌리 프로젝트 그런 형태의 방법을 도입할 때가 됐다. 국가에서 적어도 도저히 갚을 수 없는 사람들의 이 문제를 이제는 좀 적극적으로 나서야 된다고 생각하거든요.

[경기신용보증재단 이사장] 네. 채무탕감 문제는 국가적인 차원에서 해야 할 필요가 있습니다.

[조광주 위원] 그런 부분에서 사실 우리가 1.몇 %에 파는데 그럼 1억이라고 해야 소위 100만 원, 그렇죠? 그 정도 돈이면 자기가 궁지에 몰린 걸 해결할 수가 있는 부분이 있잖아요. 신용정보회사에 넘기면서까지 그 문제를 복잡하게 할 게 아니라 우리가 그런 차원에서 경기도가 징밀 서민대출이라든지 이런 걸 히는데, 그게 다른 거 아니잖아요, 사실은.

[경기신용보증재단 이사장] 네, 잘 알겠습니다.

[조광주 위원] 그래서 그런 부분에 대해서 고민 한번 해 보십시오.

소상공인지원에 대해서

전통시장이라는 것도 이제는 대기업과 맞서서 싸우는 그런 시스템을 만들어야 되는 거거든요. 아니면 적어도 그게 안 되면 상생할 수 있는 장을 찾아서 협력해서 가는 게 가장 바람직하고요. 그런데 현실적으로 그렇게 안 되고 있지 않습니까?

[조광주 위원] 행정사무감사 준비하시느라고 고생들 하셨습니다.

대표님, 소상공인 지원과 관련해서 보면 예산집행과 관련해서 굉장히 집행률이 낮지 않습니까? 그게 사실 특별한 이유가 있죠?

[경기중소기업종합지원센터 대표이사] 어떤 예산을 말씀하시는 건가요?

[조광주 위원] 소상공인 종합지원 사업과 관련해서 예산집행이 굉장히 낮은 이유.

[경기중소기업종합지원센터 대표이사] 저희가 이번에 행정감사를 준비하면서 통계자료가 8월 말 실적으로 다 만들어져 있습니다, 주로. 그래서 제가 부진한 부분은 전부 체크를 해 봤는데요. 예산이 추경에 세워졌다든지 또 집행시즌이 상반기가 아니고 하반기에 집중되는 부분이 있어서 제가 연도 말까지는 거의 다 100% 이상 달성되는 걸로 전체적으로 파악하고 있습니다.

[조광주 위원] 일이, 올해 예산 같은 경우에 사실 도지사의 부동의가 많다 보니까 예산이 후반기에 막 부동의 부분이 풀어지고 하다 보니까 일이 너무 집중되니까 직원들 입장에서는 과부하가 걸린 거죠. 원래 예산이라는 게 초부터 균형적으로 써 줘야 하는데 한꺼번에 몰아쳐서 일을 진행하는 일이 벌어지니까요. 이러한 부분에 있어서는 앞으로 사실 중소, 소상공인 문제만큼은 함부로 부동의하는 그런 일이 없도록 전부 만전의 조치를 해 주시기를 바랍니다.

[경기중소기업종합지원센터 대표이사] 네, 알겠습니다.

[조광주 위원] 그리고 신용보증재단이랑 우리가 업무제휴를 하고 있죠?

[경기중소기업종합지원센터 대표이사] MOU 계약을 맺었습니다.

[조광주 위원] 특히 업무제휴를 하면서 어떤 애로라든지 문제점이 발견된 게 있나요?

[경기중소기업종합지원센터 대표이사] 우선 크게 신보하고 MOU를 맺은 이유는 저희들이, 아까 지적 말씀이 있었습니다마는 신보는 31개 시군을 전부 커버하는, 제가 기억하기에 24~25개 지점이 있기 때문에 전 시군을 어느 정도 커버해 주는데 저희들은 지소가 아시다시피 북부하고 서부, 남부뿐이 없기 때문에 그런 지소가 없는 지역의 중소기업한테는 저희 지원 사업이 제대로 지원이 안 나가는 수가 있기 때문에 저희들이 신보하고 MOU를 맺어서, 예를 들면 소상공인 교육을 받은 사람에 대해서는 신보에서 자금을 5,000만 원까지 준다든지 그래서 지금까지 협조가 잘 되고 있습니다.

[조광주 위원] 지금 업무협조는 잘 된다고 그러는데요. 앞으로 신보에서는 보증만 할 게 아니라 어떤 그 이상의 일을 하겠다고 지금 계획을 잡고 있는 것 같은데, 아세요?

[경기중소기업종합지원센터 대표이사] 네, 알고 있습니다.

[조광주 위원] 어떤 계획을 잡고 있어요, 신보에서 지금 계획 잡고 있는 게?

[경기중소기업종합지원센터 대표이사] 신보에서는 이번 조직개편과 관련해 가지고 소상공인 지원업무 또 전통시장 업무를 신보에서 하긴 원하는 것 같은데요. 저는 그렇게 생각합니다. 우선 신보는 금융기관입니다. 왜냐하면 보증을 서서, 대출에 대한 보증기관인데, 저희는 사업을 지원하는 기관이고. 그래서 금융기관에서 융자를 하면서 사업지원까지 한다는 것은 저는 안 맞는다고 생각을 합니다. 왜냐하면 사업을 운영하는 부서하고 금융기관에서 대출을 한다든지 보증을 서는 업무는 구분되는 것이 저는 맞는다고 생각합니다.

[조광주 위원] 어제 신보 행정감사에서 그 문제가 대두됐었거든요. 신보 대표이사께서는 굉장히 자신하더라고요. 얼마든지 대출 관련뿐만 아니라 그 이외에 컨설팅 관련이라든지 모든 걸 자기네는 충분히 할 수 있다고 말씀을 하셨어요. 사실 제가 바라볼 때는 자금조달, 신보에서 당연히 해야 하는 역할이죠. 그런데 신보 자체가 직원들을 볼 때는 일이 굉장히 과부하거든요. 그런데 컨설팅까지 다 하겠다는 굉장히 적극적인 의지를 갖고 계시더라고요. 사실 컨설팅이라는 게 경영전략이라든지 마케팅이라든지 점포 운영이라든지, 그죠? 기타 등등 다 종합적으로 해야 하는 일이거든요. 그런데 그 부분이 그렇게 단순하지가 않아요, 사실. 전통시장이라는 것도 이제는 대기업과 맞서서 싸우는 그런 시스템을 만들어야 되는 거거든요. 아니면 적어도 그게 안 되면 상생할 수 있는 장을 찾아서 협력해서 가는 게 가장 바람직하고요. 그런데 현실적으로 그렇게 안 되고 있지 않습니까? 그런데 신보에서는 그 부분이 자기네들이 맡으면 무리가 없다고 말을 하더라고요. 그래서 중기센터에서는 그러한 점에 대해서 분명히 하실 필요가 있습니다. 장점과 단점에 대한 부분을 정확히 구분해서 서로 해야지만, 괜히 일 가지고 충돌하는 모습을 보이면 안 하거든요. 이러한 대비를 좀 구체적으로 계획하고 계십니까?

[경기중소기업종합지원센터 대표이사] 금년도에 경영합리화 과정에서 일부 논의가 있었습니다. 그래서 신보에서 서민경제본부의 업무를 그쪽으로 이관 요구가 있는 걸로 제가 알고 있는데요. 저는 소상공인지원 업무를 신보에서 맡는다는 것이, 신보는 그야말로 금융기관이고 또 금융기관이면서 보증수수료를 받아서 운영되는 금융기관인데 여기서 사업까지 연계해서 한다는 거는 저는 안 맞는다고 보고 있고요. 하여튼 그 후에 저희 서민경제업무가 분리 얘기도 나오다가 존경하는 위원님들이 판단을 잘해 주셔서 그냥 저희 업무로 남는 거로 돼 있는데 하여튼 제가 이런 부분에 대해서는, 하여튼 소상공인 업무에 그동안 저희들이 쌓아온 노하우가 벌써 한 10여 년 이상을 해오고 있고 또 저쪽에서 하는 것에 대해서 저는 부정적으로 생각을 합니다.

[조광주 위원] 네, 잘 알았습니다. 그리고 청년해외역직구 창업지원 사업과 관련해서 말씀드리겠습니다. 인큐베이팅을 하면서 굉장히 사실 성과가 좋아요, 보니까. 한 20개 업체가 선정이 됐는데 성과가 굉장히 좋은데요. 지금 그 업체들이 전부 여기 안

에 들어와 있나요, 아니면 별도로 점포를 운영하고 있나요?

[경기중소기업종합지원센터 대표이사] 실무적인 건 팀장이 답변하겠습니다.

[조광주 위원] 네, 담당 팀장님께서…….

[창업팀장 이상성] 창업팀장 이상성 팀장 발언드리겠습니다. 현재 청년해외역직구 창업지원 사업에 20개 업체가 선정이 됐습니다. 당초 기 창업자 10개와 창업하지 않은 예비창업자 22개가 선정이 됐는데요. 2개가 탈락이 되고 현재 20개 지원을 하고 있습니다. 예비창업자는 창업공간이 필요하기 때문에 저희가 공동 창업공간을 마련해서 거기서 창업을 실제 할 수 있도록 부여를 하고 있는 상태입니다.

[조광주 위원] 예비창업자들은 지금 공동공간을 마련해 줬고 기존에 하던 사업을, 그러니까 업력은 짧죠, 전부?

[창업팀장 이상성] 전부 업력은 1년 미만으로 보시면 되겠습니다.

[조광주 위원] 1년 미만인데도 언론에서 보니까 성과가 굉장히 좋게 나왔더라고요.

[창업팀장 이상성] 네, 그렇습니다.

[조광주 위원] 그래서 우리가 청년창업의 문제가 굉장히 심각하거든요. 왜냐하면 지금 구조에서 공무원이라든지 이런 안정된 직업을 추구하는 게 사회 전반적인 흐름이잖아요. 그런데 창업을 하겠다는 친구들은 아이디어도 있고 다 좋지만 세계가 나와 보면 녹록치 않거든요. 그리고 뭐 할 게, 그러니까 진짜 극한 경우로 창업하는 부분도 매우 많아요, 사실은. 자기가 무슨 일이든 해야 하는데 쉽게 접근을 하잖아요. 그렇죠? 그래서 그러한 것에 대해서 정말 우리 중소기업지원센터에서 체계적으로 관리할 수 있는 그런 시스템을 만들어 내는 것도 중요하다, 그런 플랫폼. 그래서 그 플랫폼에 들어오면 내가 창업하는 데 있어서 적어도 이러이러한 준비를 하고…….

[위원장] 위원님, 정리 좀 해 주세요.

[조광주 위원] 네. 이러이러한 준비를 하고 방향을 잡고 어떻게 나가야 될 것인가. 어떤 기본적인 정보를 알아갈 수 있는 그 정도라도 플랫폼을 만들어 놔야 한다고 생각하거든요.

[창업팀장 이상성] 알겠습니다. 위원님 감사합니다.

[조광주 위원] 네,

[조광주 위원] 전반적으로 간단한 것 좀 물어보겠습니다. 지금 비정규직 문제가 더 늘어났잖아요?

[경기중소기업종합지원센터 대표이사] 네?

[조광주 위원] 비정규직.

[경기중소기업종합지원센터 대표이사] 그렇습니다.

[조광주 위원] 인원이 부족해서 더 늘어났죠? 인원, 일하시는 분들.

[경기중소기업종합지원센터 대표이사] 저희들이 아까 말씀드렸지만 사업비가 2년 전에 비해서 배 이상 증액을 했습니다. 그래서 저희들이 정규직은 더 채용할 수가 없고 신규사업을 저희한테 수탁사업이 생긴 부분에 대해서는 필요한 인원은 저희들이 계약직으로 채용해서 운영하기 때문에 계약직 인원이 늘었습니다.

[조광주 위원] 계약직도 종류가 있는데요. 이게 참 구조적인 문제인데 공공기관에서 현실적으로 사업비 때문에 비정규직을 양산하는 이러한 부분을 잡을 수 있는 부분

은 찾아야 하거든요, 사실은. 거기에 대한 부분은 계속 나오는 얘기인데도 불구하고 그게 현실적으로 안 되고 있지 않습니까? 그런데 거기와 관련된 어떤 계획이라든지 이런 걸 제대로 세워서 좀 정규직화시킬 수 있는 방법이라든지 정 어쩔 수 없는 일이 벌어지는 비정규직 문제에 대해서는 사실 경력 단절이라든지 파트타임으로 일할 수밖에 없는 그러한 부분을 좀 명확히 해 줄 필요가 있어요. 좀 그렇게 해 가지고 해야지 자꾸 그렇게 비정규직 식으로, 정규직·비정규직이 더 양산되는 이런 식으로 가다가는 결국 일반적인 기업들 같은 경우에 "공공기관에서도 비정규직을 더 증가시키는데 굳이 우리가 그걸 지킬 필요가 있냐?", 어떤 사회적 책임이라든지 이런 부분에서 안 지키려고 하거든요. 그래서 그런 부분에서는 정말 고민해야 할 것 같고요.

[경기중소기업종합지원센터 대표이사] 네, 알겠습니다.

[조광주 위원] 예를 들어서 우리가 사회적경제 영역에서 사회적기업이라든지 마을기업 등 이런 데에들 있지 않습니까? 사실 여기 공공기관에서 쓰는 물품들을 보면 그런 기업들을 활성화하는 데 도움을 줄 수 있는 물품들이 있어요. 그다음에 일반적인 거는 물품, 용역 이런 게 맞지 않는 건 많겠지만 실질적으로, 기본적으로 물품 같은 경우에는 쓸 일이 많거든요. 그리고 내가 지난번에도 지적을 했지만 여기 위탁 주는 부분에 있어서도 대기업 자회사들이 지금 전부 위탁을 받고 있잖아요. 그래서 그것도 사실은 사회적기업이라든지 흔히 청소 용역이라든지 이런 등등 충분히 할 수 있는 일들이거든요. 그래서 정 그게 입찰이라든지 이런 부분에서 맞지 않는다 그러면 컨소시엄을 구성해서라도 사회적기업이라든지 이런 기업들이 참여할 수 있는 장을 만들어 주라고 그랬었거든요. 그 부분에 대해서는 지금 어떻게 진행되고 있어요?

[경기중소기업종합지원센터 대표이사] 우선 사회적기업이 사회적기업, 마을기업, 협동조합을 통칭하고 있는데요. 아시지만 금년도에 따복지원센터가 생기면서 거기로 다 이관이 됐고요. 일단 저희들은……

[조광주 위원] 제가 얘기할게요. 마을기업 사업이 따복으로 넘어가면서 사실 중소기업이랑 지원센터는 괴리가 되어 버렸어요. 마을기업은 거기에서 전적으로 책임지

는 일로. 그렇지요?

[경기중소기업종합지원센터 대표이사] 네.

[조광주 위원] 그런데 저는 그 얘기를 넘어서 사실 우리가 유통에 대한 문제거든요. 마을기업이라든지 이런 어떤 사회적경제 영역에 참여하는 사람들에 적어도 중소기업지원센터에서 지원할 수 있는 기본적인 부분이 있거든요. 거기에서 판매하는 부분이라든지 이러한 부분에서 꼭 그게 따복에서만 할 게 아니라 예를 들어서 중기센터에서 하는 사업들이 있지 않습니까? 그런 사업에 좀 도움을 줄 수 있는 일을 매치시켜 내야 하거든요. 나는 그게 중요하다고 봐요. 서로 소통과 교류가 제대로 안 되고 있는 부분이 생기기 때문에 단절되는 거거든요. 적어도 여기 중소기업지원센터는 그동안 많은 일을 해 왔잖아요. 그런 노하우라든지 그런 부분을 지원해 주는 역할을 또 할 필요도 있다고 생각하거든요. 그렇게 좀 해 주시고.

[경기중소기업종합지원센터 대표이사] 그 관계는 한 말씀만 올리겠습니다. 우선 사회적기업이 넘어갔다 하더라도 경쟁력이 부족한 사회적기업을 저희들이 더 참여시키기 위해서 평가할 때 가점을 부여하고 있습니다. 그래서 최대한 우리가 할 수 있는 부분이 청소·경비라든지 위생관리 부분, 복사용지라든지 이런 부분은 사회적기업이 많이 참여하도록 가점을 주고 운영하고 있습니다.

[조광주 위원] 어차피 우리가 살아가는 데 있어서 동반성장이라든지 또 경제민주화라든지 이런 걸 구호로만 외칠 게 아니라 실질적으로 이런 공공기관이라든지 공공성을 가지고 일하는 기관들이 좀 모범사례를 만들어 줘야지만 일반적으로 사회에 전파되고 그러한 일을 통해서 정말 우리가 함께하는 사회를 만드는 거거든요. 그런 부분에서 좀 최선을 다해 주시길 바랍니다.

[경기중소기업종합지원센터 대표이사] 한 말씀 또 드릴 말씀은 지금 이 지방계약법에 여성 기업인이라든지 장애인 기업인에는 5,000만 원까지 수의계약이 가능하도록 열려 있거든요. 그런데 문제는 사회적기업에 대해서는 그런 우대기준이 없기 때

문에 입찰로 보게 돼 있어서 아무래도 경쟁에서 밀리고 있습니다. 이 부분에 대해서는 앞으로 이런 기준을 좀 바꿔야 되지 않나 그래서 저희들이 그건 건의 한번 해 보도록 하겠습니다.

[조광주 위원] 법률적으로 사회적기업 물품을 쓰게 돼 있어요. 국가에서 정한 법을 찾아보면 있을 거예요. 얼마 정도는 의무적으로 쓰게 돼 있는데 그게 사실 지금 잘 안 지켜지고…….

[경기중소기업종합지원센터 대표이사] 그게 2,000만 원까지만 되기 때문에 아무래도 여성기업이나 장애인기업보다는 좀 불리하게 현재 되어 있습니다.

[조광주 위원] 네, 무슨 말인지 알겠습니다. 이상입니다.

맞춤형 교육에 대하여

기본적으로 일하는 데 있어서 만족해야 하잖아요. 그런데 만족 못 하니까 교육은 받았어도 현실적으로 적용이 안 되는 거야. 가구도 마찬가지예요. 가구도 맞춤형 교육을 하지 않습니까?

[조광주 위원] 조광주 위원입니다. 행정사무 감사 준비하시느라고 고생들 했습니다. 실장님, 저희가 대부업과 관련해서, 서민 부채 청산과 관련해서 활동하고 계신 데 교육도 하고 그러는 데 어떤 성과가 있어요?

[경제실장] 저희가 여러 가지 시책을 같이 발굴해서 하고 있는데 특히 6등급 이하의 저신용자들에 대해서 일단은 호응이 좋아서 또 위원님들이 많이 도와주셔서 사업을 확대해 나가고 있는데 계속 지속해서 확대할 계획입니다.

[조광주 위원] 홍보도 중요하고 그리고 파산이 된다든지 그러한 문제를 고민하셔야 해요. 왜냐하면 부채가 지속해서, 우리가 채권추심업체에다가 넘겨요, 관리를 못 할 경우에.

[경제실장] 네, 그렇습니다.

[조광주 위원] 자산공사로도 넘기지 않습니까, 보통? 최종적으로. 그런데 넘기는 비용을 보면 사실 굉장히 헐값에 넘기지 않습니까?

[경제실장] 보통 추심할 때 많이 그렇게……

[조광주 위원] 예를 들어서 원금의 1.4% 정도. 그렇지요? 그렇게 해서 넘기는 걸로 알고 있거든요.

[경제실장] 네.

[조광주 위원] 그러한 부분을 이제 도 차원에서 고민하셔야 된다. 우리가 사회적 책임 역할로 해서 도저히, 오랜 기간 동안 부채를 안 갚는 부분에 대한 이유가 있을 거란 말이에요.

[경제실장] 그렇습니다.

[조광주 위원] 그러면 그러한 부분을 채권추심업체 이런 데 넘길 게 아니라 도 차원에서 사회적 책임으로서 그 부분을 해결할 수 있는 방안을 마련해야 된다고 봐요. 어떻게 생각하세요?

[경제실장] 위원님 지적에 저희도 동의를 드리고요. 채권추심에 대해서 위원님 말씀하신 대로 그렇게 되면 사후에 저희가 관리하기 힘든 부분도 있고 그래서 위원님 말씀대로 그건 제가 다시 한 번 살펴보도록 하겠습니다.

[조광주 위원] 네, 그렇게 해 주시고요. 일자리와 관련해서 우리가 맞춤형 일자리 해서 청년창업이 됐든 아니면 시니어 창업이 됐든 많은 지원을 하고 있지 않습니까?

[경제실장] 네.

[조광주 위원] 그런데 지원과 교육을 하고 있는데 교육과 관련해서 실제로 현장에서 그게 활용이 되는지를 분명히 해야 할 것 같아요. 예를 들어서 해양산업과 관련해서 거기에 TP라든지 이런 데 어떤 기관과 관련한 교육도 하고 있어요, 보트와 관련.

[경제실장] 네, 그렇습니다.

[조광주 위원] 그런데 실질적으로 가서 보면 취업이랑은 거리가 멀어요. 왜냐하면

임금 구조를 보면 저임금 구조거든요. 결국은 맞춤형 일자리가 아니거든요. 사실 일자리라는 건 수요와 교육이 맞아떨어져야 하잖아요. 그리고 사실 기본적으로 일하는데 있어서 만족해야 하잖아요. 그런데 만족 못 하니까 교육은 받았어도 현실적으로 적용이 안 되는 거야. 가구도 마찬가지예요. 가구도 맞춤형 교육을 하지 않습니까?

[경제실장] 네.

[조광주 위원] 그런데 현장에서는 그 교육 자체가 사실 일자리 취직해서 활용하기에는 너무 저임금이다 보니까 안 들어가는 거예요, 일자리로. 결국은 이러한 부분에서 고민을 하셔야 해요. 앞으로 교육 프로그램이 정말 실질적으로 어떤 역할하고 미래 지향적으로 어떻게 가야 할 부분으로 연결해 낼 것인가가 중요하거든요. 플러스알파가 중요하다는 거예요. 그냥 단순하게 가구도 교육만 할 게 아니라 플러스알파, 실질적으로 써먹을 수 있는, 지속해서. 아니면 이 해양산업과 관련해서 이런 기관, 보트 이런 거 관련 기타 교육을 시키는데 그 교육과 관련해서도 현장에서 더 업그레이드 시켜서 연결할 수 있는 부분이 없으면 결국은 취업이랑 아무 연관 없는 교육시키고 예산만 낭비하는 꼴이 하거든요. 그래서 그 부분 체크를 분명히 하시고요.

[경제실장] 알겠습니다.

[조광주 위원] 그리고 우리가 "동반성장, 동반성장" 하면서 "대기업이랑 상생을 해야 된다."고 얘기하지 않습니까? 그 부분에서 실장님, 지금 잘하고 있다고 생각하세요?

[경제실장] 열심히 노력하고 있습니다만 많이 부족한 부분이……

[조광주 위원] 말 안 듣죠?

[경제실장] 각각 기관의 서로 이해관계가 많이 첨예한 부분도 일부 있습니다.

[조광주 위원] 제가 예를 들어서 뷰티박람회 하나만 얘기할게요.

[경제실장] 네.

[조광주 위원] 뷰티박람회가 매년 해외까지 해서 열리고 있어요. 그런데 거기에 대기업들 안 들어오고 있지 않습니까? 그렇지요?

[경제실장] 네.

[조광주 위원] 경기도 내에 소재하고 있는 기업들조차도 안 들어오고 있어요. 우리 기업들에, 특히 대기업들에 정부라든지 여태까지 성장하는 데 있어서 얼마만큼 혜택을 줬는지 잘 알고 계시잖아요, 공직 생활을 오래 해 왔으니까.

[경제실장] 네.

[조광주 위원] 그런데 사회적 책임이라든지 상생할 수 있는 중소기업들이랑 이런 자세들이 안 돼 있는 거거든요. 왜? 뷰티시장 굉장히 커요. 그런데 박람회를 우리가 바이어들 초청한다고 하는 데 실질적으로 거기에서 홍보할 수 있는 중소기업들만 가지고서는 한계가 있어요. 대기업이 참여할 수 있는 방안을 만들어야 돼요, 앞으로. 그렇지 않으면 공공기관이 할 수 있는 역할을 하세요. 나는 그러한 부분에서 할 수 있다고 생각하거든요. 경기도 소재에 속해 있는 대기업들이 만일에 그런 부분에서 제 역할을 안 하면 기관에서 할 수 있는 제대로의 역할을 다양한 각도로 하셔야 된다고 봐요. 어떻게 생각하세요?

[경제실장] 위원님 지적에 저희 집행부도 동의하고요. 대기업 참여가 실질적으로 박람회나 중소기업을 백업할 수 있게끔 충분히 리딩이 될 수 있도록 참여 부분에 대해서 저희가 검토를 하도록 하겠습니다. 그 이외에 저희가 사내 근로복지기금이라든가 R&D 사업 등을 통해서 대기업하고 상생협력 사업을 하는데 이런 위원님이 지적하신

거와 같은 박람회에 실질적인 도움이 되도록 저희가 검토해 보겠습니다.

[조광주 위원] 보통 보면 곶감만 먹으려고 그러잖아요. 판교테크노밸리 이런 거 하면 대기업들 얼마나 수혜를 입고 활용하려고 그래요? 그런데 실질적으로 이런 박람회조차 이런 것에서 대기업의 역할이 필요한 거거든요. 그게 상생이잖아요, 중소기업들 살릴 수 있는.

[경제실장] 네, 맞습니다.

[조광주 위원] 그런데 그런 거는 전혀 신경 안 쓰려고 하는 게 지금 현실이에요. 그래서 내가 예를 드는 거예요. 뷰티박람회조차도 경기도 소재해 있는 대기업들이 분명히 존재하는데도 참여를 안 하고 있다는 건 심각하게 도에서 고민해야 할 일이에요.

[경제실장] 알겠습니다.

[조광주 위원] 그리고 지금 중소기업들이 성장하기 위해서 중요한 게 있어요. 대기업들은 자금력이 있기 때문에 소재들을 개발하거든요. 우리도 소재 개발한다고 예를 들어서 화장품 같은 경우에 성균관대학교랑 손잡고 DMZ 천연향장품 예산 많이 세워서 하고 있지 않습니까, 도비로만. 그러면 중요한 부분이 있어요, 거기에. 그런 소재 개발을 하면 그 소재가 적어도 중소기업들에 돌아갈 수 있게끔 제도적인 장치를 마련해 놔야 돼요. 왜? 대기업은 자체적인 예산으로 얼마든지 소재 개발하고 얼마든지 판로 확보할 수 있거든요. 그러면 우리가 할 수 있는 일은 뭐예요? 중소기업들 맨날 말로만 육성할 게 아니라 그런 소재 개발한 걸 중소기업들이 재산권을 할 수 있도록 제도적인 장치를 만들어야 된다는 거예요. 그렇게 해 주실 거지요?

[경제실장] 네. 제가 한번 살펴보고 제도를 만들도록 하겠습니다.

[조광주 위원] 네, 그런 제도 만들고요. 그리고 산단과 관련해서 하는데요. 산단에서

가장 중요한 게 교통 인프라이지 않습니까? 지금 산단 예를 들어서 우리가 국가경쟁력 강화 사업으로 안산시랑 성남시가 선정이 됐어요. 그런데 용역 주고 여기에 매칭해 준 게 다고 그다음에 관심 가져본 적 있나요?

[경제실장] 저희들이 지속해서 업무 파악은 하고 있습니다만 위원님 지적하신 대로 부족한 부분도 일부 있습니다.

[조광주 위원] 지금 교통 문제가, 경기도가 소위 말해서 산단에서 가장 큰 규모를 갖고 있는 데들이 교통문제가 심각해요, 가보면. 그 이면에는 지역 이기주의로 인해서 지하철노선이라든지 전철노선 이런 것들이……

[경제실장] 잘 안되는 게 있습니다.

[조광주 위원] 지나가야 될 데가 사실은 우리가 산업단지 같은 데로 지나가야 되는데 아니면 주거공간이 주가 할 수밖에 없는데 그러지 않고 실질적으로 가 보면 허허벌판에 지나가는 게 막 보이지 않습니까? 이런 부분에 도에서, 특히 이런 산단을 책임지고 있는 경제실 같은 경우에는 교통체계를 담당하는 실국은 달라도 그 부서랑 협의해서 그 문제를 해결해 나갈 수 있는 심각한 고민을 하셔야 됩니다. 지금 이 실국이 따로 놀고 있어요. 거기의 입장이랑, 산단을 경제실 산하에서 키우려고 굉장히 노력하면 무슨 의미가 있어요? 가장 중요한 교통 인프라가 같이 담보되지 않으면 아무 의미가 없는 거지요. 그거와 관련돼서 같이 고민을 해 주셔야 해요. 그리고 요구하셔야 되고. 그렇게 꼭 해 주십시오.

[경제실장] 네, 감사합니다.

[조광주 위원]

[조광주 위원] 조광주 위원입니다. 실장님, 킨텍스 관련해서 언론보도요. 특히 저희

자료요구와 관련해서 나온 부분은 그거는 분명히 문제제기를 해야 됩니다. 사실 저희가 자료를 단순하게 1시간 내에 안 줬다, 줬다 이런 문제가 아니었고요. 아마 자료가 사실 그전에 요구를 했는데도 한 달 이상 끈 것들도 있어요. 그런데 단편적으로 그날 우리가 자료를 요구했는데 오후에도 안 왔기 때문에 문제제기를 한 거거든요. 그런 부분을 명확히 하실 필요가 있어요.

[경제실장] 네.

[조광주 위원] 그런 보도가 나온다는 것 자체가 너무 왜곡된 게 있으니까. 그리고 또 하나 주식회사 관련해서 물론 이게 출발이지 않습니까?

[경제실장] 그렇습니다.

[조광주 위원] 서로 소통과 협력을 통해서 하더라도 이게 만만치 않은 사업인 건 분명한데요. 위원님들이 대부분, 소통이 부족한 부분 인정하시죠?

[경제실장] 위원님들 지적은 제가 겸허히 수용할 계획입니다.

[조광주 위원] 앞으로 처음에 우리가 과정에서 지적됐던 문제라든지 이런 부분에 어떻게 같이 소통하고 협력해서 또 미래지향적으로 갈 것인가를 정말 제대로 체계화시켜야 됩니다. 그리고 이게 사업이라는 건 제일 중요한 게 어찌 됐든 마케팅이지 않습니까.

[경제실장] 네.

[조광주 위원] 그런 계획이라든지 대표이사가 이제 선임됐기 때문에 그래도 어차피 인원이 구성되면 계획서가 만들어져야 되지 않습니까?

[경제실장] 그렇습니다.

[조광주 위원] 마케팅을 어떻게 펼쳐 나갈 것인가. 그 부분에 대해서 점검을 꼭 해 주셔야 됩니다.

[경제실장] 알겠습니다.

[조광주 위원] 단순하게 사실 전시 사업으로 가서는 안 되고 정말 실질적인 내용이 돼야 하거든요. 실장님, GBC 안 가보셨죠?

[경제실장] 저는 안 가봤습니다.

[조광주 위원] 저는 GBC를 세 군데 가봤어요, 해외 GBC. 그런데 내가 갈 때마다 느끼는 게 있어요. 사실 거기에 있는 인원이랑 거기에 있는 전시 물건이랑 볼 때 과연 얼마만큼 마케팅을 할 수 있을까, 현실적으로. 어떤 제품은 저 구석에 그냥 방치할 수밖에 없는 게 현실이에요. 그러한 부분에서도 우리가 고민해야 해요. 정말 제품을 팔 수 있는 장을 펼쳐줘야 하거든요. 그러면 그런 장이, 전시공간은 반드시 필요해요. 그런데 전시+마케팅이잖아요. 그러면 실질적으로 고객과 접할 수 있는 그런 어떤 부분을 만들어 내야 하거든요. 그런데 단순하게 "전시회 나갔다." 이렇게만 가서도 안 돼요. 사실은 그 제품을 정말 체계적으로 마케팅할 수 있는 영업능력을 갖고 있는 사람이 필요한 거거든요. 그 부분이 결합이 돼야 돼요, 전반적으로 기획이랑 지휘를 할 수 있는. 그러한 부분에서 진짜 중요하거든요. 지금 보면 혹시 자칫 잘못하면 이 주식회사도 GBC랑 비슷하게 그냥 상품들 쫙 전시하고 더 나가지 않고 일반 광고하고 끝나는 수준으로 끝나면 안 돼요. 정말 제품이 전자상거래가 됐든 이런 플랫폼, 아니면 기타 등등 많지 않습니까? 마케팅의 다양한 방법들이.

[경제실장] 네.

[조광주 위원] 그 방법을 어떻게 여기 동원할 것인가, 이런 계획을 분명히 세워서 처음에는 실험을 해 보겠지만 그 실험을 통해서, 과정을 통해서 문제점을 발견하고 대책을 세우고 방향을 설정해서 나가야 되는 거잖아요. 그래서 그러한 부분에서 진짜

굉장히 노력하셔야 할 거예요. 그 부분에 대해서 정말 도에서도 어차피 사업예산을 지원해 줄 거면 제대로 하는지 안 하는지 체크를 잘해야 됩니다. 그래서 소통이 중요하고요.

[경제실장] 네.

[조광주 위원] 그리고 도에 지금 각종 위원회들이 있어요, 저희 상임위 같은 경우에. 그런데 몇 년 동안 위원회 한 번 안 열린 것들도 있어요. 이렇게 저렇게 핑계들은 대요, 사실. 그런데 그거 위원회 법률적으로 문제가 있다든지 안 열릴 거면 없애 버리세요.

[경제실장] 알겠습니다. 정비를 좀 하겠습니다.

[조광주 위원] 그거 내가 지난번 행정감사 때도 지적을 했었어요. 그런데 변화된 게 없어요. 왜? 실장님 바뀌면 전달이 서로 안 되는 거야. 그거 정말 정비하셔야 됩니다.

[경제실장] 유사한 것은 통폐합하든가 이렇게 하겠습니다.

[조광주 위원] 그리고 우리가 어차피 일하는 것 자체가 미래를 예상하면서 더군다나 계획을 세워서 근사치로 갈 수 있는 방법을 찾아서 가는 거잖아요, 사업계획을 세우면. 100% 이상 만족하면 그건 성공하는 거지만 거의 근사치만 가더라도 성공이라고 보거든요. 저는 그래서 그러한 부분에서 주식회사가 됐든 이런 각종 벌어지는 일들이 우리가 목표를 세운 것을 어떻게 갈 것인가를 전반적으로 검토해야 된다. 경제위가 체계를 잡아가야 돼요.

[경제실장] 네.

[조광주 위원] 그리고 우리가 교육사업들을 하는데요. 북부에 폴리텍대 부분이 세워지지 않습니까?

[경제실장] 저희가 지금 계획 중에 있습니다.

[조광주 위원] 계획 중에 있는데 설계비라든지 이런 거 확보했잖아요.

[경제실장] 네, 국비로 일부가 들어가서 추진되고 있습니다.

[조광주 위원] 그리고 매매계약도 체결한 걸로 아는데?

[경제실장] 네, 파주시에서.

[조광주 위원] 부지.

[경제실장] 네, 그렇습니다.

[조광주 위원] 제가 강조하고 싶은 것은 지금 저희가 경기산업기술교육센터라고 해서 파주에 운영하고 있어요, 두원공대에.

[경제실장] 네, 두원공대.

[조광주 위원] 그런데 이게 연동해서 잘 봐야 해요. 폴리텍대학 규모라든지 이랬을 경우에 어떻게 둘 관계를 정리할 것인가를 이제 생각하셔야 해요. 예산을 어찌 됐든 효율적으로 써야 하잖아요.

[경제실장] 그렇습니다.

[조광주 위원] 지금은 어떤 기술 수요 때문에 두원공대에다 위탁했지만 앞으로는 폴리텍대학도 2년 후면 학생들을 모집할 거 아닙니까? 그렇죠?

[경제실장] 네, 예정대로 설립이 되면.

[조광주 위원] 그러면 그러한 부분에서 우리가 미래를 계획해야 하는 일이잖아요. 그러한 어떤 관계를 푸는 것도 이제는 이게 설립되는 과정에서 고민하셔야 해요. 여기 교육과정이 그리로 들어가면 더 효율적이라고 보시면 거기에 결합해서 가는 것이고 그게 아니고 여기 독립적인 기관에 계속 위탁을 줄 것이면 폴리텍대학에서 하는 부분이랑 여기랑 어떻게 차별화시켜서 과연 할 수 있느냐를 고민하셔야 해요. 그게 중요하거든요. 어차피 공사가 착공돼서 시작이 되면 여기에 들어갈 건 다 계획이 서서 들어가는 거지 않습니까? 폴리텍대학은.

[경제실장] 네, 그렇습니다.

[조광주 위원] 그러면 이 정리할 수 있는 부분을 어떻게 할 것인가를 고민하셔야 해요, 이제. 갑자기 탁 정리해 버리면 안 하잖아요, 그죠?

[경제실장] 그렇습니다.

[조광주 위원] 그래서 이미 이제 시작이 됐으니까 그런 어떤 정리 정돈 부분을 하셔야 해요.

[경제실장] 알겠습니다.

[조광주 위원] 그렇게 해 주시고요. 그러면 하여튼…….

[경제실장] 좋으신 지적입니다. 그것 저도 미처 고려 못 했는데 염두에 두고 같이 파악하겠습니다.

[조광주 위원] 네, 그렇게 꼭 해 주시고. 질의 마칩니다.

일자리 창출에 대하여

지금 우리가 일자리 창출을 하는 정책연구라든지 방안 마련이 굉장히 중요하지 않습니까? 경기도에는요, 이런 공공청사를 비롯해서요, 그리고 공공기관이 매우 많습니다, 도내에 보면. 그런데 거기에서 가장 단순 용역이 있어요.

[조광주 위원] 우리 김화수 대표님, 처음 행정감사를 하시는데, 그죠? 이런 경험 없으시죠?

[경기도일자리재단대표이사] 네, 처음입니다.

[조광주 위원] 그런데 첫 경험 치고 잘하시네, 지금 보니까. 통합 과정에서요, 일자리재단이 여러 가지 문제점을 느끼셨을 거예요. 그죠? 그동안 짧게 두 달 동안 일을 하시면서. 그런데 제일 큰 문제점으로 와 닿는 게 무엇이라고 생각합니까?

[경기도일자리재단대표이사] 일단 첫 번째는 통합 이슈와 직결되는 이슈로서는 고용승계를 잘 조율할 수 있을까가 1번이었습니다. 그리고 통합 이슈일 수도 있지만 재단의 이슈로서는 어쨌든 통합 플러스 시너지를 내려면 플랫폼이 제일 중요한데 이 설계를 어떻게 설계하는 것이 가장 밑그림 그리는 데 좋을까 그 두 가지였습니다.

[조광주 위원] 그래서 일단 제일 중요한 게 현실적으로 바로 벌어지는 고용승계부분일 거예요, 여러 기관이 통합을 하다 보니까. 그리고 또 앞으로 나아가야 될 방향에 대한 플랫폼을 정말 어떻게 만드느냐가 고민일 겁니다.

제가 사회적일자리와 관련해서요, 여기 인식에 대한 부분에서 쓴 것을 봤어요. 그런데 사회적기업이라든지 이런 부분에서 공공근로 및 자활사업의 경우 양질의 일자리 창출보다는 취약계층에 대한 복지정책으로 접근하는 것이 현실적이라고 썼어요. 그런데 사회적일자리라는 게 사실 복지랑 사회적인 문제를 해결해 가는 거거든요. 그런데 이게 비즈니스를 통해서 문제를 해결해 가는 방식이다 보니까 동등한 일로 접근할 경우에는 사실 취약계층들이 밀릴 수밖에 없어요, 현실적으로. 그런데 사회적 책임이라는 부분에서 서로 접근하다 보면 문제가 풀리거든요.

제가 말하고 싶은 것은요, 재단에서 공공일자리 지원정책 개발 및 연구를 사업목적에 1번 순위로 넣었어요. 그죠?

[경기도일자리재단대표이사] 네.

[조광주 위원] 그런데 지금 우리가 일자리 창출을 하는 정책연구라든지 방안 마련이 굉장히 중요하지 않습니까? 경기도에는요, 이런 공공청사를 비롯해서요, 그리고 공공기관이 매우 많습니다, 도내에 보면. 그런데 거기에서 가장 단순 용역이 있어요. 그게 뭔 줄 아세요?

[경기도일자리재단대표이사] 네, 청소·경비 용역 말씀하시는……

[조광주 위원] 네, 청소. 뭐 보안 같은 경우에 시스템상 그런 시스템을 갖추는 데 있어서 워낙 비용이 많이 들고 하기 때문에 보안은 제쳐 놓더라도, 그것도 단순 용역인데도 불구하고, 청소 같은 게 말 그대로 단순용역이거든요. 그런데 그게 일자리예요. 굉장히 중요한 일자리거든요. 지금 용역회사들이 어떤 회사들이 운영하고 있냐면 대기업 자회사라든지 굉장히 청소, 공공기관 청소용역회사들은 굉장히 규모를 갖고 있는 회사들이 다 하고 있어요, 지금. 일자리재단들이 어떤 미래에 대한, 일자리에 대한 정책이라든지 방안을 마련할 때 이거 중요한 포인트예요. 사회적일자리에 대한 접근으로서 방안을 내놓으실 수 있는 게 일자리재단에서 할 일이라고 보거든요, 제가 볼 때는. 공공기관부터 체크해서 정말 거기에 일자리가 얼마든지 사회적일자리로 할 수 있는 부분을 유도해 낼 수 있는 방안 마련을 해 줘야 하거든요. 일자리재단에서 그걸 해 주셔야 해요. 그런 것들을 해야 해요, 사실은. 사회적 책임의 역할로서. 어찌 됐든 취약계층에 대한 문제를 그런 식으로 해결하는 거거든. 얼마든지 누구나 할 수 있는 일이니까…

[경기도일자리재단대표이사] 연구 중심으로 먼저 살펴보겠습니다.

[조광주 위원] 그거 한번 검토하셔서 실행해 보시고요.

그리고 여성능력개발센터라든지 북부비전센터라든지 이런 데 보면 여성들의 일자리들이잖아요. 그런데 일자리재단에서도 우리나라 어떤 사회적인 문제 있지 않습니까, 볼 때? 그런 여성과 남성의 일자리 부분에 대한 어떤 갭들이 있지 않습니까? 그러한 부분을 단순하게 그냥 직업교육으로서 이렇게 하는 게 많았어요. 그게 아니라 어떤 성인지 부분이라든지 이러한 부분을 어떻게 방안을 마련할 것인가도 또 고민해 주셔야 해요.

[경기도일자리재단대표이사] 네, 알겠습니다.

[조광주 위원] 지금 보면 플랫폼들을 앞으로도 계속 만들어야 하잖아요. 그죠?

[경기도일자리재단대표이사] 네.

[조광주 위원] 그다음에 원래 이 플랫폼이 워낙 시간도 걸리는 거고. 그리고 비용도 상당히 지출되는 걸로 알고 있어요. 이게 워낙 또 장기적인 프로젝트들이 많죠?

[경기도일자리재단대표이사] 네, 현재 39억 예산이 배정되어 있습니다.

[조광주 위원] 그러니까 예산이 많이 들어가면서도 정말 제대로 만들어져야, 많은 사람들이 접속해서 활용을 하는 거잖아요. 그런 부분에서 잘 체크하고 있나요? 워낙 그쪽에 나름대로 잡코리아라든지 이런 쪽을 해 봐서 많이 박식할 것 아니에요.

[경기도일자리재단대표이사] 사실은 플랫폼이 원래 계획보다는 한 3주에서 1개월 정도 조금 늦어져 있긴 한데요. 그 이유가 초기에 설계를 조금 잘못하면 나중에 크게 또 문제가 될 수 있기 때문에 최대한 초기설계를 조금 더 완전하게 하기 위해서 그렇게 준비하고 있습니다.

[조광주 위원] 저는 그것은 너무 시기에 쫓겨서도 안 된다고 생각합니다. 왜냐하면 플랫폼이 처음에 한 번 잘못 만들어지는 순간 그 많은 비용이 들었던 게 한순간에 물거품

이 되는 게 플랫폼이지 않습니까?

[경기도일자리재단대표이사] 네, 그렇습니다.

[조광주 위원] 그래서 그것은 정말 쫓겨서 하듯이 이런 식으로 가면 안 됩니다. 일자리 재단에 맞는 여유를 갖고 비록 지금 와서 좀 미완성이 보인다 그러면 의회에다가 양해를 구해서라도, 우리가 시기 딱딱 정해서 안 하더라도요, 소통과 협력을 하면 얼마든지 해낼 수 있는 일들이 많거든요. 예산 꼭 그냥 그때그때 다 집행해라 이런 거 아니에요, 저희도 제대로 된 일을 하자는 거거든요. 그래서 그런 것에 대한 만전을 기해 주시고요.

지금 시대가 어수선하지 않습니까? 일자리도 거기에 또 쫓아가게 돼 있거든요. 국내적인 상황이라든지 국제적 상황이라든지 보면 지금 완전 돌발변수가 많아졌잖아요. 그죠? 그런 부분에 좀 고민 안 생기십니까?

[경기도일자리재단대표이사] 특별히 고민, 저희는 경기도의 일자리만 바라보면서…….

[조광주 위원] 그런데 경기도 일자리라도 대외적인 상황이 경기도에도 영향력을 미치잖아요, 현실적으로. 내가 볼 때 경기도 예상 손실액이 통계치가 나오는 걸로 알고 있거든요. 미국의 트럼프 정부가 들어서면서 경기도에 마이너스 얼마라고 벌써 통계를 잡고 있더라고요, 경제전문가들이.

[경기도일자리재단대표이사] 네, 주로 통상에서 발생하는 걸로 알고 있습니다.

[조광주 위원] 그런데 일자리도 사실 거기에 영향을 받을 수밖에 없지 않습니까?

[경기도일자리재단대표이사] 네, 영향 있다고 봅니다.

[조광주 위원] 그런 부분을 잘 체크하세요. 그거 중요합니다.

[경기도일자리재단대표이사] 알겠습니다.

[조광주 위원] 그리고 기술학교요. 지금 많은 교육을 하고 있는데 우리가 전에도 한 번, 제가 작년에도 한번 지적을 했는데 기술학교를 졸업하고 취업해서 또 지속적인 일자리 창출로 연결되는 그런 부분을 어느 정도 체크를 하고 있느냐 한번 물어본 적이 있는데?

[경기도기술학교장] 경기도기술학교장 곽태기입니다. 지난번에 조광주 위원님께서 좋은 지적을 해주셔서 저희가 3년 동안 취업률 조사를 했습니다. 해서 계속 지도를 하고 있습니다.

[조광주 위원] 그래요?

[경기도기술학교장] 네.

[조광주 위원] 그렇게 잘되고 있다니까 감사합니다.
그리고 기술학교뿐만이 아니라 여성능력개발센터라든지 이런 데는요, 거기에 창업 교육이라든지 어떤 교육을 통해서 배출한 CEO들이 있습니다. 그중에서 정말 성공한 CEO들이 있거든요. 그러한 CEO들에 대한 사례들이 있지 않습니까? 그런 사례들을, 사실 거기 들어온 기술을 배우는 교육생들이라든지 창업을 하는 분들이라든지 이런 분들에 대한 교육이 중요하거든요. 물론 개인적인 살아온 환경이라든지 여건은 틀릴지 몰라도 우리가 학교에서도 보면 교육이라는 게 사실 옆에서 누가 희망을 주는 거잖아요. 자신감을 갖게 만드느냐 아니면 그런 자신감을 떨어뜨리게 그냥 방치하느냐에 따라서 확 차이가 나지 않습니까, 학생들 같은 경우에? 사업도 마찬가지이지 않습니까? 사람들이 어떤 교육을 통해서 좋은 사례라든지 이런 걸 듣고, 그런 경험을 듣고 자기 옷에 맞는 일 이런 것들을 하지 않습니까? 그런 부분에서는 우리 일자리재단과 관련해서 그런 교육사례들을 만들어서 좋은 교육의 장을 만들어 주셨으면 합니다.

[경기도일자리재단대표이사] 알겠습니다. 사례가 곧 모델이 되고 모델이 또 비전이 된다고 생각합니다. 중요한 말씀 지적 저희가 충실히 하겠습니다.

투자유치 홍보에 대하여

외국에서도 기업들이 우리나라의 이코노미 이런 경제지처럼 보는 신문을 잘 선별해서 찾아내야 할 것 같아요. 그런 잡지에 제대로 실어야지만 홍보를 제대로 할 수 있는 것 같으니까요.

[조광주 위원] 조광주 위원입니다. 행정사무 감사 준비하시느라고 수고들 많으십니다. 청장님, 사실 어느 정도 체계를 이제 갖추기 시작하는데 인력이 부족하다 그러셨잖아요? 그런데 사실 황해청 같은 경우에 가장 중요한 게 계속 존경하는 박근철 위원이 얘기했지만 투자유치잖아요. 그런데 투자유치와 관련한 전문성을 갖고 있는 직원이 있으십니까?

[황해경제자유구역청장] 네, 있습니다. 저희가 일반 공무원도 있고 또 일반직 임기제나 시간선택제 투자유치전문가가 있는데 6명입니다. 그래서 그분들은 계약관계입니다마는 순환보직하는 게 아니기 때문에 저희 황해청에 계속해서 근무를 함으로써 투자유치전문성을 갖고 있는 사람이고 또 저희가 일반직 공무원에 대해서는 전문관 제도가 있는데요. 올해 저희가 도에 신청해서 사무관 1명을 임기 3년 동안 계속 황해청에 근무할 수 있는 전문관 직위를 1명 부여받았습니다. 그래서 지금 점진적으로 여건이 되는 한 지속해서 충원해 나가도록 할 계획입니다.

[조광주 위원] 지금 투자유치현황 나온 것을 보면 거의 외국기업들보다는 국내기업들이 많잖아요?

[황해경제자유구역청장] 네.

[조광주 위원] 그런데 원래 황해청이 유치 비중을 어디에 더 뒀던 거예요, 원래는?

[황해경제자유구역청장] 원래 기본적으로 경제자유구역은 개념이 복합단지 개발을 통한 투자유치 촉진인데요. 외국기업을 겨냥해서 만든 경제자유구역입니다. 그래서

일차적으로는 외국기업입니다마는 또 국내기업도 입지적인 타당성이라든가 제반 여건을 감안해서 투자할 가치가 있는 지역이라고 생각되면 국내기업도 투자를 하도록 하고 있습니다.

[조광주 위원] 그래서 지금까지는 외국기업보다는 지금 투자 유치한 현황을 보면 국내기업들이 현실적으로 많이 계약을 한 상태인 것 같고요. 그래서 외국기업이 투자 유치를 많이 하려면 거기에는 중요한 게 전문가들이 있지만 홍보 굉장히 중요하죠. 그래서 홍보할 방향을 아까 국내 홍보보다는 외국 홍보를 할 수 있는 인터넷 포털이라든지 아니면 잡지라든지 이런 걸 활용하신다 그랬잖아요? 그런데 이런 국제적인 홍보전문가는 있습니까?

[황해경제자유구역청장] 네. 금년도에 시간선택제 계약직 공무원으로 해서 1명을 선발해서 지금 근무 중에 있습니다.

[조광주 위원] 시간선택제요?

[황해경제자유구역청장] 네.

[조광주 위원] 시간선택제면 하루에 근무 시간이 어느 정도 되는지?

[황해경제자유구역청장] 보통 월요일부터 금요일까지 하는데요, 한 4일 정도 근무를 합니다.

[조광주 위원] 보수체계는 어느 정도 돼요, 그런 분들?

[황해경제자유구역청장] 보수체계요?

[조광주 위원] 네.

[황해경제자유구역청장] 연 4,000만 원.

[조광주 위원] 연 4,000. 연 4,000에 이제……. 뭐 일반 직장 근무하는 거랑 똑같네요. 그죠? 월요일부터 금요일까지니까 어차피 요즘에는 주5일 근무제니까. 이게 굉장히 중요한 게요. 사실 사명감으로 일할 수 있는 그런 게 있어야 하잖아요. 그런데 제가 볼 때는 한 사람 갖고 그걸 감당하기에는 쉽지 않을 거라는 생각이 들어요.

[황해경제자유구역청장] 지금 그래서 저희가 인력이 30명으로 적은 상태인데 전문가를 국가별로 영어권, 일어권, 중국어권 또 업종별로 서비스업, 제조업도 세분화돼 있었고 그렇게 해서 지금 최소한의 필요인력은 충원을 했는데요. 홍보 같은 경우는 전문가 1명이 있습니다마는 저희가 홍보업무도 점점 비중이 확대되기 때문에 아까 말씀드린 7명의 인력충원 요청 중에 1명의 홍보요원이 필요하다, 그래서 현재 도에 건의한 상태입니다.

[조광주 위원] 그래요? 그런 것도 저희도 알고 있으면 도움이 될 수 있잖아요. 그죠? 그리고 외국계 보면, 사실 이런 홍보에 있어서 외국계 대기업들 관련 홍보를 어떤 식으로 하고 있나요?

[황해경제자유구역청장] 외국 대기업이요?

[조광주 위원] 네.

[황해경제자유구역청장] 저희는 홍보전략을 아까 말씀드린 기본방향이 투자 경제 전문지에 집중적으로 하는 것이거든요. 그래서 예를 들자면 FDI 매거진이 있는데 이게 투자전문 잡지입니다. 그래서 유럽권, 미국권, 아시아권 또 남미권 이렇게 구분돼서 투자하는 기업들이 많이 구독하는 잡지인데요. 저희가 이런 것을 매 발간할 때마다 황해청 홍보를 하고 있습니다. 그런 잡지를 국가별로 또 업종별로 구분해 가지고 반복적으로 홍보를 하고 있습니다.

[조광주 위원] 외국에서도 기업들이 우리나라의 이코노미 이런 경제지처럼 보는 신문을 잘 선별해서 찾아내야 할 것 같아요. 그런 잡지에 제대로 실어야지만 홍보를 제대로 할 수 있는 것 같으니까요. 그런 걸 전문가를 통해서도 하겠지만 잘 체크해 주시고요. 요즘에는 또 인터넷 포털이 워낙 잘 발달해 있는 시대니까요. 그런 부분도 정말 잘 활용해서 홍보를 해 나갈 수 있는…….

[황해경제자유구역청장] 국내 포털도 저희가 3개에다 지금 하고 있습니다.

[조광주 위원] 그렇게 해서 그런 부분을 제대로 해 주시고요. 그리고 직원들 같은 경우에 사실 거기에 발령받으면 다 공직자잖아요, 지금 보면. 황해청에 대해 어떤 특수성에 대한 교육들을 하고 있으시죠?

[황해경제자유구역청장] 네.

[조광주 위원] 그것을 올해는 어떤 식으로 뭐…….

[황해경제자유구역청장] 작년에 위원님께서 지적해 주셔서요. 보고를 드렸습니다마는 매월 한 분의 전문가를 초빙해 가지고 전문성 교육을 실시하고 있습니다. 지금까지 7회 했고 또 앞으로 한 번 더 할 계획으로 있습니다.

[조광주 위원] 올해 벌써 7회를 하셨고?

[황해경제자유구역청장] 네.

[조광주 위원] 그런 게 필요하거든요. 일단은 직원들이 업무를 제대로 숙지하고 그리고 특히 이게 해외 부분이랑 연결돼서 갈 수밖에 없는 부분이라서 그 부분에 대한 걸 사실은 관에서 일했던 부분들이, 사실 그런 부분에서 이해도가 할 수 있는 장을 만들어 줘야 하거든요. 그래서 그런 전문가교육이 굉장히 다양하게 이루어져야 되는 그런 부분을 앞으로도 계속 지속해서 교육은 해야 할 필요가 있습니다.

[황해경제자유구역청장] 네. 저희가 또 코트라라든가 이런 국내 투자 관련된 기관에서 하는 교육에 수시로 보내고 있습니다.

[조광주 위원] 그런 교육들이 굉장히 중요할 것 같아요. 이게 지금 자리 잡는 단계라서 사실 앞으로도 할 일이 많고. 그리고 가장 중요한 게 도로 사정이잖아요? 사실 이런 대규모 단지가 조성이 되면 거기에 결합할 수 있는 게 필수 불가결한 요소가 도로이지 않습니까? 지금 도로들 추진사항을 하고 있는데 사실 외국기업들이 들어오려면 자기네들이 거점으로서 어떤 도로교통망이라든지 이런 것을 체크할 수밖에 없지 않습니까? 그 주변 인프라라든지 그런 부분에 대한 어떤 계획적인 홍보도 필요하거든요. 그리고 앞으로 그런 방향에 대한 걸 잡고 계시고 있겠죠?

[황해경제자유구역청장] 네. 지금 법상에 인프라 구축 관련된 국도비 지원 근거가 있고요. 거기에 근거해서 저희가 올해부터 포승지구 경우, 아……. 평택 BIX 같은 경우에는 예산지원을 받았고요. 내년에도 국도비 20억 원이 지금 심의 중에 있습니다.

[조광주 위원] 중국인들이 배를 타고 왕래를 하고 있는 거죠?

[황해경제자유구역청장] 네.

[조광주 위원] 올해에는 한 어느 정도 인원이 들어왔나요?

[황해경제자유구역청장] 카페리 같은 경우 평택항에서 산둥성 등 해서 5개 노선이 운영 중에 있는데요. 평균 한 40~50만 명이 평택항을 이용하고 있습니다.

[조광주 위원] 이분들이 일단 이용을 하는데 이분들에 거기에서 상업적인, 기본적인 교역이라 그럴까 무역, 조그만 일들이 벌어지잖아요, 교역 같은 것들. 그런 부분에서도 좀 체크를 하고 있나요?

[황해경제자유구역청장] 평택항 이용은 대부분 소규모 상인이라든가 관광객들이

거든요. 그래서 거기에 대해서는 저희가 특별하게 활용, 그런 계획은 없습니다. 다만 평택항의 물동량이 계속해서 늘어나고 있고 작년 같은 경우만 해도 1억 2,000만 t의 물동량 거래가 있었는데 앞으로 계속 증대될 거로 예상되기 때문에 평택항을 활용한 물류단지, 물류 업체들 그런 업체들을 중심으로 해서 저희가 IR 활동을 전개해 나가고 있습니다.

[조광주 위원] 관광객이 됐든 중국인들이 왕래하니까 그들에도 홍보할 수 있는 그런 장도 또 펼칠 필요도 있다고 생각합니다. 원래 우리가 구전 홍보가 사실 굉장히 무섭거든요. 그래서 그러한 부분도 한번 왕래가 그렇게 많이 되니까 홍보를 할 수 있는 그런 장도 만들 필요가 있다고 생각합니다.

[황해경제자유구역청장] 그래서 지금 평택 BIX 같은 경우는 사업시행자가 경기도시공사인데요. 주변도로에 대형입간판 설치도 검토 중에 있고 2020년에 평택항이 내항으로 이전할 계획으로 있습니다. 준비 확정이 됐고 규모가 커지면 저희가 이전된 평택터미널 내에 황해경제자유구역을 홍보하는 그런 것도 검토를 하도록 하겠습니다.

[조광주 위원] 네, 감사합니다.

청년 창업에 대하여

청년창업과 관련해서도 사실 창업을 장려하는 건 아니지만, 제가 창업지원 조례를 만들었지만 어쩔 수 없는 풍토가 만들어진 거잖아요. 일자리는 한계가 있고 결국은 다 취업은 못 시키고 누군가는 또 취업을 못 하면 누군가는 어떤 일을 해야 하잖아요.

[조광주 위원] 조광주 위원입니다. 장시간 동안 실장님을 비롯해서 수고들 하십니다. 전반적으로 제가 말씀드리고 싶은 거는 저희가 도내 각 지역 시군의 지원사업들을 하고 있지 않습니까? 중소기업지원센터라든지 아니면 각 부처별로 영역이 틀리니까 지원하는 어떤 역할들을 하고 있어요. 근데 예를 들어서 어떤 지역에서 행사를 하는데 그 지역의, 특히 경제위 위원조차도 그 지원이 어떻게 이루어졌는지를 모르고 있어요. 근데 이러한 부분이 계속 지적되어 왔던 거예요, 그전부터 계속. 사실 적어도 예를 들어서 어떤 개선사업과 관련해서 규모가 그래도 어느 정도 되는 것들이라든지 아니면 작은 거라도 '아, 내 지역에서 이러한 일이 경제에 관련해서 벌어지고 있구나.' 정도는 파악을 해야 하거든요. 사실 그건 의원의 책임도 있다고 보지만 실질적으로 속속들이 내용과 관련해서는 몰라요, 우리가. 저도 사실 행감자료라든지 이런 걸 보고서 알게 하거든요. 아, 우리 지역에 이러이러한 일이 벌어졌다는 걸 알아요. 나중에 알게 되죠. 큰 행사라든지 이런 거는 연락이 와서 알게 되는데 소소하게 지원이라든지 이런 거 관련해서는 좀 알아야 된다고 계속 누차에 걸쳐서 얘기를 했었어요. 근데 자료를 통해서 알게 하잖아요. 왜냐하면 어찌 됐든 우리가 예산지원을 통해서 환경개선사업이 됐든 어떤 일을 처리하는 데 있어서는 커뮤니케이션이 일어나야 하거든요, 지역이랑. 예를 들어서 그 지역에 있는 공장이라 그러면 아파트형공장이라든지 환경개선사업 몇천만 원씩 지원하고 그러잖아요, 도비로. 근데 그런 것 같은 경우에 사실 저희도 전혀 몰라요. 일반 의원들은 사실 소관 상임위가 아니니까. 근데 소관 상임위 위원들은 솔직히 그런 거를 좀 알았으면 해요. 계속 얘기했던 건데 잘 안 지켜져요, 이게. 여기 위원님들이 처음 행정감사를 하잖아요, 저 같은 경우에는 벌써 여러 번 했고. 그래서 그거를 실장님이 잘 짚어주세요. 그리고 여기 다 오셨으니까 그런 거 관련해서 담당자들에 숙지를 시켜서, 그래도 적어도 여기 상임위 열

두 분 위원들 지역구 정도는 알고 가야 또 알아야 더 효율적인 일을 할 수가 있는 거 잖아요. 그건 꼭 그렇게 지켜주시기 바랍니다.

[경제실장] 네, 알겠습니다.

[조광주 위원] 그리고 우리가 요즘에 미래를 위한 역할을 하는 거잖아요, 정치하는 사람들이나 공공기관에서 일하시는 분들이나. 근데 우리가 친환경, 친환경 하면서 실질적으로 소재와 관련된 일을, 사실 내가 얼마 전에 과학기술과에서 친환경 관련해서 뭘 하고 있나 체크를 해 봤어요. 근데 소재 개발이 딱 해 본 게 주로 하는 게 뭐냐면 친환경 화장품 그 정도 개발, 왜냐하면 중소기업 영역들이 할 수 있는 일이고 대기업들이 지금 구조가 친환경이라는 용어를 전부 쓰잖아요, 화장품 회사들이. 실질적으로 근데 그 용어와 관련된 명확한 기준이 없어요, 대한민국이. 그러다 보니까 한 2% 넣어놓고, 2% 미만도 넣고 조금 들어갔다고 해서 친환경이 돼 버리는 거예요, 어느 순간에. 그렇게 포장해서 홍보를 하죠. 그게 사실 대기업들이고 중소기업들은 친환경을 만들 수 있는 여력은 돼요. 왜? 그것만 하니까. 그래서 그러한 부분이라든지, 우리가 미래를 생각해서 예를 들어서 플라스틱이 됐든 이런 친환경 소재들 우리가 굉장히 흔히 쓰는 이런 것들이 다 앞으로는 이거 새로 만드는 게 더 싸대요. 이거를 모아서 폐기물 처분으로 다시 녹이는 비용보다 새로 만드는 게 더 싸답니다. 심각한 거거든요, 따져 보면. 우리는 괜찮아요. 근데 이거 쓰레기 다 어디로 갈 거예요. 그래서 이러한 부분을 공공기관에서 좀 해 줘야 해요, 앞으로는. 이런 게 사실은 소재 개발이잖아요. 또 하고 있는 사람들이 있어요. 근데 그게 굉장히 영역이 낮아요, 사실은. 왜? 대기업들이 이걸 다 장악하고 있으니까. 결국은 제대로 역할 할 수 있는 게 공공기관이잖아요. 공공기관이 어떤 법률적인 틀을 만들고 제도를 만들어서 적어도 제품과 관련해서 이 정도는 해야 된다, 공공성을 갖고. 이렇게 규제를 만들어줘야지만 하거든요. 그런 것도 중소기업들의 영역이거든요, 사실은. 대기업들은 대량생산으로 찍어서 팔기 바쁘지 그런 것 생각합니까? 그래서 이러한 부분에서도 경기과학기술진흥원이라든지 이런 데에서도 연구할 수 있는 그런 장을 만들어야 됩니다. 그게 지금 전혀 안 돼 있어요, 내가 보니까. 그게 우리가 해야 할 역할이라고 보고요. 실장님도 그렇게 생각하시죠?

[경제실장] 네, 좋으신 지적이고 필요하면 별도의 항목을 만들어서라도 하게 할 수 있습니다.

[조광주 위원] 그리고 우리가 사회적 역할과 책임에 대해서 항상 얘기를 하잖아요. 근데 사회적경제 얘기를 하는데 아까 존경하는 김준현 위원님이 얘기를 했지만 제가 신보 행정감사 중에 주빌리은행에 대해서 얘기를 꺼냈었어요. 채권매각과 관련해서 사실 자산공사의 1.4% 받는다 그랬잖아요. 실질적으로 1.4%는 제가 볼 때 공공기관이 역할만 한다면, 선거법에 문제가 된다 그러면, 많은 사회적 역할을 해 보겠다는 사람들이 있습니다, 기부를 받고 해서. 금액적인 부분을 기부를 받아서 채권을 매각하는 게 아니라, 1.4% 받고 매각을 하는 게 아니라 그걸 태워 버려요. 성남에서 그걸 시도했거든요. 사실 채권추심 이런 업체에 그게 넘어가면 끝까지 그게 쫓아가요. 그 사람 그 빚에서 헤어나지를 못 하는 거죠. 실장님도 그러한 부분에서, 우리 경기도가 역할을 해야 하거든요, 그걸 그냥 넘길 게 아니라. 성남의 벤치마킹 사례가 있는데 난 그런 사회적 부분에서 공공기관이 하는 건 굉장히 바람직하다고 봐요. 어떻게 생각하세요, 실장님?

[경제실장] 성남시 사례도 있고 해서 저희도 조사한 게 있습니다. 한번 저희들이 정책반영 시에 검토해 보도록 하겠습니다, 위원님.

[조광주 위원] 많은 사람이 지금 또 이렇게 경기가 어려워졌기 때문에 제가 볼 때는 점점 부채가 늘어날 수밖에 없잖아요. 세계적인 질서가 지금 어지럽고 다 위기이기 때문에, 우리나라만의 문제가 아니라 전 세계가 다 위기잖아요? 쉽게 이게 하나의 사이클이라고 볼 수가 있는데 그래도 우리나라에서 할 수 있는 방식대로 정말, 그래도 위기 극복은 대한민국이 잘했다고 봐요, 그동안. 어떤 고비 고비마다 그런 위기 극복을 해 왔으니까 그런 차원에서 좀 제대로, 우리 공공기관의 공적인 역할이라고 보고요.

그리고 청년창업과 관련해서도 사실 창업을 장려하는 건 아니지만, 제가 창업지원 조례를 만들었지만, 어쩔 수 없는 풍토가 만들어진 거잖아요. 일자리는 한계가 있고 결국은 다 취업은 못 시키고 누군가는 또 취업 못 하면 누군가는 어떤 일을 해야 하잖아요. 근데 그러한 부분이 도에서의 역할이잖아요, 청년창업 관련해서는. 제대로 지속해서 영속성을 갖고 일할 수 있는 그런 틀을 만드는 게 굉장히 중요한 거잖아요. 우리나라가 실패에 대한 두려움 때문에 굉장히 안정을 추구하는 나라거든요. 왜냐하면 한 번 실패하면 영원히 실패로 가는 거야. 이런 제도나 틀 때문에 그러는 거잖아요, 사실은. 실패가 경험이 돼서, 사업에 실패한 경험을 가지고 일반적인 회사를 들어가면 정말 그 경험을 토대로 해서 일을 잘할 수가 있거든요. 근데 그 경험을 인정해 주지 않잖아요, 나이 제한이라든지 이런. 나는 그러한 틀을 도가 기업들을 상대하는 데 있어서 아니면 공공기관에서도 새로운 신입사원을 받는 데 있어서도 그런 경험이 있는 청년들을 쓰는 제도적인 개선도 필요하다고 봐요. 실패의 경험은 굉장히 중요합니다. 승승장구해서 정말 성공만 해 본 사람들은요, 실패에 대한 부분을 인식을 못하기 때문에……. 그런데 대부분 지금 이 구조에서는 제가 볼 때는 실패할 수밖에 없는 구조예요. 창업하면 거의 지속적이고 영속적으로 갈 수 있는 사람이 과연 몇 %가 나올까, 통계학적으로 별로 안 나오거든요. 그러면 그게 실질적으로 준비되지 않아서 그렇잖아요. 그럼 그 실패를 경험한 사람들의 역할이 필요한 거잖아요. 그런데 그분들의 역할이라는 게 어떤 이런 회사라든지 취업할 수 있는 그런 구조가 잘되어 있으면 사실 그런 실패를, 전철을 안 밟을 수 있는 그런 어떤 프로그램을 만들어 낼 수가 있거든요. 그러면 아무래도 전체적으로 숫자가 줄어들겠죠. 그런 것도 공적인 영역에서 해야 할 부분이라고 생각합니다.

사실 일반 회사, 대기업 사회적 책임진다 진다 하지만 실질적으로 철저하게 자본주의 논리에서 자기네들 홍보하는 효과로 발휘할 생각하지 실질적으로 정말 사회적 책임지겠다고 하는 대기업 총수 봤습니까? 구호로는 전부들 외치는데 실질적으로 보면 자기 다 피해 나가는 기잖아요. 이번에 최순실 사태가 왜 생겼겠어요? 그게 단순하게 그냥 지금의 문제가 아니잖아요. 여태까지 계속 구조적으로 내려왔던 문제가 이제 터진 거잖아요, 사실. 그래서 우리 같은 공적인 영역에서 그러한 부분을 제도적으로 해 낼 수 있는 걸 만들어내야 된다고 봐요.

하여튼 수고 많으셨고요. 저는 이것으로 마칩니다.

경제
행정감사

CHAPTER 5 | 2015

신보가 탄생하는 계기

신보가 탄생하는 계기가 있지 않습니까?
고리라든지 제1금융이라든지 이용할 수 없는 분들에 대한, 신용도 평가가 낮은 부분을 책임지려고 만들어진 건데 ...

[조광주 위원] 조광주 위원입니다. 김병기 이사장님을 비롯해서 임직원 여러분! 행정감사를 준비하시느라고 수고 많으셨습니다. 질의하겠습니다.

보통 전통시장과 MOU 체결을 하고 있지 않습니까? 그런데 올해는 별로 안 했는데요. 저는 MOU 체결이 중요한 역할은 하지만 MOU 체결하고 나서 사후관리가 중요하다고 생각하거든요. 그런 부분에서 이사장님, 어떻게 대처를 하고 계시나요?

[경기신용보증재단 이사장] 저희가 전통시장하고 소상공인연합회 이런 데는 자꾸 교류를 하고 시장도 가서 지원할 것은 지원하고 시장 상품권도 사서 많이 소비도 하고 그렇습니다.

[조광주 위원] 지금 각 시장의 상품권을 일정 정도 구입해서 소통을 하고 계신다?

[경기신용보증재단 이사장] 네.

[조광주 위원] MOU 체결한 데를 다 그렇게 하고 있나요?

[경기신용보증재단 이사장] 전체석으로 모든 시장을 그렇게는 못 하고요.

[조광주 위원] MOU 체결한 데, 지금 체결한 데들.

[경기신용보증재단 이사장] 지점별로.

[조광주 위원] 지점별로 지점장님 보러 책임을 지게끔 해서 처리하고 있습니까?

[경기신용보증재단 이사장] 네.

[조광주 위원] 그러한 부분을 다시 한번 확인해 주시고요. 그런 부분을 적극적으로 할 수 있는 시스템을 만들어 주시기 바랍니다.

[경기신용보증재단 이사장] 네, 금년 안에 하여튼 전통시장 소상공인 모임을 대대적으로 할 작정입니다.

[조광주 위원] 워낙 어렵다 보니까 신용보증재단에 대해서 아직도 모르는 소상공인이 워낙 많고 또 그런 부분에 대해선 우리가 해야 할 일이지 않습니까? 홍보라든지 이런 역할분담을, 최선을 다해서 해 주시기 바라고요. 그리고 특례 보증과 관련해서 여러 가지 보증, 각 시군 특례 보증이 있지 않습니까? 그런데 실질적으로 시군들의 입장이 조금씩 차이가 있지요?

[경기신용보증재단 이사장] 네.

[조광주 위원] 어떤 차이가 있나요?

[경기신용보증재단 이사장] 출연금 차이가 우선 있습니다.

[조광주 위원] 출연금 차이가 있고 그리고 특례 보증을 세우는 소상공인 부분을 아예 못 하게 되어 있는 데도 있지 않습니까, 중소기업 아니면?

[경기신용보증재단 이사장] 네, 안 하고 있는 시가 하나 있습니다.

[조광주 위원] 그런 부분에 대해서는 어떻게 대처하고 있나요?

[경기신용보증재단 이사장] 내년부터는 소상공인 지원을 하도록 협의가 됐습니다.

[조광주 위원] 합의가 다 끝났나요?

[경기신용보증재단 이사장] 네.

[조광주 위원] 그동안 안 했던 데들이?

[경기신용보증재단 이사장] 내년부터는 할 겁니다.

[조광주 위원] 다행이네요. 그 협의가 다 끝났다니까 천만다행입니다. 보면 사실 시군에서 중소기업 외에 소상공인 같은 경우에 특례보증 자체를 이용할 수 없었던 시군들이 있지요?

[경기신용보증재단 이사장] 네.

[조광주 위원] 그런 시군들이 제가 알기로, 몇 개나 되나요?

[경기신용보증재단 이사장] 지금 하나입니다. 광명시.

[조광주 위원] 광명시 하나입니까?

[경기신용보증재단 이사장] 네, 다른 데는 다 하고 있습니다.

(「내년에 하기로 했습니다.」하는 관계직원 있음)

[조광주 위원] 사실 신용보증재단이 소상공인이라든지 지원을 확실하게 하겠다고 이렇게 만들어 놓고선 특례 보증을 실질적으로 그런 걸 빠트리면 정말 말이 안 되는 거죠.

[경기신용보증재단 이사장] 내년에 그래서 광명시에 대해서는 저희가 지점도 설치하고 그런 소상공인 특례 지원을 열심히 하도록 하겠습니다.

[조광주 위원] 그리고 신용보증재단의 기본재산 운용 배수가 지금 어느 정도 돼요?

[경기신용보증재단 이사장] 5배 정도 됩니다.

[조광주 위원] 지금 5배 정도?

[경기신용보증재단 이사장] 네.

[조광주 위원] 제가 왜냐하면 보통 신용보증재단법에는…….

[경기신용보증재단 이사장] 10배수, 15배수…….

[조광주 위원] 10배수로 돼 있나요, 15배로 돼 있나요?

[경기신용보증재단 이사장] 15배수까지 하도록.

[조광주 위원] 15배수로 되어 있지요? 그럼, 이사장님이 보기에 이 부분을 어떻게 생각하세요?

[경기신용보증재단 이사장] 저야 5배수보다는 좀 늘려도 된다고 생각합니다.

[조광주 위원] 늘려도 된다고 생각하시지요?

[경기신용보증재단 이사장] 네.

[조광주 위원] 그런데 실질적으로 지금 5배 기준으로 잡고 있다 보니까, 5배도 다 채

우지 못하지요?

[경기신용보증재단 이사장] 5배 정도, 오점······.

[조광주 위원] 오점 지금.

[경기신용보증재단 이사장] 저희가 오점, 4.9? 하여튼 5배수 가까이입니다.

[조광주 위원] 그러니까 법이 보장한 한도액도 15배인데 저는 적극적으로 이런 대출과 관련해서는 정말 어려운 소상공인이라든지 이런 부분들이 좀······.

[경기신용보증재단 이사장] 법에는 15배수라고 되어 있지만 실제적으로 연구기관들의 검토에 의하면 저희 재단의 경우에는 5배수가 적정하다 이런 견해가 있습니다.

[조광주 위원] 그건 손익 때문에 그렇습니까?

[경기신용보증재단 이사장] 여러 가지 손실이나 운영하는 데 자산, 갑자기 금융위기가 닥친다든지 그런 것을 감안했을 때 그 정도가 좋다 이런······.

[조광주 위원] 저는 그 부분에 대해서 사실 신보가 탄생하는 계기가 있지 않습니까? 고리라든지 제1금융이라든지 이용할 수 없는 분들에 대한, 신용도 평가가 낮은 부분을 책임지려고 만들어진 건데 그런 운용 배수와 관련해서는 좀 유연성을 가져야 된다고 보거든요. 그래야 사실 많은 부분의 어려운 여건 기반에서 일하시는 분들이 혜택을 볼 수 있는 장이 넓어지기든요.

[경기신용보증재단 이사장] 네, 옳으십니다.

[조광주 위원] 그런 부분에서 정말 우리 신용보증재단이 적극적으로 유연성을 갖고

대처할 필요가 있다고 생각하거든요.

[경기신용보증재단 이사장] 그래서 금년에 메르스 사태로 저희 보증수요가 팍 늘었거든요. 그래서 저희가 수요가 늘었는데 내년 가면 그런 특별한 사고가 없기 때문에 보증수요가 줄 걸로 생각합니다. 그러면 적어도 한 3,000~4,000억이 준다고 생각했을 때 그런 부분에 대해서는 저희가 정말 적극적으로 그동안에 보증을 못 받았던 영세상공인 또 전통시장 상인 이런 데를 적극적으로 개발해서 그런 수요를 채우려고 준비하고 있습니다.

[조광주 위원] 그리고 보통 신규채용을 매년 하지 않습니까?

[경기신용보증재단 이사장] 네.

[조광주 위원] 경기신용보증재단이 굉장히 인기가 좋은가 봐요. 혹시 면접대비반이라는 거 들어보셨어요?

[경기신용보증재단 이사장] 그것은 못 봤습니다.

[조광주 위원] 제가 2015년도에 신용보증재단 면접대비반이 모집된 것으로 알고 있거든요. 그래서 굉장히 인기가 좋은 반면에 아니, 어떻게 면접 관련해서 기본적인, 경기신용보증재단 면접대비반이라는 게…….

[경기신용보증재단 이사장] 그것은 인터넷에서 자기들끼리 동호회 모임으로 그런 것을 하고 있습니다.

[조광주 위원] 아니, 학원에서요. 학원에서 경기신용보증재단 면접대비반 해서 모집을 한 적이 있습니다.

[경기신용보증재단 이사장] 경기도…….

[조광주 위원] 경기신용보증재단 면접대비반. 내가 그래서 그것을 보면서 '야, 이게 어떻게 보면, 자칫 잘못하면 여기서 창의력이라든지 정말 능력 있는 사람을 뽑는 게 아니라 교과서적인 사람을 뽑을 수 있는 그런 일이 벌어지겠구나!' 하는 생각이 들었어요. 그래서 이번에 또 새로 신규채용을 한다 그러니까 그 점에 대해서 혹시라도 이러한 일이 재발이 되지 않도록 한번 고민하셔야 할 겁니다.

[경기신용보증재단 이사장] 네, 알겠습니다.

[조광주 위원] 정말 요즘에 청년들이 창업이라든지…….

[경기신용보증재단 이사장] 취업이 안 되기 때문에.

[조광주 위원] 취업이 워낙 어렵다 보니까 자꾸 몰리는데 그 몰리는 걸 활용해서, 또 우리가 사실 많은 사람들에 장을 줘야지 교과서적인 사람을 뽑자고 이런 장을 만드는 것 아니지 않습니까?

[경기신용보증재단 이사장] 네, 그렇습니다.

[조광주 위원] 그래서 그런 것을 보면 왠지 본 위원은 정말 씁쓸하다. 우리가 살아가면서 이 정도까지인가 이렇게, 어떤 시험을 보고 하는데 면접까지 이렇게 시험을 볼 정도의 나라가 됐다는 게 정말, 그래서 본 위원이 짚었고요.

그리고 우리가 희망드림특례보증 같은 경우에 한도액이 있지 않습니까? 보통 소요 기간이 어느 정도 걸려요?

[경기신용보증재단 이사장] 한 10일 이내.

[조광주 위원] 10일 이내에 없어집니까? 그 정도로 어려운 사람이 많다는 것 아닙니까? 그러면 신용보증재단에서 실질적으로 10일이면 없어지면 경기신용보증재단에서도 그와 관련한 대책을 수립해야 할 거라는 생각이 드는데요.

[경기신용보증재단 이사장] 다시 질문을 주셨으면 좋겠습니다.

[조광주 위원] 희망드림특례보증 소요 기간이 한 10일이면 다 마감이 된다며요, 다 없어진다며요, 소진된다며요?

(「업무처리기간이……」하는 관계직원 있음)

[경기신용보증재단 이사장] 그런 건 아니고요.

[조광주 위원] 처리기간이 아니에요?

[경기신용보증재단 이사장] 업무처리 기간이 그렇습니다.

[조광주 위원] 업무처리기간이. 소진되는 게?

[경기신용보증재단 이사장] 소진되는 건 뭐 계속 신청하면.

[조광주 위원] 아니, 금액 한도액이 있지 않습니까? 보통 한도액이 주어지고…….

[경기신용보증재단 이사장] 한도는 100억입니다.

[조광주 위원] 100억 없어지는 게, 소진되는 게 한 어느 정도 걸려요?

[경기신용보증재단 이사장] 지금 26억 남았습니다.

[조광주 위원] 아직 남았어요?

[경기신용보증재단 이사장] 네.

[조광주 위원] 그럼 아직도 사람들이 그 제도에 대해서 적극적인 홍보가 안 됐다는 거네요? 굉장히 어려운 사람들이 많거든요, 지금. 신용도가 낮아서 이용할 수 없는 사람들이 이걸 이용하는 거잖아요. 그런데 이게 언제 시작된 거지요?

[경기신용보증재단 이사장] 작년 7월에 시작됐습니다.

[조광주 위원] 그런데 아직도 금액이 그 정도로 남아 있으면 홍보가 아직 제대로 안됐나 보네요?

[경기신용보증재단 이사장] 네, 그런 점이 있는 것 같습니다.

[조광주 위원] 홍보 좀 하셔서 정말 어려운 사람들이 신용도 때문에 과거에 신보에 찾아왔다가 거절된 분들은 안 와요. 그런 분들이 다시 찾아오면 이런 제도를 활용하면 혜택을 볼 수 있지 않습니까. 그런 홍보를 지점별로 신경을 써 주시기 바랍니다.

[경기신용보증재단 이사장] 네, 그렇게 하도록 하겠습니다.

대학생 패션쇼 활성화에 대해서

제가 처음으로 대학생 디자인쇼를 참석했는데요, 어떻게 돌아가나 사정을 보려고. 그런데 제가 가서 보니까 제가 작년 행정감사에 지적한 사항이 하나도 개선이 안 됐어요. 그러니까 결국은 경기도 소재해 있는 대학들의 어떤 패션쇼였거든요. 근데 이런 패션쇼라는 게 더욱더 발전해 나가야 되지 않습니까.

[조광주 위원] 조광주 위원입니다. 대표님을 비롯해서 임직원 여러분 행정감사를 준비하시느라 수고 많았습니다. 질의에 들어가겠습니다. 저희가 보면 대·중소기업 상생협력 구매상담회 해서 이런 게 있었는데요. 사실 지금 우리 사회가 대기업 위주로 가고 있고 부익부 빈익빈이 워낙 심하기 때문에 사실 이 부분이 서로 상생하고 동반성장을 위해서 정말 필요하다고 생각하는데요. 그간에 진행되는 과정을 보면 굉장히 미비하거든요. 올해도 진행 과정이 사실 굉장히 좀 떨어지고 있는데 그 이유가 뭐라고 생각하십니까?

[경기중소기업종합지원센터 대표이사] 저희들이 금년도에 대·중소기업 구매상담회를 네 번 운영을 했는데 지금 보고서에는 CU편의점의 구매상담회하고 G-FAIR KOREA 상담이 아직 실적에 포함이 되지 않았습니다. 그래서 그 두 개 부분을 더 합치면 지금 981개 사에 지원하기 때문에 약 108% 달성 실적을 보이고 있습니다.

[조광주 위원] 목표 달성률은.

[경기중소기업종합지원센터 대표이사] 다 됩니다.

[조광주 위원] 그거는 된 거다.

[경기중소기업종합지원센터 대표이사] 네, 9월 말 실적이기 때문에요. 보고서에는 빠져 있고요. 두 군 데 합치면 108% 실적을 보이고 있습니다.

[조광주 위원] 사실 지금 보면 상생협력과 관련해서요. 경기도도 말로는 동반성장이라든지 하고 있어요. 실질적으로 거기 대비해서 인원이라든지 우리 중기센터에서 그 부분에 대해서 정말 심혈을 기울이는 그런 부분이 상당히 부족하다고 생각하거든요. 예산이라든지 이런 부분에 노력하신 그런 부분이 좀 있으신가 상세히 얘기해 주시죠.

[경기중소기업종합지원센터 대표이사] 저희들이 대중소기업 동반성장을 위한 상생협력으로 우선 저희 센터 내에 불공정거래 해소를 위해서 불공정거래센터를 유치하였고 또 대기업인 유한킴벌리의 협력 중소기업이 54개 사가 있습니다. 그래서 54개 사의 역량개발을 위해서 금년도에 7회에 걸쳐서 맞춤교육을 실시했고 또 대기업 구매담당자들과 중소기업이 1 대 1 매칭을 하는, 네 번 개최했습니다.

[조광주 위원] 대표님, 구매담당자 MD 같은 경우에는 와서 주로 뭐라고 얘기합니까? 이런 것을 이제 지금 상담회를 열고 나서 MD들이 보통 계속 지속해서 참여할 필요성을 느낀다든지 이런 본인들의 생각들이 있을 것 아닙니까?

[경기중소기업종합지원센터 대표이사] 네.

[조광주 위원] 그런 점에 대해서 좀 검토를 하신 게 있나 해서요.

[경기중소기업종합지원센터 대표이사] 저희들이 4회에 걸쳐서 하면서 왜냐하면 어차피 대기업의 유통 담당자들도 경기도의 우수중소기업 제품의 물량확보가 필요하기 때문에 저희들이 여기에 참여하는 기업도 경기도의 우수제품을 많이 전시를 하고 싱딤을 유도하고 있습니다. 앞으로도 그 부분에 관심 갖고 하도록 하겠습니다.

[조광주 위원] 하여튼 이 부분은 계속 지속해서 해야 할 우리가 필요한 사업이니까요. 더 심혈을 기울여 주시고요.

작년에 사실 저희가 대표님이 오시기 전인데 행정감사에서 대학생패션쇼와 관련해서 본 위원이 질의한 게 있거든요. 사실 지금 각 대학에서 패션쇼를 하고 있는데 경기도에 있는 소재 대학이지 않습니까. 참여하는 학생들도 그 소재 대학을 다니고 있는 학생들. 거기에서 대상이라든지 각 상을 주지 않습니까. 그럼 이게 매년에 걸쳐서 하다 보니까 상을 주는 게 실질적으로 어떤 대학을 선정하는 걸 돌아가면서 할 수 있는 소지가 굉장히 다분히 있습니다. 그래서 제가 이 학생들이 참여하는 장을 갖다가 미래의 발전을 위해서 더 넓혀보자. 그래서 경기도에 소재해 살고 있는 학생들 그런 학생들도 참여할 수 있는 장을 만들어 보자고 제안을 했었거든요. 그래서 오늘 저희가 다시 질의하게 되는 건데 그 점에 대해서 중소기업지원센터에서 어떤 역할을 하셨나요?

[경기중소기업종합지원센터 대표이사] 우선 작년도에는 5개 대학에서 참여해 가지고 대학생패션쇼를 개최했는데 금년도에는 11개 대학으로 늘렸습니다. 참여하는 학교를 늘렸고.

[조광주 위원] 제가 말씀드리겠습니다. 제가 처음으로 대학생 디자인쇼를 참석했는데요, 어떻게 돌아가나 사정을 보려고. 그런데 제가 가서 보니까 제가 작년 행정감사에 지적한 사항이 하나도 개선이 안 됐어요. 그러니까 결국은 경기도 소재해 있는 대학들의 어떤 패션쇼였거든요. 근데 이런 패션쇼라는 게 더욱더 발전해 나가야 되지 않습니까. 그런데 경기도 소재해 있는 대학들만 계속 참여를 시키면 항상 거기에 머물고 있지 않습니까. 지금 그러한 일이 올해도 벌어졌거든요. 그 점에 대해서 말씀해 주세요.

[경기중소기업종합지원센터 대표이사] 저희가 5개 대학에서 11개 대학으로 참여를 확대하면서 경기도에 있는 대학으로 많이 확대를 했고요. 또 이 학생들도 경기도에……

[조광주 위원] 참여하는 거는 항상 경기도 내 소재 대학이었어요. 그래서 좀 넓히라

고 한 거거든요. 단순하게 경기도 내에 있는 대학이 5개에서 11개로 늘어났다 이 문제가 아니라 더 확장성을 갖고 일을 해야 하잖아요. 작년 행정감사에 그 부분에 대해서 지적을 했고 그런데 올해도 똑같은 일이 반복됐지 않습니까. 그래서 그러한 점이 앞으로는 없어야 된다는 거예요.

[경기중소기업종합지원센터 대표이사] 네, 알겠습니다.

[조광주 위원] 이 패션쇼 자체가 사실은 미래지향적인 거 아닙니까, 학생들에는. 그리고 또 경기도에서 그런 일을 하고 있다는 게 더 나아가서는 이 대한민국에 또 더 나아가서는 글로벌시대에 국제사회에서 경기도가 그런 역할을 한다는 것을 보여주는 거지 않습니까. 그런데 그러한 점에서 문제점으로 지적했을 때 좀 시정이 있었으면 좋았을 텐데 실질적으로 내용상으로는 그대로 반복이 됐거든요. 그럼 결국은 이 부분에 대해서 정확한 체크를 안 했다는 거거든요.

[경기중소기업종합지원센터 대표이사] 그 부분은 확대가 되고 가능하면 도내 대학을 작년에 지적해 주신 대로 많이 홍보를 하려고 했는데도 아마 위원님이 보시기에는 많이 부족하다고 느끼시는데요. 일단 이건 담당 본부장이 한번 세부적인 답변 좀 드릴까요?

[조광주 위원] 네, 담당. 나오셔서 답변해 주세요.

[섬유사업팀장] 섬유사업팀장 안경우입니다. 답변을 드리겠습니다. 작년에 조광주 위원님께서 전국적인 수도권, 서울까지 포함하는 확대 방안을 말씀하셔서 가지고 저희가 사실은 그 부분에 대해서 검토를 했습니다. 그런데 대학생패션쇼 특성상 단체로 참가를 하기 때문에 개별참가가 좀 어려운 부분이 있습니다. 그래서 저희가 올해 개선한 것들은 작년에는 경기도 소재 대학으로만 제한을 했었는데 올해는 경기도 소재 대학 및 경기도에 거주하는 패션디자인 전공학생으로 일단은 확대를 했고. 방금 말씀하신 그 부분에 대해서는 경기도 대학이 좀 경쟁력이 갖춰지면 수도권이라든

지 전국으로 확대하는 방향을 도와 협의해서 검토를 진행하겠습니다.

[조광주 위원] 일단 참여의 문제에 있어서 사실 문제가 생기는 거죠?

[섬유사업팀장] 네, 맞습니다.

[조광주 위원] 개인이 참여하기는 어렵다는 얘기잖아요. 학교별로 참여할 수밖에 없다.

[섬유사업팀장] 네, 맞습니다.

[조광주 위원] 결국은 이 얘기가 어떻게 보면 장소의 부분도 있다고 생각하거든요, 그죠? 그럼 그러한 부분에서 어떻게 참여를 시킬 것인가에 대한 고민을 좀 해 주시기 바랍니다.

[섬유사업팀장] 네, 알겠습니다.

[조광주 위원] 왜냐하면 그건 굉장히 중요하거든요. 기존에 했던 일을 계속 재반복한다는 것은 서로 고민을 안 했다는 얘기잖아요.

[섬유사업팀장] 지금 저희가 섬유센터 활성화 차원에서 일단 패션쇼를 섬유센터에서 개최를 하고 있는데 위원님 지적하신 것처럼 양주섬유센터가 사실은 대학생이라든지 그다음에 바이어들의 접근성이 약간 떨어지는 것은 사실입니다. 그래서 저희도 사실은 내년에 킨텍스라든지 아니면 경기도 남쪽 권으로 지금 검토를 하고 있는데 그것은 저희가 좀 더 검토를 해 보겠습니다.

[조광주 위원] 이게 우리가 학생들에 대한 부분은 미래에 대한 굉장히 중요한 동력의 문제이지 않습니까. 그런데 나는 가서 보면서 이랬어요. 이렇게 되면, 지금 같은

행사를 치르면, 이번에 어느 대학이 선정이됐어요. 그러면 내년에는 그 대학을 또 주면 특혜시비에 걸릴까 봐 또 다른 대학을 줄 수밖에 없는 이런 게 있겠다. 그러면 결국은 경기도 내에 소재해 있는 패션과 관련한 대학이 몇 개 안 되는데 이게 지속해서 하는 사업이면 결국은 거기에서 맴돌다 끝난다는 얘기죠. 그렇기 때문에 적어도 패션이라는 것은 글로벌시대에 굉장한 확장성을 갖고 나가야 하거든요. 그런데 그러한 부분이 지금 맥이 끊긴다는 생각이 들었어요. 그래서 이렇게 하면, 내가 지적했던 부분이 문제가 있으면 그 부분에 대해서 "이러이러한 문제가 발생이 되는데 좀 좋은 방법이, 위원님들이 도와주십시오." 이렇게 좀 제시를 해야 하는데 그런 게 전혀 없었지 않습니까. 그냥 패션쇼 열고 끝났잖아요.

(김길섭 위원장대리, 서영석 간사와 사회교대)

[위원장 대리] 정리를 해 주시죠.

[섬유사업팀장] 저희가 사실은 이게 도 예산이다 보니까 도내 대학으로 할 수밖에 없는 그런 제한적인 한계가 있긴 한데 지금 대학생패션쇼를 하고 있는 지역이 부산, 대구, 경기도 이 세 군데가 하고 있습니다. 그래서 방금 말씀하신 부분도 저희가 협의할 수 있는 부분은 협의를 하도록 하겠습니다.

[조광주 위원] 그러니까 여기 도민인 학생들 있지 않습니까. 그러한 학생들이 보통 팀워크를 이뤄서 가잖아요, 패션쇼 같은 경우. 그럼 그런 장을 만들어 주면 되는 거죠.

[섬유사입팀징] 알겠습니다. 검토히겠습니다.

[조광주 위원] 도내 소재 대학을 다니고 있어도 도민 아닌 학생도 많아요, 그렇게 따지면. 그러니까 그런 부분에서 고민을 좀 하셔야 된다는 거예요.

[섬유사업팀장] 네, 알겠습니다.

경제특화발전사업에 대하여

북동부 경제특화발전사업이라는 건 새로운 거를 찾는 거였잖아요. 근데 기존에 했던 거를 또 더 확장 하는 그런 결과가 나타났는데 그래서 난 그 내용을 정말 그런 거를 제대로 한번 확인해 볼 필요가 있다는 생각이 들어요.

[조광주 위원] 조광주 위원입니다. 행정사무 감사를 준비하느라고 경제실장님을 비롯해서 직원분들 수고 많으셨습니다. 질의를 시작하겠습니다. 지금 우리가 보면 북동부 관련해서 경제특화발전사업을 하고 있지 않습니까?

[경제실장] 네.

[조광주 위원] 보면 이게 선정과 관련해서 한정돼서 선정하지 않습니까? 근데 그게 여태까지 쓰여진 금액들이 있지 않습니까, 가져간. 그 비용은 전부 지금 어떤 식으로 되고 있는 부분이 체크되고 있나요?

[경제실장] 네, 지난 5월 말에 엄정한 절차와 기준에 따라서 외부 위원들께서 선정해 주셨고 그 선정된 7개 지역에 대해서는 지금 저희가 지급하고자 했건 400억 원이 전액 다 지급되었으며 또 사업별로 하나하나 필요한 절차들을 밟아나가고 있습니다. 따라서 저희들은 가급적이면 2017년도 안에 모든 사업이 완료될 수 있도록 지금 독려해 나가고 있습니다.

[조광주 위원] 이게 내년에도 또 모집하지 않나요?

[경제실장] 일단 현재까지는 올해로 사업 자체는 종결하는 것으로 그렇게 생각하고 있습니다.

[조광주 위원] 확실한 거죠?

[경제실장] 네.

[조광주 위원] 내년에는 이제 북동부 관련해서…….

[경제실장] 별도 지금 내부에서 논의가 많이 있었는데 이 사업에 대해서는 다른 유사한 사업과 통폐합해서 추진하기로 방침을 정하고 있습니다.

[조광주 위원] 잘 알았고요. 이게 사실은 지금 자꾸 북동부 발전, 북동부 발전하면서 저희가 볼 때는 자칫 잘못하면, 사실 어떤 시군들에 예를 들어서 사업 내용을 보면 장단콩 축제라든지 이런 사업들이 있지 않습니까? 제가 이거 일부 거론해서 모르는데 그거와 관련해서 계속 가져가는데 이번에도 100억이 거기에 배정된 걸로 알고 있거든요. 맞죠?

[경제실장] 파주 장단콩에 관한 테마가 1등으로 당첨돼서 100억을 받아 갔습니다.

[조광주 위원] 그러니까. 그 테마가 굉장히 오래된 테마잖아요, 사실. 굉장히 오래된 테마인데도 불구하고 여태까지 계속 그 부분에 또 100억이 배정되는 모습을 보면서 그런 생각은 들어요. 새롭게 필요한 부분이 정말 중요하거든요. 그런데 장단콩은 사실 굉장히 알려진 거거든요. 많이 알려졌는데 또 그게 마치, 북동부 경제특화발전사업이라는 건 새로운 거를 찾는 거였잖아요. 근데 기존에 했던 거를 또 더 확장하는 그런 결과가 나타났는데 그래서 난 그 내용을 정말 그런 거를 제대로 한번 확인해 볼 필요가 있다는 생각이 들어요.

[경제실장] 위원님…….

[조광주 위원] 지금 진행 중에 있는 거죠?

[경제실장] 네, 위원님 말씀이 굉장히 중요합니다. 저희가 당초 북동부 경제특화발전

사업을 할 때의 취지는 물론 새로운 사업도 중요하지만 지역의 특성을 반영하고 지역이 갖고 있는 자원들을 최대한 활용해서 지역의 소득을 높이고 일자리를 창출하자는 데 초점을 뒀습니다. 그래서 작년에 많은, 특히 올해 5월 달에 외부 전문가들도 가장 관심 있게 비중을 둔 것이 새로운 것도 중요하지만 지역에 있는 기존의 자원을 활용하는 것이 중요하다. 그리고 또 기존에 있는 사업이라 할지라도 다양한 사업으로 발전 확대한다면 그것이 더 의미가 있겠다고 점수를 준 것입니다.

[조광주 위원] 하여간 물론 기존 거를 잘 가꾸고 동력을 더 붙여서 나가는 건 중요하죠. 그건 중요하다고 생각해요. 근데 그게 형식적으로 사실 기존에 하고 있는 부분에, 사실 그런 생각은 들었어요. 기존에 나름대로 자기네가 일을 계속 진행해 왔단 말이에요. 근데 거기에 부족한 인프라가 반드시 필요하다고 해서 그게 보충이 된다면 그거야 도와줘야죠. 나는 그건 도와줘야 된다고 생각해요. 근데 그게 아니라 기존에 테마를 갖고 한 사업을, 그걸 하고 있는 데를 그냥 단지 지원을 통해서 그 사업만 연장해 주는 꼴이 돼서는 안 된다는 거예요.

[경제실장] 네, 위원님 말씀을, 지적을 제가 충분히 공감하겠고요. 예를 들어 장단콩 관련된 사업이 기존과 다른 점은 지금은 장단콩을 생산해서 다음 주에 있을 것으로 알고 있는데 장단콩축제를 열어서 판매하는 것에 그치고 있습니다. 그런데 이사업은 장단콩을 생산하는 것뿐만 아니라 생산한 것을 약 1만 개 정도의 독을 만들어서 그 독에다 설치하고 또 직접 경기도민이나 국민들이 와서 그 독에다 장을 담글 수 있고 체험하면서 이렇게 농가를 확대시켜 나가는 데⋯⋯.

[조광주 위원] 잘 알았고요. 체험과 관련해서는 장단콩뿐만이 아니라 흔히 하는 일이잖아요, 지금 사실. 파주뿐만이 아니라 일반적인 전 지역에서 대한민국 전체를 보면 그런 기본적으로 담그고 하는 축제는 흔히 많이들 하고 있거든요. 새로운 어떤 테마를 발견해서 할 때 경기도에서 지원을 해야지 흔히 기존에 해 왔던 거잖아요, 그것도 사실은. 그런 테마를 도와준다 이런 거는 사실 미래를 볼 때는 좀 그런 거보다는 외국에서 관광객이 왔다든지 할 때 눈에 들어올 수 있는 그런 사업을 발굴할 때 정말

도와줘야 된다고 생각해요. 기존에 해 왔던 그거는 이미 워낙 많이 알려져 있잖아요. 난 그런 부분에서 좀 고민을 해 줘야 된다고…….

[경제실장] 네, 위원님 말씀 유념해서 사업 추진하도록 하겠습니다.

[조광주 위원] 그리고 저희가 지난번에 중기센터 행정감사를 할 때 지적했던 부분이 있어요, 작년에. 근데 그게 똑같은 일이 반복되기에. 뭐냐 하면 우리가 패션디자인 대학생들 참여율을 높일 수 있는 장을 만들자고 그랬잖아요.

[경제실장] 네.

[조광주 위원] 근데 결국은 인프라가 경기도라는 한정된 부분에서 어떤 수정된 부분은 안 보였고 그대로 실시가 됐거든요. 그냥 사실은 경기도 양주에 있는 어떤 패션산업, 디자인센터나 그런 게 확장성을 갖고 나가려면 말 그대로 참여율을 높여야 되지 않습니까. 근데 그러한 부분에서는 젊은 층인, 사실 학생들이 볼 때는 경기도에 있는 학생들이라든지 문호를 넓힐 필요는 있다고 생각하거든요. 왜냐하면 알려야지 이게 올라가지 않습니까. 사실 우리 대학생 패션쇼라든지 이런 거 하고 있다는 게 브랜드 가치를 올리는 거잖아요, 경기도.

[경제실장] 네, 그렇습니다.

[조광주 위원] 근데 이게 매년 해 왔지 않습니까. 결국은 사업을 하다 보면, 어느 학교가 이번에 가져갔어. 그럼 그다음에 그 학교 주기가 부담스러운 것 아닙니까. 그렇죠? 학생들도 마찬가지로 어느 학교 학생이 받았어요. 근데 경기도에 있는 패션을 연구하는 학교는 정해져 있단 말이에요. 그렇게 많지 않잖아요. 한 10개.

[경제실장] 이번에 11개 학교가 참여했습니다.

[조광주 위원] 11개 정도. 그 정도밖에 없지 않습니까. 그러면 결국은 경기도에서 한다는 게 그 11개 학교가 자칫 잘못하면 돌아가면서 상을 받는 그런 구조로 하면 학생들, 그냥 학생 자체라든지 학교를 바라볼 때도 제가 볼 때는 비전이 없다고 생각해요. 경쟁이라는 게 뭐예요? 사실 학생들 실기만큼은, 우리나라 시스템이 뭐냐 하면 성적이 제일 먼저 들어가요, 요즘에는 패션디자인을 공부하는데 경기도에 있는 학생들이 사실은, 경기도의 학교를 온 친구들이 실기 이런 능력은 탁월해요, 제가 볼 때는. 근데 학교 성적 이런 인프라에서 서울에 있는 등급제한이라든지 이런 거에서 밀려서 학교를 가거든요. 근데 실기는 사실 그게 아니지 않습니까?

[경제실장] 그렇습니다.

[조광주 위원] 자기 개인의 어떤 개발능력이라든지 사실 어렸을 때부터 성장해 오면서 자기 능력이라는 게 있지 않습니까. 학교 공부는 못 하더라도 자기가 잘하는 분야들이 있지 않습니까?

[경제실장] 네, 그렇습니다.

[조광주 위원] 그런 분야에서 패션디자인업을 공부하게 되고 그런 학생들이거든요. 그럼 그 친구들이 정말 단순하게 도에서만 평가받을 게 아니라 전체적인 틀 속에서 문호를 넓혀서 그런 평가를 받아서 우리 학생들이 거기에 선정이 되고 하면 경기도 학생에 대한 어떤 값어치도 올라간다고 생각하거든요.

[경제실장] 네, 맞습니다.

[조광주 위원] 그런 부분에서 제가 지난번에 한 번 할 수 있는 장을 만들어 보라고 분명히 문제제기를 했었거든요. 작년에 제기를 했었죠. 근데 이번에도 일이 그런 부분에서는 개선을 못 한 것 같더라고요. 우선 그 부분에 대해서 한번 말씀해 주세요.

[경제실장] 네, 제가 말씀드리겠습니다. 존경하는 조광주 위원님께서 그때 패션쇼에 와주셔서 여러 가지 고무적인 말씀해 주셔서 감사드립니다. 작년과 올해 달라진 점이라고 하는 것은 작년에는 사실 처음 하는 거라서 5개 학교만 참가했는데 올해는 11개 학교가 참가했습니다. 또한 작년에는 경기도 내 학교만 참가할 수 있도록 제한을 뒀는데 올해는 경기도 내 거주자라면 누구나 다 참여할 수 있게 했습니다. 그렇게 굉장히 문호를 넓혔고요. 또 하나의 저희들이 부족한 가운데에서도 특징이라 하면 선배디자이너들이 직접 심사하고요. 그분들이 나중에 멘토링도 하고 데려다 키울 수 있도록 그렇게 조치를 해 가지고 그 당시에 그때 심사위원으로 참여했던 선배 디자이너들이 비록 부족하지만 경기도 내 11개 학교에서 아주 열심히 한다는 얘기를 많이 들었고 그래서 위원님께서 걱정하신 것처럼 앞으로도 좀 더 문호를 확대해서 실질적으로 이 학생들이 자기 재량을 가지고 사회에 나가서도 이름을 날릴 수 있도록 그렇게 조치해 나가도록 하겠습니다.

[조광주 위원] 네, 제발 그렇게 해 주시고요. 시간이 다 돼서

[조광주 위원] 조광주 위원입니다. 연일 행정사무감사를 준비하느라 수고 많으십니다. 다름이 아니라 판교와 관련해서 이게 계속 사실 매년 반복되는 일이 발생되고 있지 않습니까? 매년 행정사무감사 때마다 판교문제가 거론되고…….

[경제실장] 임대율 문제 말씀하시는 거죠?

[조광주 위원] 그렇지요. 그런데 테크노밸리 같은 경우에 임대료 관련해서 사실 한 5년 동안 계속 해결점을 못 찾고 거론이 되고 특혜시비가 계속 나오고 있지 않습니까?

[경제실장] 네.

[조광주 위원] 제가 알기로 특혜시비 때문에 전에 이거 매듭을 저야 된다, 어떤 방식이 됐든. 넥스트판교도 있기 때문에 여기에서 매듭을 질 일이 분명히 있어야 되겠다

고 해서 결국은 실장님이나 그리고 과학기술과장님이 총대를 메고 나선 것으로 알고 있습니다. 그렇죠?

[경제실장] 네, 작년부터 이 문제가 워낙 오래된 문제고 해서 저희들이 있을 때 끝내 보고 싶다는 욕심이 있었습니다.

[조광주 위원] 욕심이 있어서 지금 시작을 했는데 지금 우리가 보고받기에는 사실 결과가, 지금 또 집행부에서 내놓은 안을 갖고 각 회사들을 만났는데, 일종의 입주 자협의회죠?

[경제실장] 네.

[조광주 위원] 만났는데 거기에서도 그걸 수용하는 데가 있고 안 하는 데가 있지 않습니까?

[경제실장] 그렇습니다.

[조광주 위원] 그런데 그 부분을 어떻게 해결할 건가요?

[경제실장] 존경하는 조광주 위원님께서 판교테크노밸리 심의위원회 위원으로 활동을 잘하시면서 많은 자문을 해 주셔서 감사드립니다. 그런데 이 문제는 워낙 오래된 문제고 또 단칼에 해결할 수 있는 문제가 아니라는 건 위원님도 잘 아실 겁니다. 다행히 저희들이 여러 위원님들의 도움으로 획기적인 안을 만들었고 그 안에 대해서 찬성하는 분들과는 바로 계약을 체결했고요. 또 계약을 체결하지 않은 분들에 대해서는 심의위원회에서 개별적으로 소명할 수 있는 기회도 드렸고 해서 제가 보기에는 좀 시간이 걸리겠지만 과거와 같이 그렇게 일방적으로 기존의 체제가 유지되는 상황은 벌어지지 않을 것이라고 생각되고요. 지금 저희 듣는 바로도 판교에 계신 여러분들의 분위기도 우리에게 썩 불리하지만은 않다는 것을 제가 듣고 있습니다.

[조광주 위원] 보통 사업을 하다가 부도도 나고 그러지 않습니까? 거기에서 가장 큰 문제는 컨소시엄 구성한 데들이 문제잖아요?

[경제실장] 네, 그렇습니다.

[조광주 위원] 처음에 들어갈 때 임대 요율을 정할 때 0으로 정한 데가 있고, 0%를 그렇죠?

[경제실장] 네.

[조광주 위원] 그리고 굉장히 높게 정한 데가, 이렇게 편차가 있지 않습니까?

[경제실장] 그렇습니다.

[조광주 위원] 높게 정한 데는 결국은 여기에서 구성한 K값, 그렇죠? 적정요구를 수용할 수 있는 조건이 돼 버렸지 않습니까? 특히 대기업 같은 경우에는 다 그 수용조건에 들어갔어요, 사실은. 그런데 작은 부분, 컨소시엄을 구성한 작은 부분들은 거기에 도저히 수용은 없다는 입장으로 지금 나오고 있지 않습니까?

[경제실장] 네.

[조광주 위원] 나는 이 부분을 정말 해결하려면 뭔가 획기적인 방안이 나와야 되지 위원님들도 사실 그 부분에 대해서 소통이 정확하게 안 되고 있다고 나는 생각해요.

[경제실장] 저희들이 몇 번 안을 만들어서 보고드린 적도 있습니다만 솔직히 워낙 이게 미묘하고도 어려운 문제입니다. 그래서 위원님들께서 충분하게 이해하시는 데 저희들이 소통이 부족했다는 것은 제가 인정합니다. 그렇지만 이번에 만든 안이 위원님 잘 아시다시피 획기적인 안이고요. 이 안은 또 지속가능할 수 있는 안이기 때문

에, 저희는 여러 법조계에 있는 분들에도 충분히 논의를 했고 그래서 앞으로 강력하게 제재할 수 있는 방안도 함께 제시했기 때문에 하나하나 문제가 해결될 것이라고 저는 낙관하고 있습니다.

[조광주 위원] 소명을 통해서, 그 소명자료를 기초로 해서 어떤 법적인 제재를 하겠다는 건가요?

[경제실장] 그렇습니다.

[조광주 위원] 그러니까 기존에 계약하고 수용한 데는 그 법에서 피해 나가는 것이고.

[경제실장] 네, 이미 저희가 발표한 23% 정도 허용은 기본적으로 제시했고 그것을 또 지키겠다고 서약했기 때문에 14개인가요, 그것은 전부 다 계약을 새로 체결했고요. 나머지 지금 저희와 계약을 체결하지 않은 기관, 컨소시엄에 대해서도 하나하나 단계적으로 소명기회도 주고 의견도 듣고 또 저희가 하는 얘기도 설득하면서 계약을 해 나가도록 그렇게 할 겁니다.

[조광주 위원] 사실 컨소시엄이라는 게 그렇지 않습니까? 부도가 나는 데 같은 경우에는 빠져나가는 순간 그것을 책임질 수 있는 데가 있어야 하잖아요.

[경제실장] 그렇습니다.

[조광주 위원] 그런데 그 부분을 사실은 어떻게 해결할 것인가 경기도가 또 분명한 입장을 갖고 있어야 되지 않습니까?

[경제실장] 아무래도 저희가 이번에 개선안을 만들게 된 가장 큰 핵심 사안은 기업활동을 위축시켜서는 안 되겠다. 또 판교가 지난 10년간 조성하는 데 바빴지만 앞으로는 고도화를 해 나가야 된다. 또 제2 판교를 만드는 데 걸림돌이 돼서는 안 된다는

관점에서 했기 때문에 기업들의 애로를 최소한 해소해 주면서 그리고 또 저희들의 질서도 유지하는 방안에서 나름 노력을 하도록 하겠습니다.

[조광주 위원] 제가 심의위원회에 들어가고 있지만 저도, 저 혼자지 않습니까? 사실 그런데 위원님들의 입장이 있지 않습니까? 나는 이게 서로 정말 정확하게 소통을 해 가야 된다고 보거든요. 이게 위원님들도 다 기존에 여기에서 그 부분을 오래 보신 분들도 있고 사실 처음 접하신 분들도 있고 이런 입장들이 정확하게 소통이 안 되고 있는 것 같아요. 난 그 부분을 집행부에서 정말 제대로 전달하고 제대로 해결 방안을 갖고 풀어나가고 있는 부분 정확하게 설명해 주세요.

[경제실장] 네, 위원님께서 우려하지 않도록 우려하신 부분들에 대해서 저희들이 좀 더 위원님들 개개인별로 만나서 충분히 이해할 수 있도록 노력하겠습니다.

[조광주 위원] 네, 그렇게 꼭 해 주시고요. 그리고 판교 내에 혹시 초청연구용지 파스퇴르가 들어가 있지요?

[경제실장] 네, 맞습니다.

[조광주 위원] 초청, 파스퇴르가 임대사업을 지금 일부 하고 있나요?

[경제실장] 양해해 주신다면 담당과장이 자세히 답변드리도록 하겠습니다.

[과학기술과장] 과학기술과장 한정길입니다. 파스퇴르연구소에서 일부 면적을 임대하고 있습니다.

[조광주 위원] 원래 초청연구용지는 임대할 수 없는 것 아닌가요?

[과학기술과장] 용지는 그런데요. 건물소유권이 파스퇴르 법인에 가 있습니다. 법인의

소유기 때문에 명확히 따지자면 임대하는 것은 재산권 행사를 할 수 있다고 알고 있습니다. 제가 그것을 지난번에 한번 감사원에서도 지적이 계셔서 확인해 봤습니다만 파스퇴르 법인이 임대하고 있는 것에 대해서는 법적인 문제가 없다고 매듭을 지었습니다.

[조광주 위원] 그렇게 답이 나왔다고요?

[과학기술과장] 네.

[조광주 위원] 그런데 우리가 사실 초청연구용지 같은 경우는 상당한 혜택을 주고 초청했지 않습니까? 그런데 내부적으로 임대 부분을 할 수 있는 조건이 있다고 그러면 그것이야말로 정말 더 큰 문제가 아닌가요?

[과학기술과장] 저도 이것 가지고 우리 내부적으로 검토를 많이, 토론을 했습니다. 했는데 아까 말씀드린 대로 법적인 사항은 그렇게 정리가 된다 하지만 초청연구용지에 저희가 필요로 해서 초청해 왔고 그분들이 활동함에 있어서는 어떤 사회적인, 국가적인 목적을 가지고 해야 된다고 전 생각하고 있습니다. 그런데 한편으로 또 생각하면 파스퇴르연구소가 갖고 있는 재정적인 여력을 감안해 보면 그 부분도 적은 부분은 아니거든요. 그래서 그런 거 저런 거 감안하면 가능하다고 보지만 저희가 지도를 통해서 임대부분을 해소할 수 있도록 노력해 보겠습니다.

[조광주 위원] 적어도 초청연구용지는 사실 어마어마한 수혜를 입고 오는 것이지 않습니까? 그런데 본래 목적이 우리가 초청할 때는 그 내에서 임대를 하는 부분이 있었다고 생각한다면 과연 거기를 초청할 필요가 있나요? 본래 목적대로 파스퇴르연구소를 끌어들일 때는 적어도, 임대사업을 하겠다고 했으면 거기를 초청할 이유가 하나도 없다고 생각하거든요.

[과학기술과장] 네, 맞습니다. 임대사업이라고 하기는 그렇고요. 공실이 발생되고 또 같이 파스퇴르연구소 내에 있는 장비나 이런 네트워킹을 하기 위해서 협업하러 들어온 기

업들이기 때문에 글쎄요, 보기 나름인 것 같습니다만.

[조광주 위원] 그런 사업계획서가 미리 나와서 도에 들어와 있어야 되는 게 아닌가요, 그러면? 초청연구용지 거기에 입주를 하려면 적어도 미리 계획서에 임대라는 부분, 우리가 일반연구용지가 됐든 전부 이 임대 때문에 지금 문제가 되고 있는 것 아닙니까? 그런데 실질적으로 초청연구용지까지도 지금 임대가 있다면 정말 심각하지 않습니까?

[경제실장] 제가 그러면, 존경하는 조광주 위원님께서 제기하신 파스퇴르의 문제는 다각도로 볼 필요가 있습니다. 원래는 초청연구용지이기 때문에 임대가 어려운 측면이 있지만 또 저희들 나름대로 법리 검토를 받아보니까 가능하다는 얘기도 있어서요. 끝나고 나서 다시 한 번 재검토해서 위원님께 별도로 보고를 한번 드리겠습니다.

[조광주 위원] 지금 일반연구용지도 법적으로는 재계약을 안 한 상태에서는 파스퇴르 같이 똑같은 답이 되지 않습니까, 법적으로는? 이미 우리가 경기도에서 어떤 제재조치를 가할 수 있는 부분에서는 또 논란의 소지가 생기는 거잖아요. 파스퇴르도 지금 그런 경우가 또 된 것이지 않습니까? 제가 볼 때는 그렇습니다.

[경제실장] 다시 한 번 검토해서 별도로 보고드리겠습니다.

[조광주 위원] 본래의 연구 목적에 걸맞게 할 수 있는 부분을 제대로 하고 있는지 난 그게 중요하다고 생각하거든요. 우리가 넥스트판교도 앞두고 있는데 그런 부분을 명확하게 안 해 놓으면 결국은 혼란이 또 올 수밖에 없지 않습니까?

[경제실장] 네.

[조광주 위원] 그 부분에서 다시 한번 제대로 검토하고 보고해 주십시오.

[경제실장] 네, 그렇게 하겠습니다.

사회경제적 영역에 대하여

경기도를 단순하게 사회적경제 영역을 바라볼 게 아니라 관에서 할 수 있는 역할이 뭔가를 계속 제대로 분석해서 여기에 있는 공무원들에도 적어도 이 부서에 오면 이러한 역할을 하는 부서다, 그런 교육이 진짜 필요하다고 봐요. 제 말에 대해서 어떻게 생각하세요?

[조광주 위원] 조광주 위원입니다. 사회적경제 영역이 양적으로는 굉장히 팽창을 했는데, 그죠?

[따복공동체지원단장] 네, 그렇습니다.

[조광주 위원] 그런데 사실 자생력은 부족하죠?

[따복공동체지원단장] 네. 자생력, 지속 가능성 부족합니다.

[조광주 위원] 지속 성장하는 데 한계가 있는 게 단장님이 볼 때는 보여지죠?

[따복공동체지원단장] 네, 그렇습니다.

[조광주 위원] 그런데 우리 사회적경제 영역이 우리나라 같은 경우엔 공공이 주도를 하고 있지 않습니까?

[따복공동체지원단장] 네, 맞습니다.

[조광주 위원] 그런데 사회적경제 영역을 공공이 주도하다 보니까 행정적인 부분에서 어떤 바라보는 관점이 차이가 있을 거라는 생각이 들어요. 그런 면에서는 어떻게 생각하세요?

[따복공동체지원단장] 그러니까 기본적으로 지금 사회적경제 영역이 양적으로는 팽창을 했습니다. 그런데 사회적경제 영역이 또 중앙부처에서도 통합적으로 지원되지 않고 고용부 따로, 행자부 따로 또 농림부 따로, 기재부 따로 이렇게 되다 보니까 그 안에서의 어떤 연계라든지 협업화라든지 융복합이라든지 이런 게 부족했던 것 같습니다.

[조광주 위원] 저는 제일 중요한 게 뭐냐 하면 사회적경제라는 게 사실 어떤 사회적 목적이라든지 가치를 실현하는 게 가장 중요하다고 생각하거든요.

[따복공동체지원단장] 네, 맞습니다.

[조광주 위원] 그런데 겉으로 보이는 실적을 우선으로 가다 보면 결국은 그 틀 속에서만 갇히려고 하는 경향이 있거든요. 결국은 그게 가장 우리나라 사회적경제의 한계라고 생각하거든요. 사실 공공이 해야 할 일은 행정지원이라든지 그런 역할이지 그걸 주도해 나가려고 하면 문제가 생길 수밖에 없다고 생각하거든요. 나는 경기도도 마찬가지라고 생각해요. 사실 장을 만들어 주되 그건 행정적인 지원하는 역할로서의 거기에서 끝나야지 그 이상을 가지고 가려고 할 때에는 제대로 일이 진행될 수 없거든요. 지금 이렇게 경쟁이 치열한 시대에 단순하게 판로라든지 이런 걸 개척해서 장을 만들어 준다고 해서 과연 일반소비자들이 바라볼 때 그 제품을 쓸 수 있는, 사실 어렵거든요. 그럼 뭐냐? 이 제품이 사회적 가치를 어떻게 담아내고 있다는 걸 공공이 홍보해 주고 그 역할을 해 줄 수 있는 장을 만들어줘야 하거든요. 주도하려고 하는 순간 찌그러지죠. 나는 그런 면에서 사실 우리 경기도가 하고 있는 이런 액션이 너무 그냥 앞으로만 보여주는 것, 그렇죠? 사실 지금 양적팽창이라는 것은 저는 과도기적이기 때문에 어쩔 수 없다고 봐요. 그런데 어기서 길러지는 거거든요. 제대로 사회적 가치를 실현할 수 있는 사람들이 남는 거라고도 생각해요. 그게 제대로 뭉쳐져서 또 새로운 확장을 해 나가는 것이고 이게 우리의 현실이거든요. 사실 협동조합 같은 경우에도 기대심리가 굉장히 많았기 때문에 이렇게 달려든 거 아닙니까? 그런데 막상 뛰어들고 보니까 뛰어들 때는 협동조합이 뭔지 사실 모르고 뛰어든 사람들이

매우 많아요. 뛰어들고 보니까, 뭐 별로. 그래도 사회적기업 쪽은 지원을 하는 것 같은데 협동조합은 그게 없지 않습니까? 그런데 이게 인식의 차이라고 생각해요. 공공에서 담당하는, 공공직에서 일하는 공무원들의 인식도 바뀌어야 한다고 생각하거든요. 왜냐하면 협동조합을 하면 '우리가 일을 하는 데 있어서 편하다.', '그건 알아서 하면 된다.'라는 인식을 갖고 있는 거잖아요, 그죠? 그런데 사회적기업이 됐든 협동조합이 됐든 궁극적으로 보면 사회적경제라는 어떤 가치라든지 목적을 실현하는 역할이 뭔가를, 거의 똑같은 거거든요, 사실. 근데 용어상 분리시킨 것뿐이거든요. 나는 그런 면에서 관에서 일하시는 분들도 그런 인식개선을 할 필요가 있다. 가장 큰 문제는 교육의 문제예요. 왜냐하면 관에서 일하시는 분들이 사실, 단장님도 제가 볼 때는 여기 계속 있을 수가 없잖아요, 그렇죠?

[따복공동체지원단장] 계속 있고 싶습니다.

[조광주 위원] 계속 있고 싶습니까?

[따복공동체지원단장] 네.

[조광주 위원] 보통 길어야 3년, 그죠? 보통 평균적으로 보면 2년이면 떠납니다. 그럼 새로운 사람이 과연 이 사회적 가치라든지 목적을 실현할 수 있으면, 그거 이해하는 과정이 정말 어렵거든요.

[따복공동체지원단장] 맞습니다.

[조광주 위원] 그럼 결국은 알만하면 떠나야 되는 거고, 그죠? 그게 현재 관의 시스템이에요. 그러니까 그걸 주도하려고 하면 그 순간 삐그러집니다. 이게 일을 맡겨야 된다라고 생각하거든요. 그걸 여태까지 그 오랜 세월 동안 그 일에 종사했던 분들에 믿고 맡기고 그분들이 일을 해 나가는 데 있어서 행정적인 지원을 어떻게 할 것인가, 그 고민이 우선이라고 생각해요. 왜냐하면 사회적경제 영역에서 일하셨던 분들은 사

실 행정시스템이라든지 이런 거 몰라요. 왜냐하면 어떤 가치라든지 목적 이런 게 굉장히 커왔는데 시스템에 접근하는 순간 굉장히 까다롭거든요. 거기는 프리한 일을 많이 했다가 여기는 기계적인 틀 속에서 전부를 맞춰야 되지 않습니까? 결국은 자기네들이 목적했던 부분에 자꾸 튕겨 나가는 부분이 보이는 거예요. 나는 그 부분을 고민들을 하셔야 된다고 봐요.

그리고 특히 장터를 열고 하면 사실 우리가 비용 대비하는 것 보면 판매는 떨어지잖아요?

[따복공동체지원단장] 네, 그렇습니다.

[조광주 위원] 나는 그 부분도 뭐냐 하면 물건을 판매 장터에 접근하는 시군도 있을 테고, 그죠? 그 접근하는 데 있어서 이 사회적경제 영역을 이해할 수 있는 장을 거기에 섞어 들어가지 않으면 단순하게 판매개념으로 가는 순간 또 이탈하거든요. 시군의 담당공무원들도 전문성이 없어요. 거의 뭐 시군 같은 경우는 부서이동이 2년이 꽤 오래 있는 거예요. 그러다 보니까 시군의 사회적경제 영역 담당하는 공무원 입장에서도 새로운 사업 들어오면 하기 싫은 거야, 그냥 피하고 싶은 거야. 기존 일 하기도 바쁜데 내가 왜 새로운 영역에 또 이걸 맡아서 하냐 이런 인식이 있어요. 성남 같은 경우에는 왜 그나마 되는지 아세요? 그나마 일자리 창출에 대한 어떤 목적을 두고요. 생활쓰레기 같은 경우에 전부 사회적기업으로 바뀌게 했어요. 그건 시군에서 강력히 추진했거든요. 그전에는 개인의 커다란 수익이었는데 그걸 나눌 수 있는 장을 만들어준 거거든요. 그런 시도가 필요한 거거든요. 나는 경기도도 단순하게 어떤 사회적경제 영역을 바라볼 게 아니라 관에서 할 수 있는 역할이 뭔가를 계속 제대로 분석해서 여기에 있는 공무원들에도 적이도 이 부서에 오면 이러한 역할을 하는 부서다, 그런 교육이 진짜 필요하다고 봐요. 제 말에 대해서 어떻게 생각하세요?

[따복공동체지원단장] 위원님, 전적으로 동감하고요. 또 위원님이 제가 미처 생각하지 못한 부분까지 지적을 해 주셔서 정말 감사하고 저도 작년 7월부터 이 일을 하면

서 가장 현장에서 뼈저리게 느꼈던 부분이 공무원들에 대한 인식 부족 그래서 소통의 장애가 일어난다는 부분, 민간영역에서 '말을 할 사람이 없다.', '알만하면 도망간다.'라는 부분이 가장 큰 지적사항이었습니다. 그래서 저는 그때부터 거버넌스가 굉장히 중요하겠다. 공무원이 바뀌더라도 그 지속성을 가지고 전문성을 잃지 않고 할 수 있는 민간영역의 거버넌스가 중요하겠다고 해서 지원센터를 만들게 된 거고요. 그다음에 거기서 끝나지 않고 거버넌스의 민간전문조직들도 또 하나의 블록화, 관료화가 될 수 있기 때문에 민간당사조직, 현장과 지속해서 소통할 수 있도록 그렇게 하는 시스템 그리고 공무원들도 저희 최소한 따복공동체지원단은 현장으로 계속 나가도록 요구하고 있습니다. 현장에 나가서 전문성을 자꾸 키우고 소통하도록 그래서 사람이 바뀌더라도 전문가들이 계속 유지되도록 그렇게 지금 노력하고 있습니다.

[조광주 위원] 이 사회적경제 영역이 굉장히 난해한 거라고 생각해요. 나는 이게 정말 사회적 목적이라든지 일반기업, 사회적기업 같은 경우에도 협동조합도 엄밀히 따지면 기업이지 않습니까?

[따복공동체지원단장] 네.

[조광주 위원] 그런데 어떤 사회적 목적, 가치 실현하는 데 있어서 비즈니스까지 결합돼 있기 때문에 이게 가장 중요한 건 활동이거든요. 교육, 교육이라든지 이해, 이해도가 얼마만큼 올라가느냐에 따라서, 나는 그래서 정말 교육은 중요하다. 많은 교육이 필요하다. 이 부분에 접근하는 사람은 정말 철저한 교육을 통해서 접근할 수 있도록 장을 만들어야 할 것이다, 그렇게 생각합니다.

[따복공동체지원단장] 네, 저도 동감입니다.

[조광주 위원] 수고했습니다.

경제
행정감사
CHAPTER 6 | 2014

경기신용보증재단에 대하여

서로 짧은 시간 안에 효율적으로 일할 수 있는 장을 만들어줘야 하거든요. 그런데 연장을 계속해 보십시오. 그게 과연 얼마큼 능률이 배가가 되겠습니까? 이거는 정말 우리가 반드시 해결해야 할 문제라고 봅니다.

[조광주 위원] 행정감사 대비하시느라고 이사장님을 비롯해서 직원 여러분들 수고 많으십니다.

아까 존경하는 위원님들이 계속, 김보라 위원님을 비롯해서 정규직과 비정규직 문제를 지적하셨는데요. 사실 아까 이사장님께서 비정규직이 정규직화되는 부분이 어떤 문제가 있어서 정규직이 못 된다고 생각하십니까?

[경기신용보증재단 이사장] 일차적으로 정원관리가 하나 있고요. 그게 가장 큰 부분이라고 생각합니다. 일차적은 소유에 대한 부분 그리고 이차적으로 정원 그 부분이 같이 맞물려 있다고 볼 수 있겠습니다.

[조광주 위원] 이게 사실 행안부 지침이라든지 이런 사항이 아니지 않습니까? 단순히 이사회에서 인원을 갖다 늘려주면 문제가 해결되는 거 아닙니까? 그죠?

[경기신용보증재단 이사장] 사실 그렇습니다.

[조광주 위원] 그리고 지금 직원들이 과부하가 걸려있지 않습니까? 신용보증재단 같은 경우에. 야근을 해야 되고 지속해서. 그러면 이 문제에 대해서 요구해 보신적 있습니까?

[경기신용보증재단 이사장] 지속해서 도하고는 협의하고 그러면서 일부 늘려왔고요. 늘려왔고 그래 왔습니다. 그래서 지속해서 이 부분은 저희가 해야 할 부분입니다.

[조광주 위원] 그러니까 이게 위원님들이 사실 이 부분에 대해서 공감해야 하잖아

요. 도 집행부만의 문제가 아니라 사실 왜 이렇게 과부하가 걸리나, 일을 갖다가. 이 부분에 대해서 위원님들이 공감해서 같이 이 부분을 해결해야 된다고 보거든요. 일단 일을 갖다가 연장시간을 계속 한다는 건 지금 시대가 변했지 않습니까? 자기시간을 갖자고 젊은이들이 예를 들어서 월급 많이 주는 데 요즘 안 가요. 자기 여가시간을 즐길 수 있는 직장을 선택하는 시대가 됐어요. 그러면 적어도 신용보증재단에서 이런 문제가 계속 지속해서 발생했으면 이 부분에 대해서 사실 위원님들에도 공감을 일으킬 수 있게끔 제시를 해서 정말 이 문제점을 같이 해결해 나가야 하거든요. 그리고 일의 능률도 안 오릅니다, 내가 볼 때는. 야간을 계속 지속해서 하면 일의 능률이 오르겠습니까? 난 이 부분은 정말 중요하다고 생각합니다. 서로 짧은 시간 안에 효율적으로 일할 수 있는 장을 만들어줘야 하거든요. 그런데 연장을 계속해 보십시오. 그게 과연 얼마큼 능률이 배가되겠습니까? 이거는 정말 우리가 반드시 해결해야 할 문제라고 봅니다.

그리고 정규직과 비정규직의 문제에 있어서도 지금 비정규직에서 정년퇴임하고 다시 재취업하시는 분들이 얼마 정도 됩니까?

[경기신용보증재단 이사장] 저희가 지금 34분 계십니다.

[조광주 위원] 그럼 비정규직의 백분율로 따지면…….

[경기신용보증재단 이사장] 34% 됩니다.

[조광주 위원] 그렇죠. 제가 왜 이 문제를 지적하냐 하면 경험이 풍부하신 분들이 일을 하는 거 물론 필요하죠. 그리고 기존의 봉급체계에 있어서 사실은, 앞으로 우리나라의 구조적인 고령화가 되고 있고 그럼 그분들도 일할 수 있는 시간이 사실 필요하기 때문에 봉급 이런 월급을 타가는 면에 있어서 작게 받더라도 일을 하고 싶어 하지 않습니까. 그 문제가 해결될 수 있는 부분도 있고 그리고 신용보증재단 같은 경우에는 비정규직 문제를 해결하는 방법으로 야근을 할 게 아니라 인원을 더 늘려서 효

율적으로 일을 하면 그 부분도 해결되고 또 새로운 청년들이 들어와서 일자리를 하지 않습니까? 그런데 실질적으로 청년들이 들어올 수 있는 일자리가 막혀버린 거 아니에요. 인원이 늘어나지 않기 때문에. 그러면 청년들도 일할 수 있는 일자리를 늘리기 위해서는 지금 일하시는 분도 인정해 주고 효율적으로 일할 수 있게 인원을 보충해서 정말 신용보증재단이 능률을 올릴 수 있게끔 그런 장을 만들어줘야 하거든요. 그 부분을 위원님들이랑 같이 고민할 테니까 그렇게 해서 우리가 이번에는 그 부분을 같이 고민해서 해결해서 신용보증재단의 능률이 정말 배가될 수 있도록 같이 일을 해결해 나갔으면 하는 바람이고 하겠습니다.

[경기신용보증재단 이사장] 감사합니다.

[조광주 위원] 그리고 은행별로 출연금 현황을 봤어요. 그런데 보니까 상당히 줄어들었어요. 이 원인이 뭡니까?

[경기신용보증재단 이사장] 2013년도 이후 특히 올해가 각 은행들이 출연을 거의 안 했습니다. 그래서 저희도 2013년까지는 국민이라든가 신한으로부터 20억씩 많은 인맥을 동원해서 받기도 했었는데 올해 같은 경우는 기업은행 10억 외에는 나머지가 없을 정도로 은행들이 어떤 내부적인 사정이라고 하지만 전체 소상공인을 위한 지원이 대폭 줄은 거기에 원인이…….

[조광주 위원] 의무출연 비율이 있지 않나요?

[경기신용보증재단 이사장] 그거는 들어오고 있습니다.

[조광주 위원] 네?

[경기신용보증재단 이사장] 그건 들어오는데 위원님한테 드린 부분은 그 외에 별도

로 각 은행이 어려운 소기업과 소상공인을 위한 출연을 안 했다는…….

[조광주 위원] 안 한다. 나는 이게 사실 경기도에서 혜택을 정말 가장 보는 은행들이 있어요. 대표적으로 농협을 비롯해서. 그런데 내가 이걸 보면서 농협중앙회에서 부회장을 했다든지 이사를 했다든지 그분들이 여기 와서 계속 대표이사를 했지 않습니까?

[경기신용보증재단 이사장] 네, 그렇습니다.

[조광주 위원] 그때는 출연금이 그래도 기본을 했어요. 그런데 그분들이 떠나고 나서 결국은 지금 보니까 대폭 줄었어요. 그런데 실질적으로 적어도 경기도의 혜택을 보는 최소한의 은행들조차도 이렇게 출연을 안 한다는 건 문제가 있다고 생각하거든요. 이거는 우리가 의원 개인으로서가 아니라 정말 이거를 보면서 어떻게 이런 혜택을 보면서 경기도한테 경기도신용보증재단 본인들이 대표이사를 그만뒀다고 해서 떠나면 그만이라는 그런 의도가 있지 않냐는 생각이 들어요. 지금 사실 모든 포커스가 경기도에서 지원하는 은행들 정해져 있지 않습니까. 그러면 출연금조차도, 신용보증재단이 뭘 한다는 걸 너무나도 잘 이해하는 그런 그룹에서조차도 이렇게 외면한다면 사회적 책임이라고 할 수 있는 중소기업을 지원해서 소상공인 지원을 위해서 존재하는 신용보증재단이 할 수 있는 일을 방기하는 거 아닙니까?

[경기신용보증재단 이사장] 이 부분은 저희 경기도에 개별 출연한 게 아니라 전국에 출연을 아예 안 한 거거든요, 올해 같은 경우는. 그래서 이 부분은 일단 저의 노력뿐만 아니라 16개 지역재단, 중앙회와 저희가 같이 공동으로 해서 내년도에 적극 대응할 거고 꼭 그렇게 해서 출연이 될 수 있도록 하겠습니다.

[조광주 위원] 그런 거 명칭으로만 협동조합, 협동조합하고서 지금요. 사실 대한민국

에서 협동조합이 뭡니까? 농협협동조합일 때 협동조합입니다, 말 그대로. 근데 협동조합의 취지목적이 뭔지 아세요?

[경기신용보증재단 이사장] …….

[조광주 위원] 협동조합은 자기네만 자생하는 게 아니라 말 그대로 공생하는 겁니다, 공생. 더군다나 협동조합은 정말 신용보증기금이 말하는 소상공인, 중소기업, 사회적 약자를 위해서 그들이 성장 발전할 수 있도록 역할을 하는 게 협동조합이거든요. 힘이 없기 때문에, 힘없는 사람들이 뭉쳐서 역할을 하는 거거든요. 그리고 단순하게 협동조합 자체 혼자만 나가는 게 아니라 옆에 이웃 협동조합이랑 같이 손을 잡고 더욱더 건전한 사회구조를 만드는 데 일조하는 거거든. 이게 금융뿐만이 아니라 기업도 마찬가지고 협동조합의 취지가 사실 그런 뜻인데 농협은 적어도 신용보증재단 대표이사를 계속 이분들이 해왔지 않습니까? 이번에 그것도 본인들이 복귀하느라고 가버린 꼴이 됐지 않습니까? 그래서 차라리 그럼 내부 승진시켜라, 이 구조를 아는. 그렇게 해서 대표이사가 되셨고 적어도 이런 책임을 질 수 있게끔 우리도 이제 요구를 해야 된다고 봅니다, 이거는. 하여튼 추가 질의는 이따가 보충질의 시간에 하겠습니다.

중소기업지원센터에 대하여

경기도에 살고 있는 젊은 청년 학생들이 관심을 갖게끔 만들어야 이게 점점 앞으로 미래가 있지 않습니까? 이 학교 학생들도 중요하지만 이 학교도 중요하고, 실질적으로 도에서 다른 학교를 다니더라도 결국은 그 친구들은 거의 경기도에 살고 있지 않습니까?

[조광주 위원] 이번 행정감사 업무보고 자료랑 지난번에 저희한테 7월에 업무보고 자료랑 수치들이, 어떤 목표량 수치들 있지 않습니까? 그 수치들이 안 맞는 게 매우 많아요. 왜 수치가 틀리게 나오죠? 이번 행감장에서 우리한테 자료 준 거랑 지난번 7월 달에 업무보고 할 때 준 자료랑 목표수치가 틀려요.

[경영관리본부장] 목표수치가 틀리면 안 하거든요. 확인을 하겠습니다.

[조광주 위원] 제가 한번 지적해 볼까요? G-TRADE 수출상담회 같은 경우에 지난 7월 달에 준 자료랑 이번에 오늘 여기 저희 테이블에 올라온 자료랑 숫자가 10명이나 틀려요, 보통. 그리고 경기청년지역 같은 경우에는 어느 정도가 틀리냐면 100명이 틀려요. 지난 업무보고 자료랑 이번 업무보고 자료랑 목표액이 바뀌었어요?

[경영관리본부장] 청년…….

[조광주 위원] 청년취업지원 사업. 그때는 목표를 1,510명을 보고했는데 이번에 행감자료 업무보고에는 1,410명이 되어 있어요. 100명이나 목표 수치가 바뀌서 올라오고 이런 현상들이 왜 벌어져요? 똑같은 컴퓨터에 입력되어 있는 것 뽑아 오는 것 아니에요?

그거에 대해서 왜 이런 식으로, 이게 사실 목표 수치가 일정해야 하잖아요.

[경영관리본부장] 확인해서 보고를 드리겠습니다.

[조광주 위원] 그런 것을 주의 깊게 하셔야 하잖아요. 우리가 사실 수치만큼은 목표 수치라든지 이런 게 몇 달 지났다고 해서 뒤바뀌어서 올라오고 그러면 실질적으로 일을 제대로 안 하고 있다고 평가받는 것 아닙니까?

[경영관리본부장] 검토해 보겠습니다.

[조광주 위원] 그런 게 매우 많아요, 지금. 일일이 내가 나열은 안 하는데요. 올라온 것 보면 그런 게 많고, 그리고 이제 저희가 행사들을 하지 않습니까? 중소기업에서도 행사를 하는데 보면 섬유디자인 패션쇼 같은 경우에 행사를 했어요. 그런데 세부적인 건 아직 안 나왔다니까, 하나 내가 지적하고 싶은 게 뭐냐면 여기 보면 유명디자이너도 부르고 그리고 대학생 패션쇼도 같이 하지 않습니까? 그런데 보면 대학교의 전체 예산이 2억이지 않습니까? 2억에서 대학생들에 각 학교에서 5개 교가 참여를 했어요. 5개 교가 참여하면 지금 내용을 보니까 학교당 최대한 200만 원, 그런데 여기 실질적으로 보면 150만 원씩 한 것 같아요. 그래 가지고 5개 학교면 금액이 얼마 안 되지 않습니까. 한 750 정도 되겠죠? 그런데 이 디자인 패션쇼가 유명한 사람을 부르는 것도 좋지만 사실 젊은 청년들에 어떤 기회의 장을 만들어줘야 하잖아요. 그런데 사실은 웬만한 것은 학생들이 자기 작품들을 만들어서 자기 돈을 부담해서 분명히 참여를 할 거예요. 그죠? 그래서 이런 것을 우리가 고민을 해야 해요. 도민을 위해서, 학교가 5개 학교인데 경기도에 있는 대학이죠. 그런데 실질적으로 도민들, 경기도에 살고 있는 학생들 더군다나 이런 계통을 공부한 학생들도 있을 거고. 그죠? 그런 학생들이 이런 데에 관심이 굉장히 많잖아요. 그런데 사실 이렇게 학교를 딱 지정해버리면 그 학생들밖에 관심을 안 갖는 거야. 그러면 사실 우리가 이런 패션쇼를 하는데 경기도에 살고 있는 젊은 청년 학생들이 관심을 갖게끔 만들어야 이게 점점 앞으로 미래가 있지 않습니까? 이 학교 학생들도 중요하지만 이 학교도 중요하고, 실질적으로 도에서 다른 학교를 다니더라도 결국은 그 친구들은 거의 경기도에 살고 있지 않습

니까? 그럼 그런 전공을 하는 학생들이 관심을 가질 수 있는 방향을 제시해 줘야 하거든요. 그게 사실 이런 행사를 통해서 하는 거거든요. 이런 유명 디자이너를 부르면 전부 가고 싶어 할 수 있게끔 만들어 줘야 해요. 그런 참여기회를 열어놔야 돼요, 사실. 그러자면 학생들에 기본적으로 좀 젊은 층이 참여할 수 있는 그걸 만들어 줄려면 거기에 따른 예산을 어느 정도 확보해 줘야 해요, 단순하게 학교 뿐만의 문제가 아니라. 앞으로 우리 미래를 짊어지고 갈 학생들이지 않습니까? 그러면 이 친구들이 관심을 갖게끔 하는 방법이 뭔가를 우리가 생각해야죠. 예산을 집행하더라도 적어도 이런 쪽의 디자인에 관심 있는 학생들은 이런 유명 디자이너가 오면 가고 싶어 하는 욕구가 있어요. 그러면 굳이 여기 한정돼서 치를 게 아니라 열어 갖고 일반 대학에 있는 경기도에 살고 있는 대학생들이 경기도에서도 이런 패션쇼를 하고 있다 알면 웬만한 학생들은, 이쪽에 있는 계통의 학생들은 거의 구경하고 싶어서 옵니다. 내가 보니까 유명 디자이너들이 쭉 있지 않습니까? 이런 것을 우리가 해야 해요, 사실. 왜냐하면 적어도 이 정도 예산을 하면 청년들이 참여할 수 있는 기회보장을 위해서 예산을 적어도 모을 수 있는 예산을 책정해 줘야 하거든요. 그걸 일부로만 해놨잖아요, 일부. 이것은 여기에서 제가 볼 때는 예산을 효율적으로 쓸 수 있는 방법에서 벗어났다고 생각해요. 앞으로 행사를 하더라도 예산을 좀 효율적으로 그런 식으로 치르고요.

그리고 아까 위원님들이, 우리가 외국에 많이 파견 나가 있지 않습니까? 그런 데 각 소장들이 있고. 제가 사실 LA를 한번 가본 적이 있어요. 그런데 거기에 진열이 그릇으로만 전부 진열이, 거의 3분의 2가 그릇으로 쫙 진열이 되어 있더라고. 나도 모르게 화가 나서 내가 화를 냈습니다. 그때 도지사도 옆에 있었어요. 어떻게 무역을 지원하는 센터에서 이런 한 업체의 물건을 3분의 2가량을 전시를 해 놓고 도지사가 오는데도 이렇게 하는 게 이게 뭐 하는 센터냐, 이게 과연 중소기업을 위해서 형식적이냐, 내가 나도 모르게 화를 낸 적이 있습니다. 우리가 이것 중요하거든요. 왜냐하면 각 지점의 해외센터를 만들 때는 경기도에 있는 중소기업들이 골고루 참여할 수 있는 장을 만들어 주는 거거든요. 어느 특정 업체를 홍보해 주기 위해서 존재할 필요가 없어요. 다양한 회사의 제품을 전시를 통해서 정말 거기에서 성장할 수 있도록 길을 열어줘야 되는 거지 않습니까? 물론 하나를 성장시키는 것 중요합니다. 그런데 적어도 우리가 해외에 지점을 둘 때는 취지가 뭡니까, 중소기업도 여기에서 정말 어려운 사람들이 해외시장을 개척하는데 길을 열어주자고 하는 거지 한 업체를 키우기 위해서 하는 것 아니지 않습니까? 그래서 나는 지금 중소기업지원센터 여기 계시는 분들이 점은 정말 명심하세요. 우리가 외국에 나갈 기회가 있고 방문할 기회가 있습니다. 그런데 거기에 센터장이 어느 업체 한 업체의 제품을 갖다가 거의 전시하는 그런 일이 벌어져서는 절대 안 됩니다. 적어도 다양한 제품이 거기에 전시돼 있어야 되고 그래야지 찾아오지 않습니까? 외국인들이, 바이어들이. 그래서 그 점을 명심하시고요. 앞으로 그런 점에서 체크를 하셔야 해요. 정말 다양한 제품이 전시가 되어 있는지 안 되어 있는지를 상시로 체크를 하고 또 거기에서 기업체를 상대할 때 혹시라도 바이어가 왔을 때 어느 업체만 계속 지속해서 그 업체만 보여주기 위한 그런 액션이잖아요, 그게. 한 업체 게 거의 3분의 2가량을 차지하고 있다는 것은. 그런 일이 벌어지지 않아야 되겠고 그걸 여기 계신 분들이 그 부분을 체크해야 됩니다. 그래야지 사실 중소기업 자체가 지원센터를 믿고 따를 수가 있지 않습니까? 그래야지만 여기도 더 성장 발전할 수 있지 않습니까?

판교테크노밸리에 대해서

지금 임대기업들이 요구하는 사항은 임대 비율을 처음에 계획할 때 잡은 대로 하지 못하니까 컨소시엄을 구상해서 들어왔는데, 그러니까 임대 비율을 올려달라는 요구를 하고 있을 것 아니에요, 그렇죠?

[조광주 위원] 행정사무감사를 준비하시느라고 모든 분들 수고 많으십니다. 아까 존경하는 방성환 위원님이 판교테크노밸리 관련해서, 임대 관련해서 질문을 하셨는데요, 제가 행정감사를 들어올 때마다 사실 이게 지적됐던 사항이지 않습니까? 그런데 결국은 아직도 해결을 못하고 있는 것은 사실이잖아요, 그렇죠?

[경영관리본부장] 네, 그렇습니다.

[조광주 위원] 그런데 여기에서 임대 비율이 혹시라도 전환된 데가 있나요? 조금 더, 임대 비율 관련해서 전환해 준 데가.

[경영관리본부장] 위원님 죄송합니다. 실무자자 아니어서 본부장님한테 좀…….

[판교테크노밸리지원본부장] 판교테크노밸리 지원본부장 김춘식입니다.

[조광주 위원] 지금 임대기업들이 요구하는 사항은 임대 비율을 처음에 계획할 때 잡은 대로 하지 못하니까 컨소시엄을 구상해서 들어왔는데, 그러니까 임대 비율을 올려달라는 요구를 하고 있을 것 아니에요, 그렇죠?

[판교테크노밸리지원본부장] 경영이 악화되고 있는 기업들은 지금 임대를 좀 해줄 수 있도록 해 달라는 그런 내용이 계속 건의가 되고 있습니다.

[조광주 위원] 그럼 지금까지 혹시라도 임대 비율을 조금 높여준 데가 있나요, 그런 사례가?

[판교테크노밸리지원본부장] 없습니다.

[조광주 위원] 전혀 없어요?

[판교테크노밸리지원본부장] 네.

[조광주 위원] 경영이 악화해서 그런 부분이 있다고 지금 말씀하시는데 이게 문제가 뭐냐 하면 처음에 이게 다 수의계약이잖아요, 그렇죠? 수의계약으로 들어왔지 않습니까?

[판교테크노밸리지원본부장] 네, 일반……. 그렇습니다.

[조광주 위원] 근데 임대 비율이 지금 문제가 생기고 있는 게 전부 거기잖아요.

[판교테크노밸리지원본부장] 그렇습니다.

[조광주 위원] 그런데 이게 수의계약으로 들어오고 사실 평당가도 보면 엄청나게 싸게 들어왔지 않습니까? 그래서 이렇게 문제가 되고 있는데, 계속 시정사항을 갖다가 행정감사 때마다 지적을 해도 지적이 안 되고, 문제의 핵심은 사실 판교테크노벨리본부장님이 이 문제를 해결할 수 있는 게 아무것도, 제가 볼 때는 없다고 생각해요. 전수조사나 하고 현실적으로 그런 일이고 경기도 집행부에서 이 부분을 어떻게 할 것인가를 결정해야 하는데 그렇지 않습니까?

[판교테크노밸리지원본부장] 그래서 위원님, 그동안은 저희가 실태조사를 하고 그에 따른 시정기간도 부여를 하고 그러고 나서 지금 이제 도의 국장님께서 네 번 입주기업들하고 간담회를 갖고 또 실장님께서도 지난번에 또 회의를 갖고 해서 그에 대한 모든 내용들을 종합해서 곧 조치가 내려질 것으로 알고 있습니다.

[조광주 위원] 그러니까 이게 처음부터 그 어떤 사업계획서를 받고 그런 규칙이 정해졌으면 그 부분을 정확하게 접근했으면 사실 분양을 받고 그 분양사업대로 이행을 안 했을 경우에 어떻게 하겠다는 그런 단서조항이 없었기 때문에 이런 일이 벌어진 거잖아요.

[판교테크노밸리지원본부장] 그렇습니다.

[조광주 위원] 그리고 실질적으로, 지금 법적으로 보면 어떻게 제재할 수 있는 게 아무것도 없다고 나오는 게 현실이잖아요, 그렇죠? 지금 이 부분은 내가 볼 때 위원님들도, 지금 사업단장님이 할 수 있는 역할은, 사업본부장님이 할 수 있는 역할은 전수조사라든지 관리라든지 이런 부분이지 실질적으로 이 문제를 해결할 수 있는 권한이 아무것도 없어요, 사실. 그러니까 지금 여기 본부장님한테 질의하는 게 사실 제가 볼 때는 무의미하다는 생각이 들어요. 들어가시고요, 이제 과학기술진흥원장님도 새로 오셨으니까 이 부분을 갖다가 협의를 하셔야 할 거예요. 이게 워낙 첨예한 부분이고 워낙 거기 가격이 현실적으로 굉장히 올라가 있잖아요, 최소한. 그러다 보니까 컨소시엄을 구성해서 들어왔는데 실질적으로 냉정하게 따지면 싸게 땅 싸서 건물 짓고 임대주면 자기 돈 별로 안 들어가고, 그런 일이 벌어진 거잖아요. 그런데 경기도에서는 처음에 이러한 목적대로 사업을 하라고 했는데 결국은 안 한 거잖아요.

안 지키면 그 안 지킨 부분에 대해서 어떤 예외조항을 둬서 안 지켰을 경우 경기도에서 어떻게 조치를 취하겠다 이런 조치사항을 했더라면 이 문제가 법적으로 조치 들어가면 끝나는 문제였는데 그걸 안 하고 지금 아무것도 할 수 없다고 하면 지금이라도 앞으로 할 수 있는 일이 뭔가를 갖다가 빨리 해야 하는데 2년 동안 맨날 하겠다, 하겠다고 하면서 시간만 끄는 일이 벌어지고 입주자들이 요구하는 것은 뻔한 것 아닙니까, 임대 비율 높여달라는 거지 않습니까? 그러면 처음에 계약할 때 싸게 땅을 분양해 주면서 비율 높여 달라고 그러면 원래 계약조건이랑 틀리지 않습니까? 그럼 원래 조건이 뭐예요? 싸게 주는 조건이 임대 비율을 정해 놓은 게 싸게 주는 조건이었지 않습니까? 기업 고유의 목적대로 사용하라고. 그런데 그 부분이 지금 다 빗나가고 있고요. 그래서 이 부분은 사실 과학기술진흥원, 내가 볼 때는 개인의 문제가 아니고 사실 경기도랑 집행부랑 확실하게 이 부분은 조율해서 해결해야 할 문제지, 여기서 우리가 이야기한들 무슨 소용이 있겠어요.

[경영관리본부장] 도하고 긴밀히 협의를 해서 조속한 시일 내에 보고 올리도록 그렇게 하겠습니다.

[조광주 위원] 네, 그렇게 하고요. 존경하는 김보라 위원님이 사회적 경제부분에서 지적을 하셨는데 저희가 작년에도 행정감사에서 분명히 지적을 했어요. 대기업이 있고 중소기업이 있고 그러면 적어도 우리나라가 산업발전을 위해서 상생할 수 있는 부분을 찾아야 되고 특히 사회적 가치를 실현하는 사회적 경제 부분에 있어서는 우리 공기관이 말로만, 구호만 외칠 게 아니라 솔선수범해서 기본적인 부분을 해결할 수 있는 방안을 하자고 했거든요. 그런데 다른 데는 다 그 부분을 그래도 지키려고 나름대로 노력한 흔적이 있어요. 그런데 경기과학기술진흥원은 작년 행정감사에 지적 사항을 하나도 실천 안 했다는 게 여기서 나타나고 있잖아요, 실질적으로. 물품구매라든지 이런 부분에 있어서. 이게 뭐냐 하면 사회적 경제관련 부분에 대해서 지금 정부에서 누구나 그 부분을 외치고 있는데 거기에 대한 고민이 없었다는 거예요. 앞으로는, 지금 왜 이 부분이 나왔느냐 하면 지금 일반적인 중소기업들이 성장해 나가는 데 있어서 사실 너무 많은 제약이 있잖아요. 마케팅을 할 수 있습니까, 그렇다고 해서 대기업처럼 자기 제품을 홍보할 수 있는 어떤 언론이라든지 이런 부분이랑 나름대로 관계가 있나. 그러면 이런 전문 공공기관에서 적어도 입으로만, 계속 말로는 중소기업을 육성해야 된다고 하면서 실질적으로 내부로 들어가면 그런 부분에서 할 수 있는 부분을 찾아줘야 되는 거잖아요. 정부에서도, 특히 현 대통령도 경제민주화 이런 말을 하면서 사회적 경제영역이 얼마나 중요해요, 이게. 그러면 적어도 공공기관에서 작지만 할 수 있는 부분은 실천하면 되는데 그 부분을 안 지키고 있잖아요. 행정감사에서 지적됐으면 그 부분에 대한 고민을 한 흔적이 있어야 되는데 고민한 흔적이 지금 전혀 없잖아요, 제가 보니까.

[경영관리본부장] 어쨌든 죄송합니다. 행정감사에 지적받았음에도 불구하고 다각적인 노력을 기울이지 못한 데에 대해서는 위원님께 죄송하다는 말씀을 올립니다. 다만 아까 김보라 위원님께서 말씀하신 대로 더 선두로 가고 있는 중기센터라든지 다른 데 벤치마킹과 아울러서 저희들이 어떤 품목이 다, 우리가 구입하는 예산 중에서 어떤 품목에서 더 할 수 있는지를 꼼꼼히 살펴보고 앞으로 적극적으로 하도록 노력을 해나가겠습니다.

[조광주 위원] 요즘에 융합적 사고, 융합적 사고 하지 않습니까? 이제 과학자들도 마찬가지로 융합적 사고로 지금 가고 있지 않습니까? 그냥 연구만 해서는 되는 세상이 아니고. 사실 거기에 비즈니스까지 결합해서 가야 되는 게 지금 현실이 됐고 그러면 적어도 이런 부분에서 우리가 그런 융합적 사고에서 접근하는 거잖아요.

[경영관리본부장] 네, 그렇습니다.

[조광주 위원] 특히 사회적 경제영역은 굉장히 취약하고요 그분들이 가치실현을 하는 것은 우리가 생각하는 이익의 문제가 아니라 정말 이 사회가 한 부분에서 소외된 사람들이 자리 잡을 수 있는 역할 분담을 하는 거예요. 사실 공공기관에서 해야 할 부분을, 사회적 경제영역은 공공 부분에서 정확하게 해줬어야 돼요. 그런데 사실 주도는 공공기관이 됐지만 실질적으로 내용에서는 공공기관에서 실천을 안 하면 무슨 의미가 있어요. 적어도 우리가 그분들이 하는, 대기업이 침범 안 해도 되는 영역들이 많지 않습니까, 공공기관에서 해줄 수 있는 부분이? 그런데 지금 보면 기본적인 건물관리, 청소 용역 이런 걸 보면 거의 시스템이 어때요? 용역이 뭐예요? 내용을 들어가 보면 결국 오더 딴 기업이 소장 하나 내세우고, 거기 시스템 밑에 있는 사람들은 다 누구예요? 회사는 소장이 알아서 관리하게끔만 하고 위에서 자기는 퍼센티지만 가지고 가면 끝이잖아요. 고용승계 하라니까 그 부분으로 갈 수밖에 없는 거잖아요.

[경영관리본부장] 네, 위원님 말씀하신 대로 명심하겠습니다.

[조광주 위원] 그래서 앞으로는 우리가 계속 위원님들이, 저뿐만 아니라 계속 중소기업이 할 수 있는 영역은 중소기업한테 정말, 실질적인 중소기업…….

[경영관리본부장] 네, 알겠습니다.

[조광주 위원] 용역은 거의 인건비기 때문에 매출이 300억 이상 올라가는 데는 중소기업이라고 볼 수 없어요, 용역은. 적어도 용역 정도는 매출 대비해 볼 때 정말 얼마든지 할 수 있잖아요, 그거. 위탁이면 단순관리고 그리고 보증 서는 보험문제라든지 보증금일 것 아닙니까? 그럼 그런 부분을 중소기업이 못하면 여기 경기신용보증재단이라든지 경기도에서 운영하는 그런 시스템을 이용할 수 있게끔 연결시켜 주면 얼마든지 작은 기업들도 성장할 수 있는 발판을 만들어 주는데 그런 부분을 신경을 써야지요, 이제는. 그런 부분에서 꼭 신경 써 주시기 바랍니다.

[조광주 위원] 조광주 위원입니다. 판교 관련해서는 지난번에 저희가 계속 임대 관련 부분이 이제 지적이 되고 있지 않습니까? 그런데 공공지원센터에 보니까, 원래 임대를 예상하고 지은 건가요?

[경영관리본부장] 공공지원센터 지을 때 아마 임대를 예상도 했고 저희들이 일부 사용하는 것으로 해서 아마 지은 걸로 알고 있습니다.

[조광주 위원] 그러면 지금 판교 관련해서 임대료 어느 정도 받고 있는 파악은 하셨죠?

[경영관리본부장] 네, 그렇습니다.

[조광주 위원] 그런데 지금 공공지원센터 임대료 현황 보면서 어떻다고 생각하세요?

[경영관리본부장] 불합리한 부분도 있긴 있습니다.

[조광주 위원] 평당 얼마씩인지는 아시죠? 계약을 하셨으니까. 3만 원대죠, 3만 원대.

[경영관리본부장] 그렇습니다.

[조광주 위원] 평당 3만 원대예요. 판교에 평당 3만 원대 임대가 있어요?

[경영관리본부장] 없는 걸로 알고 있습니다.

[조광주 위원] 그렇게 지적을 받고 문제가 지적 되는데도 평당 3만 원에 계약을 해 놓고, 3만 원대에. 그러면 우리 위원들이 문제에 대해서 지적하는 거는 뭐예요, 도대체? 그것도 계약기간을 5년씩 해놨어요. 아니 일반, 혜택을 지금 5년씩 하는 거 있어요, 계약을?

[경영관리본부장] 대부분 5년은 없습니다.

[조광주 위원] 일반 조그맣게 그냥 사업하시는 분도, 임대 사업하시는 분도 그런 거 따져요. 더군다나 경기도라는 데에서 계속 문제가 생기고 있는 곳에서 임대료 부분을 그런 식으로 책정해서 5년씩 계약하는 게 어딨어요! 상식적으로. 예를 들어서 경기도 관련 사업을 하는 콘텐츠진흥원이라든지 이런 기술 관련해서 어떤 협약을 맺어서 끌고 가는데 들은 그거야 혜택을 줘야죠, 그 사업을 키워야 되니까. 그런데 적어도 이 법률사무실 같은 경우에는, 거기 같은 경우는 서로 들어가려고 하는 자리 아니에요? 그런 자리는 서로 들어가려는 자리 아닙니까!

[경영관리본부장] 네, 맞습니다.

[조광주 위원] 거의 판교 전체적인 단지를 볼 때 공공지원센터 내에 그런 법률사무소가 들어가면 많은 일을 할 수 있는 게 사실이잖아요. 그런데 이거 계약을 누가 체결하는 거예요, 도대체?

[경영관리본부장] 위원님, 죄송합니다. 제가 자꾸 위원님 질문이 너무 세부적으로 가셔서 판교지원본부장으로 하여금 답변드리도록 하겠습니다.

[조광주 위원] 네, 말씀해 보세요.

[판교테크노밸리지원본부장] 판교테크노밸리 지원본부장 김춘식입니다. 저희가 이제 임대기간을 5년 이상으로 하는 거는 외투기업 또는 국책연구기관 이런 쪽은 대다수가 규정에 따라 가지고 5년씩으로 1차하고 또 연장이 필요할 경우는 저희가 전반적으로 분석을 해서 연장을 하고 있습니다.

[조광주 위원] 지금 그 이야기 묻는 거 아니고요, 시간이 없어요. 공공지원센터에서 임대해서 들어간 현황을 보니까 평당 3만 원대 초에 계약들을 했잖아요. 그런데 판교테크노밸리가, 거기 공공지원센터가 어디에 있어요, 바로 판교역 앞에 있죠?

[경영관리본부장] 그렇습니다.

[조광주 위원] 그리고 법률사무소라든지 이런 대들은 최고의 노른자위 땅에 들어가 있는 것 아닙니까? 그런데 임대료를 갖다가, 이런 거를 어떻게 체결하신 거냐고요.

[판교테크노밸리지원본부장] 지금 현재 저희가 받고 있는 임대료는 연 5% 받고 있는데요, 일반하고 저희하고는 차이가 별반 없습니다.

[조광주 위원] 지금 계산을 해서 3만 원대라고 말씀하시는데 왜 그런 말을 하세요. 그거는…….

[판교테크노밸리지원본부장] 그거는 감면을 적용했을 경우에, 만약에 국책연구기관이 임대를 하겠다…….

[조광주 위원] 지금 여기 들어가 있는 게 공공지원센터 내 법률사무실에 대한 부분을 이야기하고 있는데 왜 딴 이야기를 하세요. 여기가 국책기관이에요?

[판교테크노밸리지원본부장] 저희가……

[조광주 위원] 됐어요. 업무파악이 안 된, 적어도 경기도가 어떤 경기도 산업을 발전시키고 일을 발전시키는 데 필요한 부분에 대해서는 지원이 필요하죠, 당연히. 임대를 싸게 해주던 아니면 무상으로도 줄 수 있는 거고. 그런데 공공성이 담보되지 않는 부분에서는 적어도 객관적으로 평가해 봐도 100%는 똑같이 못 맞추더라도 어느 정도 근사치는 가야죠. 그건 당연한 것 아니에요?

[판교테크노밸리지원본부장] 위원님, 저희가 공공지원센터든 글로벌R&D센터 등 지금 현재 민간 쪽에서 임대를 하게 되는 경우는 최소한도로 90% 이상……

[조광주 위원] 지금 이거 3만 원대 해 놓고서는 90% 이상 하셨다는 거예요, 평당? 지금 거기 임대 평당 얼마로 될 것 같아요, 지금 판교 쪽이, 판교역 앞이.

[판교테크노밸리지원본부장] 여기는 건물마다 위치가 좀 좋은 위치에 있는 데는 4만 원도 받고 또 3만 8,000원도 받고 이렇게 하고 있습니다. 저희도 그렇게 해 가지고 금년도부터 인상률을……

[조광주 위원] 5년을 계약해 놓으셨어요, 5년.

[판교테크노밸리지원본부장] 그건 2012년도에 임대요율이 5%인데 그중에서 감면을 하다 보니까 그렇게 된 부분이 있고 그렇습니다.

[조광주 위원] 지금 2014년 5월 20일, 6월 달, 7월 달 올해 다 한 거예요, 최근에. 그러면 거기 임대료가 최근이 3만 원대가 어디 있어요, 상식적으로. 그거는 성남에 있는

그런 일반 임대하는 데도 그 이상 달래요. 그런데 이게 무슨 기준으로 이런 식으로 계약을 하냐고요. 좀 조사라도 하고 적어도 서로 그런 자리, 노른자위 같은 경우에는 도에서 적어도 가이드라인을 어느 정도 잡아 가지고 해야지 그런 것도 벗어나고, 하여튼 알았습니다. 이거는 근데 계약은 누가 주최가 돼서 하는 거예요?

[판교테크노밸리지원본부장] 저희가 이제 임대를, 공실이 발생하게 되면 임대하는 방안에 대해서는 도의 지침을 받아서 하게 됩니다.

[조광주 위원] 그러니까 서로 실사파악 안 하고 지금 가장 큰 문제가 뭐냐 하면 현장에 있는 사람들은 현장실사를 통해서 정확히 보고를 해줘야 되고 도 집행부 쪽은 그 보고를 잘하고 있나, 안 하나 나름대로 실사를 해서 파악해야 되고, 감사가 되든. 도의원들이 이것까지 일일이 이렇게 행감장에서 지적을 해야 해요? 거기 그리고 숙박시설 관련해서는 어떻게 되어 있어요? 요즘에 이제 숙박시설이 문제가 될 것 아닙니까? 판교가 점점 커지고 있으니까.

[판교테크노밸리지원본부장] 이제 노상……. 주차장이 6개가 있지 않습니까?

[조광주 위원] 아니, 숙박시설. 숙박시설요. 주차장이 아니라 숙박, 잠자는 데.

[판교테크노밸리지원본부장] 그러니까 주차장용지에, 거기도 이제 오피스텔이 들어오게 되는데요, 5개소가 준공이 되게 되면 270실이 조만간 이제…….

[조광주 위원] 지금 호텔이 있잖아요, 그 안에. 판교 안에 호텔이 있잖아요.

[판교테크노밸리지원본부장] 네, 호텔이 있습니다.

[조광주 위원] 그거는 어떻게 호텔이 조성된 거예요?

[판교테크노밸리지원본부장] 그 호텔은 저희 쪽하고는 벗어난 곳입니다. 저희 외 지역입니다.

[조광주 위원] 외 지역인가요? 거기 바로 옆인가, 바로 옆이라서?

[판교테크노밸리지원본부장] 운중천 건너서 이제 백현동 쪽에 있는데요, 그 부분은 이제 판교테크노밸리 구역을 벗어난 지역입니다.

[조광주 위원] 내가 볼 때는 거기 앞으로 제2판교테크노밸리가 생기면 숙박문제가, 왜냐하면 외부에서 많이 들어오지 않습니까? 그러면 이 숙박 문제가 가장 심각하게 대두되겠어요, 보니까. 그렇죠? 그 문제를 사실 앞으로 고민해야 할 거예요.

[판교테크노밸리지원본부장] 그렇습니다. 그 부분은 이제 도에서도 지금 현재 판교가 처하고 있는 여러 가지 미비점에 대해서 보완하는 측면에서 제2판교를 지금 구상을 하고 있습니다.

[조광주 위원] 제가 시간이 없어서, 지금 얘기를 하면 너무 시간이 갈 것 같아서 다시 또 얘기를 할게요. 다시 하겠습니다.

[조광주 위원] 조광주 위원입니다. 교육사업 관련해서요, 제가 자료 요청한 게 사실 제대로 준비가 안 됐는데 그냥 간단하게 물어보겠습니다. 우리가 교육사업 관련해서 국비가 지원되는 사업도 있고, 그죠? 그리고 도비가 전적으로 하는 사업도 있고 그런데, 국비만 예를 들어서 도비가 지원 안 되고 사업을 하고 있는데 어디에서 계획을 잡는 거예요, 계획은? 교육사업 관련해서.

[경영관리본부장] 주관 기관은 중앙부처가 되겠습니다.

[조광주 위원] 중앙부처에서 교육사업을 잡고 여기에서는 그럼 어떤⋯⋯.

[경영관리본부장] 여기서…….

[조광주 위원] 교육만 위탁받아서 하는 거예요?

[경영관리본부장] 그렇습니다.

[조광주 위원] 그럼 그 위탁을 따오시는 거예요? 여기선…….

[경영관리본부장] 그렇습니다.

[조광주 위원] 위탁만 따오는 거예요. 제가 왜 이걸 묻냐 하면 어차피 교육사업도 필요한 사업들을 해야 하잖아요. 그 지역적인 실정에 맞는 사업이라든지. 그래서 그런 전수조사가 나는 필요하다고 봐요. 업체들이 어떠한 교육이 필요한가를 사실은 전수조사도 필요하다 보니까 업체들이 요구하는 부분을 그런 교육사업을 도비가 안 되면 국비라도 따와야 되는 거잖아요. 그래서 그 역할을 해야 하잖아요. 그래서 내가 질문을 드린 거고요. 그리고 임대 관련해서도 사실 계속 이게 문제가 되고 있잖아요. 근데 이게 뭐냐 하면 피드백의 문제예요. 현장에서 일하는 사람이랑 행정을 보는 사람이랑 서로 피드백이 안 되니까 이런 일이 벌어져요. 임대료 관련해서도 실질적으로 조례에 5% 이상으로 정해놓다 보니까 사실 입찰 부분이 홍보가 잘 되면 노른자 땅들 서로 들어오려고 하잖아요. 근데 그런 거에 대한 부분을 서로 안 한 거잖아요, 역할 분담을. 그렇죠?

[경영관리본부장] 네.

[조광주 위원] 그리고 가격조사가 얼마나 중요해요. 여기 기술과장님, 듣기만 하세요. 기술과장님들이 여기 와서 보통 1년에서 2년 있다 딴 부서로 가버려요. 인수인계가 제대로 안 되는 일이 막 벌어지는 거야, 실질적으로 내용상으로 보면요. 그럼 현장에 있는 사람들이 그 내용을 분명히 전달해야 해요. 그리고 사실 간단하잖아요. 그 주

변에 임대 부동산 시스템 있지 않습니까? 아니면 그냥 앉아서도 시스템을 쳐다보면 그 부근에 임대요율이 어떻게 형성이 되는가 파악할 수 있는 거잖아요, 네?

[경영관리본부장] 네.

[조광주 위원] 그럼 그 기준을 잡아서 정말 공공성이 있어서 필요한 부분은 무상으로도 당연히 줘야죠. 근데 그렇지 않고 사익적인 부분, 충분히 거기에는 이익이 발생할 수밖에 없는 조건이라고 하면 그건 간단하게 나오잖아요, 몇 군데만 터치해 보면 나오잖아요. 그런 경우에는 입찰이라는 게 참, 입찰을 언제 어떻게 하는지 알게 뭡니까? 어디다 홍보를 하는지 그걸 일일이 들여다봐요? 그거 한번 홍보해 봤어요? 가격 올리려고? 나는 공공기관에서 그런 노력이 필요하다고 봐요. 전수조사해서, 왜냐하면 그게 계획이 잡혀있던 거잖아요. 임대를 하겠다고 하면 계획이 잡히지 않습니까?

[경영관리본부장] 네.

[조광주 위원] 적어도 그 계획이 잡히기 전에, 1년 전에 적어도 그런 부분에 대해서 고민해야 한다는 거예요. 왜냐하면 이게 다 도민의 혈세고 우리가 실질적으로 100%는 못 받더라도 근사치의 가격을 받을 수 있는 부분이 얼마든지 존재하잖아요.

[경영관리본부장] 네.

[조광주 위원] 사실 그런 자리들은, 특히 법률사무소 같은 데들은 그런 자리는 서로 들어오려고 할 거예요. 특허법률 같은 경우에 그런 판교산업단지 거기밖에 없는데 공공지원센터 하나에 그게 다 들어가 있는데 사실 그 유사한 법률사무소가 얼마나 많겠어요. 그런데 공문 발송 한번 안 해봤잖아요, 그렇죠?

[경영관리본부장] 네.

[조광주 위원] 메일링이라도 한번 해보면 문제가 달라질 거라는 생각이 들어요. 그래서 우리가 대책을 그런 식으로 만들어야지 자꾸, 그래서 현장에서 일하는 사람들이 중요한 거예요. 보고를 할 때 그런 부분에 대해서 정말 조사해서 집행부에 이러이러한 부분을 이렇게 했다고 보고를 해주면 집행부에서 받아들일 때, 집행부도 마찬가지예요. 이게 들어오면 피드백을 통해서 지역 실정을 한번 체크해 봐야 한다고요. 그래야지만 이게 객관적으로 보더라도 이게 도민들이 보더라도 인정할 수 있는 부분이잖아요. 그런 거를 앞으로 하셔야 됩니다.

[경영관리본부장] 네, 알겠습니다. 위원님 말씀대로 해서 도하고 협의해서 좋은 방안을 마련하도록 노력하겠습니다.

[조광주 위원] 네, 앞으로 그런 부분에서 좀 고민하시고 그리고 또 처음에 틀만 만들어 놓으면 쉽잖아요. 일이라는 게 한번 만들기가 어려운 거지 만들어 놓으면 그 시스템은 사실 큰 어려운 시스템 아니야, 내가 볼 때 그 정도는. 그것은 요즘에 인터넷이 얼마나 발달해 있어요. 거기 들어가도 다 나오는데, 그 구조를. 그런 거 활용하시면 되는 일은 사실 집행부 쪽에 있는 공무원들도 그거 할 생각하시고 그냥 위에서 올라오는 것만 받고서 파악하려 하지 말고. 그런 부분이 서로 미흡하다 보니까 이런 일이 발생하니까 그리고 계약기간도 5년씩 해놔 버렸으니 지금, 이 금액에 5년을 그냥 끌고 가야 하잖아요. 어찌 됐든 많은 부분에서 손해를 보고 있는 거잖아요. 공공성에서 나는 얼마든지 필요하다고 봐요. 근데 개인 간에 있어서는 그래도 어느 정도 근사치까지 갈 수 있는 게 우리가 해야 할 일이라고 봐요.

[경영관리본부장] 네, 알겠습니다.

뷰티박람회에 대하여

워낙 이쪽 업종이 영세업이 많이 집중돼 있다 보니까 이런 업종을 사실 좀 뭉쳐서, 요즘에는 우리가 사실 사회적경제라든지 사회적 약자에 대한 부분을 계속 여야가 주장하고 있고 특히 공공성을 띠고 있는 데서도 그 부분이 심도 있게 지금 계속 이야기가 나오고 있지 않습니까.

[조광주 위원] 행정사무감사를 준비하느라고 경제실장님을 비롯한 직원 여러분! 수고 많으셨습니다. 제가 지난번에 뷰티박람회를 가서 사실 보면서 느낀 게 있는데요. 이번이랑 작년이랑 매출 대비라든지 규모라든지 이런 걸 비교해 볼 때 차이점이 있지 않습니까. 그 차이점에 대해서 느낀 걸 있는 대로 한번 말씀해 주십시오.

[경제실장] 위원님께서 지난번에 박람회에 와주셔서 고맙습니다. 뷰티박람회는 사실 뷰티라는 이름으로 우리나라에서 하고 있는 데가 몇 군데 있습니다. 경기도만의 박람회는 아니고요. 다만 차별성이 있습니다. 작년하고 비교해봤을 때 첫째로 먼저 상담액이 굉장히 늘었습니다. 상담액이 우리 한화로 따지면 작년에는 667억 원 정도 규모의 상담을 했는데 올해는 1,754억 원입니다. 1,754억 원의 상담을 했고요. 또 계약도 지난해에는 142억 원 정도 했는데 올해는 지금 추진하고 있는 게 513억 원입니다. 이래서 상담 대비 계약률이 지난해에 비해서 약 9% 정도 상승되었습니다.

[조광주 위원] 성과는 작년 대비해 볼 때 굉장히 올라갔잖아요. 그게 이제 사실 연속적인 활동 속에서 올라간 거라고 보거든요. 왜냐하면 뷰티박람회를 작년에 예산 잡은 금액이랑 올해 현저한 차이에도 불구하고 올라가는 건 지금 발전산업이기 때문에, 성장산업에 들어가는 궤도이기 때문에 매출도 올라갈 수밖에 없는 구조거든요. 동남아시아라든지 특히 아시아권을 잘 보면 젊은 층이 많이 살고 있지 않습니까. 우리나라나 일본은 고령화로 들어가고 있지만 그런 쪽은 젊은 층이 거의 주도적인 사람들이기 때문에 앞으로 이 뷰티산업이 결국은 수출물량에서는 계속 늘어날 수밖에 없는 게 현실적인 부분이거든요. 그래서 제가 뷰티박람회를 방문하고서 아쉬웠던 것

은 대기업들이 참여를 안 했지 않습니까?

[경제실장] 네, 그건 사실입니다.

[조광주 위원] 참여를 안 한 특별한 이유가 있나요? 경투실에서 나름대로 조사를 한 것도 있을 것 아닙니까?

[경제실장] 저희들이 여러 모로 노력을 했습니다만 아무래도 박람회 성격이 주로 중소기업들이라든가 이런 데 위주로 많이 하다 보니까 대기업의 참여가 적지 않았나 이렇게 판단됩니다.

[조광주 위원] 지금 저희가 대기업 관련해서 R&D 예산이라든지 이런 부분에 지원하는 게 어느 정도 있습니까? 대충 대기업들이 자기네가 필요한 거는 사실 요청을 하지 않습니까?

[경제실장] 네.

[조광주 위원] 전에는 거기도 성장하는 과정 속에서는 공공기관을 굉장히 활용하고 성장을 했지 않습니까. 지금도 활용을 하지만 예를 들어서 도뿐만이 아니라 정부, 국가 같은 경우에 중앙정부 예산을 활용한 이런 나름대로 자기네들 유리한 부분을 계속 따내고 있죠. 그러면 적어도 이 매출을 증가시키고 정말 대외적으로 더 알리기 위해서는 사실 상징성으로도 대기업들이 좀 들어와 줘야 하거든요. 그래야 바이어들이 더 들어올 수밖에 없는 거고.

[경제실장] 네, 좋은 지적이십니다.

[조광주 위원] 그러면 그런 점에서 이들을 어떻게 들어오게 할 것인가 고민을 좀 해야 된다고 보거든요. 그런데 그런 고민을 좀 해보신 적이 있나요?

[경제실장] 저희들이 이번 뷰티박람회를 연초에 기획을 하면서 관련 업계들하고 또 단체하고 회의를 여러 번 했습니다. 하면서 좀 더 규모도, 일단 규모하고 내실을 키우기 위해서 노력을 했습니다만, 그리고 저희들이 직접 우리 경기도에 있는 큰 기업 중에 하나가 바로 아모레퍼시픽이고 또 담당자들이 직접, 가서 좀 참여해 달라고 권유도 했습니다만 여러 가지 내부사정으로 인해서 어렵다는 그런 통보를 받았습니다.

[조광주 위원] 이게 어떻게 보면 우리가 대기업의 사회적 책임 부분에서 사실 자기네들이 성장하는 데까지는 많은 도움을 받았는데 그 도움 받은 부분을 이제 스스로 할 수 있다. 과거를 무시하는 거죠. 이런 부분에서는 공공기관에서 얼마든지 제재를 가할 수 있는 부분이 있다고 보거든요. 나는 그게 필요하다고 봅니다. 대기업이 어찌됐든 동반성장 하는데는 역할을 해야 하는 거 아닙니까. 또 우리 공공기관에서 그런 부분을 또 강조하고 있는 거고. 그러면 그런 부분에서 정말 고민을 해서 중소기업들이 더불어 살아갈 수 있도록 그런 제도적인 장치를 만들어 내야 하거든요. 나는 그래서 이번에 뷰티박람회를 가서 보면서 매출이 올라간 것은 사실이지만 실질적으로 그것은 지금 화장품 업계의 성장동력 때문에 올라간 것이지 사실 작년 대비할 때 굉장한 노력에 의해서 올라간 것은 아니고 기본적인 노력한 것은 사실이지만 앞으로는 올라갈 수밖에는 없습니다. 해외 바이어들이 한류바람 타고 사실 한국 화장품 쪽에 계속 관심을 가질 수밖에 없는 환경이기 때문에 그 환경을 최대한 활용할 수 있는 부분을 우리가 강구해야 된다고 보거든요. 그래서 그런 점에서 고민 좀 많이 하시고, 또 뷰티박람회가 내년부터는 킨텍스에서 주도적으로 한다고 들었습니다.

[경제실장] 네.

[조광주 위원] 특별한 이유는 있나요?

[경제실장] 그런데 사실 뷰티박람회는 올해부터 킨텍스에서 주도해서 하게 됩니다. 올해부터 하고 있습니다.

[조광주 위원] 올해부터 주도한 건가요?

[경제실장] 네. 작년에는 위원님 알다시피 예산이 15억 5,000만 원이었는데 올해는 도에서 3억 정도를 지원했습니다. 그러니까 액수가 상당히 많이 줄어들었음에도 불구하고, 물론 이런 환경 자체가 많이 참가하는 분위기도 있었지만 직원들이 열심히 했다는 것도 부인할 수는 없습니다. 다만 이제 위원님께서 말씀하신 게 충분히 일리가 있는 말씀이기 때문에, 저희들이 조금 이따가 박람회에 대한 성과를 재검토하는 시간이 따로 있습니다. 그때 이런 말씀하신 사항들을 총 모아서 내년부터는 이렇게 대기업들이 사회적 책임을 다할 수 있도록 하는 방안 그리고 또 이것으로 인해 경기도만의 행사가 아니라 대한민국을 대표하는 뷰티박람회로 육성하는 방안 등 다각도로 검토해서 그때 위원님들 얘기도 듣고 해서 발전시켜 나가겠습니다.

[조광주 위원] 매년 중요한 게 사실은 박람회에 참가하는 기업들이 들어오는 기업이 있고 안 들어오는 기업이 있습니다. 그게 뭐냐 하면 매출이 자기네들이 생각해 볼 때 여기 들어와 봤자 이득이 안 된다 그러면 안 들어옵니다. 그러면 그런 문제점을 사실 전수조사를 해 가지고라도 여기서 그 문제점을 알고 있어야 하거든요. 그래야 대책을 강구하고 더욱더 뷰티박람회가 눈부시게 성장할 수 있는 동력이 생기는 거거든요.

[경제실장] 그렇습니다.

[조광주 위원] 그래서 그러한 부분에서 해본 적이 있는지 모르겠어요, 지금.

[경제실장] 사실 뷰티 관련된 기관이 엄청 많습니다. 위원님도 잘 아실 겁니다. 그리고 또 이해가 서로 다릅니다. 그래서 사실 저희가 이해를 조정하는 데 굉장히 애를 먹고 있는데 이번에 위원님 말씀을 저희들이 유념해서 그런 갈등 조정이라든가 또 힘을 모으는 작업들에 대해서 올해 하반기와 내년 상반기에 집중적으로 해나가겠습니다.

[조광주 위원] 워낙 이쪽 업종이 영세업이 많이 집중돼 있다 보니까 이런 업종을 사실 좀 뭉쳐서, 요즘에는 우리가 사실 사회적경제라든지 사회적 약자에 대한 부분을 계속 여야가 주장하고 있고 특히 공공성을 띠고 있는 데서도 그 부분이 심도 있게 지금 계속 이야기가 나오고 있지 않습니까. 그리고 해야 된다고. 그럼 현실적으로 할 수 있는 일을 만들어줘야 하거든요. 그들이 고유의 특성을 살리고 그리고 서로 결합해서, 그거야 협동조합 형태가 됐든 다양한 형태를 통해서 정말 매출을 증대시키고 거기에 종사하는 사람들이 일자리에 대한 불안감을 안 느낄 수 있게끔 그런 장을 우리 도가 앞장서서 해줘야 된다고 보거든요.

[경제실장] 네, 좋은 말씀 고맙습니다. 유념하겠습니다.

[조광주 위원] 수고 많이 하셨습니다.

[조광주 위원] 조광주 위원입니다. 수고 많으십니다. 지금 산업단지와 관련해서요. 신규 산업단지가 조성이 되고서는 분양이 저조하다든지 이런 데들이 있지 않습니까? 그런 부분의 실태조사는 했겠죠?

[경제실장] 네, 해서 정기적으로 검토하고 있습니다.

[조광주 위원] 그런데 거기에서 나타나는 분양이 저조한 이유가 뭐라고 보세요? 대표적인 게.

[경제실장] 저희가 대표적인 예를 들고 있는 것이 연천의 백학산업단지하고 양주의 홍죽산업단지를 대표적인 예로 듭니다. 그런 데가 아무래도 교통이 불편하고 멀리 떨어져 있어서 접근하는 데 어려움이 있지 않나 이런 생각을 해보게 됩니다.

[조광주 위원] 교통인프라가 산업단지가 활성화되는 데는 가장 중요한 첫 번째 항목이라고 봐야죠. 그렇죠?

[경제실장] 아무래도 사람들이 접근하려면 교통이 핵심이 아닌가 생각됩니다.

[조광주 위원] 그리고 사실 요즘에 판교테크노밸리 위치가 좋다 보니까, 그렇죠? 인프라가 좋다 보니까 거기에 들어갈 수 있는 업종이라든지 이런 부분에서 수요가 몰리고 있는 거죠. 그래서 사실 기업을 하시는 분들은 일단, 지금은 점점 우리나라가 성장하면서 물류 부분이 가장 중요한 부분을 차지하고 있는 게 현실로 다가왔어요. 물류대란의 문제를 어떻게 해결할 것인가. 수도권규제라든지 이런 부분에서 과연 계속 이렇게 규제만 갈 것인가, 아니면 글로벌시대에 거기에 걸맞게 규제를 풀어서 방법을 해나갈 것인가 이런 게 수많은 과제라고 생각합니다. 저는 지금 우리 경기도에서 신규 산업단지를 조성하는 것도 중요하다고 생각하지만 실질적으로, 새로운 패러다임 만드는 건 물론 중요합니다. 그렇지만 기존 산업단지 관련해서 이제는 산업이 성장해 가면서 그러면 거기에서 새로운 변화에 발맞춰서 같이 성장해 가야 하거든요. 그러한 부분에서 사실 고민들을 해야 할 때가 아닌가 생각합니다. 이 점에 대해서 어떻게 생각합니까?

[경제실장] 네, 위원님 말씀이 맞습니다. 그러니까 새로 만드는 것도 중요하지만 기존에 경기도가 워낙 산업단지가 많기 때문에, 특히 위원님이 계신 성남산업단지 같은 경우는 역사가 38년이나 됩니다. 그렇게 20년 이상 된 데가 굉장히 많이 있고 노후화돼서 그런 부분에 대한 재생이라든가 혁신 이런 게 좀 필요하다고 판단됩니다.

[조광주 위원] 그래서 그러한 부분에 사실 이제 고민을 해야 된다. 그리고 성남산업단지 말이 나와서 말인데 거기가 관리권자가 경기도이지 않습니까? 지방산업단지이다 보니까. 그런데 성남시에 위탁부분을 주고 있는 거죠?

[경제실장] 네.

[조광주 위원] 시는 또 일의 일부를 산업단지에 위탁했고. 나름대로 체계는 잘 잡혀서 지금 굴러는 가고 있죠. 그런 관계로 해서 자체적으로 활동을 하고 있죠, 어떤 지원이라든지 일절 없는 상태에서. 이게 과연 경기도에서는 단지 성남이랑, 그거를 성

남에 넘겨만 주면 우리가 할 일은 그냥 매듭을 지었다고 생각하는 거 자체가 잘못됐다고 생각하거든요. 그것도 경기도 내에 있는 산업단지, 더군다나 경기도에서 제일 오래된 산업단지지 않습니까? 그러면 지속적인 관심을 통해서, 더군다나 구로라든지 사실 가보면 교통 인프라도 좋을 뿐만 아니라 매출규모를 따지면 거의 몇 배나 차이가 난다고 보십니까? 통계적으로 보면 거의 숫자가 한 10배 정도 나오나요? 그렇죠? 그런데 지금 보면 저는 아쉬운 게요. 제2의 판교가 나올 때 제가 바라보는 관점은, 그런 생각이 들었어요. 제2의 판교, 국제적으로 나갈 수 있는 데 중요하죠. 그러고 새로운 거 만드는 것도 중요하지만 정말 그렇게 전통 있고 오래 돼서 집적화 돼 있는 데를 어떻게 만들어 줄 것인가, 그 고민을 경기도에서 해야 된다고 보거든요. 그거는 성남시도 고민을 하겠지만 경기도가 그 산업단지를 처음에 주도적으로 성장, 발전하는 데 기초를 닦은 데라서 책임을 져야 된다고 생각하거든요. 지속적인 관심을 가져야지만, 사실 그 좋은 조건에 지금 집적화가 돼 있는 부분에 느끼는 소외감. 특히 우리가 북부를 발전시켜야 된다고 항상 얘기하지 않습니까? 그거와 마찬가지로 성남시 내에서도 극과 극을, 첨단을 달립니다.

예를 들어서 우리가 성장해 나가면서 그전에는 고무신을 주더라도 만족할 때가 있었습니다, 고무신 신고 다닐 때도. 그런데 지금은 운동화를 주더라도 메이커냐 아니냐에 따라서 만족을 못 하지 않습니까? 그거와 마찬가지로 성남이란 테두리 안에서 보면 사실 시대의 흐름에 굉장히 변화 발전되는 모습이 보이는데 극과 극을 달리고 있습니다. 지금 보증금 100만 원에 월세방이 존재하는 데가 성남에 존재한다는 거 들어보셨어요? 매우 많아요, 찾아보면. 그게 현실입니다. 상대적 박탈감이라는 게 굉장히 무섭습니다. 그러니까 예를 들어서 네팔 같은 나라들이라든지 정말 어려운 국가들 만족도 조사를 해보면 굉장히 높아요, 만족도가. 그게 뭔지 압니까? 주변 환경이 비슷한 환경 속에서 살기 때문에 그 부분을 이해하고 갈 수 있는 소지가 있는데 한쪽은 발전하고 한쪽은 떨어져 있으면 북부처럼 실질적으로 그런 환경이랑 성남 내에서 환경이랑 이런 느끼는 감정이 비슷한 수준으로 나오는 거예요. 그게 현실이기 때문에 저는 기업을 지원을 하고 이런 부분에 있어서는 정말 그 내에서, 그 작은 내에서 양극화 부분을, 갈등 문제라든지 더 느끼는 피로감, 바로 눈에 변화 발전하는 눈부신 찬란한 모습이 보이지만 그 속에서 소외된 사람들이 느끼는 상대적 박탈감이 더 클 수밖에 없거든요. 그런 부분을 정말 도에서 해야 된다, 기업도 마찬가지고. 그런 역할을 반드시 해줘야 됩니다.

그러고 아까 질문하다가 시간이 다 돼서 정리한 게 있는데요. 지금 뷰티산업이 눈부시게 발전하고 있는데 거기에 맞춰서 작은 영세기업은 매우 많습니다. 그런데 그걸 같이 결합을 시킬 수 있는 부분이 사실 기술적인 인력 부분이거든요. 그런 부분에 저희가 경기기술학교를 갔을 때 또 두원공대를 갔을 때 북부와 특히 남부의 두원공대에서는 그런 어떤 미용 관련이라든가 화장품 관련 산업에 대한 기술을, 같이 결합할 수 있는 그런 관련 기술들이 있거든요. 그런 부분을 지금 하고도 있고 가끔 그런 역할을 하는데 사실은 남부 쪽에서는 그런 걸 전혀 안 하고 있더라고요. 그래서 기술학교에서 그런 부분을 좀 고민해라. 왜냐면 지금 여성 부분에 기술학교가 거의 가서 보면 제조업 중심이잖아요?

[경제실장] 네. ·

[조광주 위원] 그런데 내용을 들어가 보면 지금은 여성이 참여하는 시대가, 굉장히 높아졌지 않습니까? 특히 경력단절여성이라든지. 이런 부분에서 고민을 해야 된다. 그럼 그 여성들이 참여할 수 있는 장 그런 게 이런 부분이거든요, 화장품산업 관련. 이런 부분에 고민을 통해서 작은 기업들도 그런 관련 산업에 같이 결합해서 기술을 터득할 수 있는 그런 장을 펼쳐줘야 된다. 그러면 한편으로는 여성이 참여할 수 있는 장을 만들어 주는 거잖아요?

[경제실장] 네.

[조광주 위원] 그래시 그런 부분에 경투실에서 어차피 책임을 지고 움직이는 거니까 그런 고민을 좀 해주시기 바랍니다.

[경제실장] 네, 알겠습니다.

[조광주 위원] 경제투자실 업무를 받다 보면 사실 업무 유기적인 부분이 상당히 많

아요. 왜냐하면 기업지원과나 산업정책과에서, 사실 기업지원이 뭐예요. 그런 유기적 관계가 있을 수밖에 없지 않습니까? 그래서 우리가 행정감사를 지금 이런 식으로 나눠서 하는데 이야기를 하다 보면 유기적인 부분이 너무 많은 거야. 예를 들어서 사회적정책과가 있다, 사회적기업과가 지금 보면 그 부분도 기업지원과 관련이 있지 않습니까?

[경제실장] 네, 그렇습니다.

[조광주 위원] 그런데 이거를 갖다가 담당자들이 서로 분리돼서 오기 시작하면 위원들이 질의하는데 실질적인 담당자들이 빠지는 경우가 있잖아요. 난 이 부분을 좀 고민을 해야 할 것 같아요, 보니까. 저희가 어제 이야기를 하면서 보니까 그런 부분에서 좀 고민을 하셔야 할 것 같아요. 존경하는 김보라 위원님이 사회적기업 관련해서라든지 사회적경제에 관련해서 얘기를 했는데 저희가 사실 경투실 산하기관을 쭉 다녔어요. 많이 다니면서 느낀 게 그러니까 올해도 느꼈고 작년 행정감사 때도 느꼈고, 물론 사회적기업 제품이라든지 협동조합 제품이라든지 여성장애인 이런 쪽의 소외된 계층의 물품이라든지 용역을 하다 보면 볼멘소리가 있는 또 하나의 그룹이 있다고 말씀하시는 건 옳아요, 그거는. 그럴 수밖에 없죠. 그런데 문제의 핵심은 뭐냐하면 적어도 대기업, 특히 중소기업에서 큰 기업, 자생이 굉장히 큰 기업이 있지 않습니까? 특히 용역 같은 데는 사실 300억 이상이 가면 그건 중소기업이 아니에요, 내용상으로 보면. 용역 자체가 인건비잖아요. 그러면 그런 부분에서 접근을 하라는 거죠. 그러니까 대기업이 할 수 있는 영역이 있고 적어도 사회적경제 영역이라든지 작은 기업들이 할 수 있는 영역들이 있지 않습니까? 그런 부분에서 공공기관에서 동반성장이라는 그런 틀에서 역할 분담을 해주는 거거든요. 그래서 그 부분에 대해서 사실 고민을 하셔야 해요. 산하기관을 저희가 다녀보면 용역 같은 경우라든지 이런 걸 보면 거의 대기업들이 장악을 하고 있어요. 그런 부분에서 사실은 계속 방치하고 가서는 안 된다. 적어도 그런 업종들은 요즘에는 사회적기업이라든지 이런 형태의 많은 작은 기업도 그런 일은 할 수 있거든요. 단순노동이잖아요, 청소라든지 경비라든지 이런 게. 시설관리 이런 것도 시스템상 소장이 하는 거잖아요. 나머지는 기술자들이 팀장으로 있는 것뿐이고, 내용을 들어가 보면. 이런 구조의 틀은 대기업이 오더를

따고 그냥 표면적으로 자기네가 소장만 고용하는 것뿐이잖아요. 내용은 밑에서 일반적인 사람들이 다 할 수 있는 거잖아요. 작은 기업에서도 그걸 지금 하기 시작했잖아요. 특히 사회적기업에서도 그걸 시작했거든요. 그런 영역에 지금 많이 진출했는데 장벽이 있는 거야. 그게 매출 대비라든지 이런 장벽, 보험. 예를 들어서 보증을 선다 이런 부분이 많이 걸리니까 자금이 없지 않습니까? 그런 부분을 사실 해결해 줄 수 있는 부분은 경기도에 얼마든지 존재하고 있거든요, 신용보증기금도 있고. 이런 부분을 갖다가 좀 하면 그런 고민스러운 문제를 해결할 수 있다고 봐요. 실장님은 어떻게 보세요, 그 부분에 대해서?

[경제실장] 위원님 말씀에 공감합니다. 그래서 아까도 말씀드린 것처럼 저는 실제로 공공기관들도 공공기관들의 일부 어려움이 있다는 말씀을 드리는 것이고요. 아무래도 우리가 그 틈새, 아무래도 사회적경제 주체들은 약간 좀 초기에 어느 정도 일정한 기간까지는 자생하기 위해서는 시간이 필요하기 때문에 그 부분에 대해서 도를 비롯한 공공기관이 물품을 사줄 필요가 있다는 것은 저도 공감하고 있기 때문에 올해부터는 더 적극적으로 독려해 나가도록 하겠습니다.

[조광주 위원] 네, 꼭 신경 써 주시고요. 그리고 요즘에 우수인력양성과 관련해서 경투실장 입장에서 해오고 특별히 이렇게 내세울 수 있는 게 있습니까? 우수인력.

[경제실장] 어떤 우수인력인지요?

[조광주 위원] 청년이라든지 이런 우수인력 확보를 위해서.

[경제실장] 이제 아무래도 중소기업에서 미스매치가 되는 가장 큰 이유가 중소기업의 고용환경 자체가 좀 일반 청년들이 좋아하지 않는 환경들이지 않습니까? 교통이라든가 근무조건 이런 것들이. 그래서 저희들은 아무래도 미스매치를 해결하는 데 있어서는 지식산업센터라든가 또 소규모의 고용환경개선 같은 그런 작업이 필요하다고 판단됩니다. 그래서 그런 데 주력해서 지금 일을 해오고 있습니다.

[조광주 위원] 사실 이제 우리가 청년실업이 굉장히 심각하지 않습니까? 그런데 또 다들 대학을 나오는 시대가 됐고 너무 진짜 불필요하게 많이 대학을 나오고 있죠, 내용상으로 보면. 그런데 경기도에서도 좀 중소기업을 살리는 역할을 많이 하지 않습니까? 더 성장 발전할 수 있도록. 저는 경기도에서 이런 우수 중소기업을 살리는 데 있어서 중요한 게 고용이지 않습니까?

[경제실장] 그렇습니다.

[조광주 위원] 그럼 그 중소기업이 젊은 청년들을, 지방대를 나왔다든지 이런 청년들을 확보하려면 인센티브를 줘야 하거든요. 중소기업이 자체적으로 자기네들도 어떤 사업을 하는 데 있어서 인력확보에도 어려움이 있지만 사실 자금문제가 쉽지 않거든요. 이왕이면 예를 들어서 연봉을 3,000, 4,000을 준다 그러면 고급인력을 쓰려고 할 수밖에 없지 않습니까, 지방대 출신은 사실 배제하고. 그러다 보니까 이런 부분에서 지방대 출신들이 배제할 수밖에 없는 거잖아요. 그래도 대기업 수준의 임금을 주는데 같은 경우에는. 그래서 이러한 문제를 우수 중소기업, 예를 들어 우수 중소기업을 선정해서 그런 지방대의 기술적인 부분에서 그런 인력을 쓸 때 인센티브를 줄 수 있는 제도도 마련해 볼 필요가 있다고 생각 들어요. 그러면 그 중소기업도 인력난도 해소할 수 있고 그리고 특히 지방대생도 그 중소기업에 진출할 수 있는, 좀 좋은 조건에, 난 이러한 부분에서 좀 고민을 할 필요도 있다는 생각이 들어요.

[경제실장] 네, 좋은 말씀입니다.

[조광주 위원] 그게 뭐냐 하면 예를 들어서 우리가 고용노동부 같은 데 보면 요즘에는 지원제도가 있지 않습니까?

[경제실장] 네.

[조광주 위원] 임금에 대한 지원을 해주지 않습니까? 반 정도를 지원해 준다든지. 경기도에서 사실 중소기업을 더 키우기 위한 조건도 필요하지만 그 조건에 또 지방대

라든지 이렇게 소외된 학생들 취업 나올 때 그런 전공기술 관련해서 취업할 수 있는 장, 그런 장을 같이 결합해서 만들어 주는 그런 정책이 그게 일자리정책도 되고…….

[경제실장] 그렇습니다.

[조광주 위원] 중소기업을 성장시킬 수 있는 바탕도 되는 거고, 좀 그런 부분에서 고민을 해봤으면 해요.

[경제실장] 네, 그렇게 하겠습니다.

[조광주 위원] 그런 고민을 해주시고요. 어제도 기술 관련해서 말씀을 드렸잖아요. 사실 우리가 교육사업이 굉장히 중요합니다. 제가 볼 때는 지금 우리나라가 80% 정도가 대학을 진학하는 사회에서 인성교육이라든지 이런 부분이 굉장히 중요하지 않습니까?

[경제실장] 네.

[조광주 위원] 사실 인문학 강좌라든지 이런 부분이 저희가 기술학교라든지 교육 관련 시설들을 다니면서 이렇게 체크해 보면 소외된 계층이라고 하는 사람들이 인문학이나 이런 게 시간상 못 받는 게 현실이잖아요.

[경제실장] 그렇습니다.

[조광주 위원] 먹고살기도 급급하니까. 그러면 ㄱ 내에서도 그런 인문학 강좌라든지 어떤 인성 관련 교육을 받을 수 있는 장을 만들어줘야 된다고 생각하거든요. 이건 현장에 기업 관련해서 들어가든지 그 현장에서 시간을 할애해서, 그래야지만 어떤 사회를 바라보는 품격이라 그럴까 이런 게 올라갈 수 있지 않습니까? 그걸 그냥 방치할 게 아니라 경기도에서 이런 기업 지원이라든지 경제 관련 이런 부분에서 그런 현장에서도 그런 장을 만들어 주는 그런 걸 한번 고민해 볼 필요가 있다는 생각이 들어요.

[경제실장] 위원님 말씀대로 기존에 기술이라든가 직업훈련하는 전문기관들은 주로 특정 기술훈련만 했는데 말씀하신 것처럼 중간 중간에 프로그램 속에다 인성교육이라든가 인문학 같은 그런 부분도 꼭 필요하다고 생각합니다. 그래서 저도 내년부터 되는 프로그램에는 이런 부분들을 적절하게 반영할 수 있도록 노력을 하겠습니다.

[조광주 위원] 네, 감사합니다.

[조광주 위원] 조광주 위원입니다. 짧게 하겠습니다. 창조경제혁신센터 KT협력사업 안에 대해서 계획을 세웠잖아요?

[경제실장] 네.

[조광주 위원] 내가 내용을 좀 들여다봤어요. 그런데 보면 KT가 기존에 가지고 있는 인프라를 활용해서 나름대로 경기도랑 같이 협력을 통해서 좀 확장해 나가겠다는 그런 사업내용이네요, 쭉 보니까. 그런데 여기에 보면 K루키 발굴육성이라고 돼 있는데 인증제도 이게 뭐예요, 도대체?

[경제실장] 아무래도 루키란 표현이, 루키란 용어가 새로 뭐랄까요, 신진 이런 뜻이기 때문에 그런 용어를 쓴 것 같습니다.

[조광주 위원] 그런데 15년 내 최대 3개 이내 인증? 15년 동안 3개 이내 인증이라고 쓰여 있어요.

[경제실장] 그러니까 내년도에, 내년입니다. 15년이.

[조광주 위원] 내년? 15년 이내에. 아, 내가 착각했네. 15년 내 최대 3개 인증 이렇게 써놓은 거구나. 왜 내가 물어보냐면 지금 KT가 말이에요. 굉장히 관련 업종에 비해서 실질적으로 내용상으로 보면 부실하잖아요. 지금 민영화되면서 사실 새로운 어떤 트렌드에 부응해서 사업을 갖다가 못 찾고 있다고 그런 소리가 많이 들리고 있는

거 들어 보셨어요?

[경제실장] 네, 일부 그런 소문도 들었습니다.

[조광주 위원] 지금 보면 지난번에도 성남에서 벌어졌던 일 실장님, 알고 있죠?

[경제실장] 네.

[조광주 위원] 난 그 일, 위원님들은 모르겠지만 내 지역에서 벌어졌던 일이기 때문에 갑자기 막 행사계획을 갖다가 자기네 마음대로 뒤집고 또 자기네 마음대로 참여 안 하고 그러면서 참 어이가 없어서 어처구니가 없고 무슨 회사조직이 이런 조직이 있나 하는 생각이 들었어요. 정말 이런 회사가 경기도랑 손잡고 과연 무슨 일을 할까 하는 생각이 들었어요. 이런 기본적인 체계조차도 안 갖추고 예의도 안 갖추고 그리고 여기에 자기네가 투자하겠다는 게 좀 있어요, 내용이?

[경제실장] 네, 지금 인력파견이라든가 어쨌든 KT가 ICT 쪽으로, 소프트웨어 쪽으로, 나름대로 통신 쪽으로 노하우가 있기 때문에 그 노하우를 이쪽에 투입하겠다는 그런 계획이 또 있습니다.

[조광주 위원] 기존 인프라 가지고 나름대로 경기도에서 하는 일들 자기네가 가져갈 수 있는 것 가져가겠다는 거잖아요, 그렇죠?

[경제실장] 위원님, 이렇게 이해하시면 되겠습니다. 각 시도마다 대기업들이 하나씩 연계돼서 이 창조경제라는 부분을 이끌어 나가는데 저희가 부족한 부분에 대해서 KT가 도와준다라고 저는 이해하고 있습니다. 저희가 도움받고 있다고 이해하면 된다고 생각합니다.

[조광주 위원] 부족한 부분을?

[경제실장] 네.

[조광주 위원] 네, 제발 그 부족한 부분을 철저히 도움받으시고요. 거기에서 자기네, 사실 지금 특성이 보면 어떤 아이템 발굴이라든지 이러한 부분에서 거기가 지금 밀려요. 밀리니까 작은 기업들이 어떤 아이템을 개발을 해내면 그 부분을 참여해서 자기네 입맛대로 다스리려고 하는 게 있어요. 그게 사실 대기업들의 횡포죠. 그런데 처음부터 KT 자체는 국가에서 운영을 하는 것 아닙니까? 그러다가 민영화지만 내용상으로, 이게 너무 안정된 일이다 보니까 실질적 이런 경쟁사회에서 살아남으려고 하는 그런 대비를 못한 거예요, 내가 볼 때는. 그러다 보니까 지금 위기에 봉착돼 있는 거죠. 이런 점에서 경기도에서도 철저하게 대비하셔야 된다고 봐요. 그들이 정말 순수하게 경기도한테, 특히 중소기업들에 순수하게 도움을 주고 당연히 윈윈할 수 있는, 상생할 수 있는 그런 걸 한다 그러면 얼마나 좋아요. 그냥 작은 기업이라고 무시해 버리고 자기들이 입맛대로 의원한테 연락해서 계속 행사계획 좀 바꿔 달라고 계속 집요하게 그렇게 하다가 딱 그게 자기네 입맛대로, 자기네가 요구했던 대로 안 되니까 언제 그랬냐는 식으로 발 쏙 빼버리고, 처음부터 이런 행실을 하는데, 내가 그래서 일하는 걸 한번 지켜보겠습니다.

[경제실장] 아무튼 위원님 말씀에 유념해서 경기도에 도움이 되는 방향으로 활용하겠습니다.

[조광주 위원] 네, 그러면 교육사업 관련해서요. 섬유교육사업 관련해서 내용을 보면 지금 담당과장님 특화산업과장님인데 이 교육과정에 대해서 어떻게 생각하세요? 지금 섬유특화산업 섬유분야 교육을 하고 있잖아요?

[특화산업과장] 네, 하고 있습니다.

[조광주 위원] 이 교육과정에 대해서 어떻게 생각하시냐고요.

[특화산업과장] 저희가 지금 금년도에 단기적인 사업으로 4월 달에 했었고 10월부

터 준비해서 경경련하고 섬유·가구산업에 대한 아까 베이비부머 세대를 중심으로 해서 사업을 해왔는데요. 아직도 상당히 미흡하다고 봅니다. 좀 더 체계적이고 그리고 실제로 제조업에 종사하시는 CEO들이 원하는 그런 인력양성을 위해서는 프로그램이 많이 변해야 된다고 생각을 합니다. 그래서 지금 일자리정책과하고 상의를 하고 있는 건데요. 프로그램을 많이 변형시켜서 정말 직접 인력양성이 끝난 다음에 바로 현장에 투입될 수 있도록 이렇게 노력을 해나가도록 하겠습니다.

[조광주 위원] 네, 바로 그거예요. 형식적으로 교육하면 무슨 의미가 있습니까? 단 1명이라도 제대로 현장에 가서 일을 하는 게 중요한 거지. 제가 이걸 지난번에 이 교육을 균형적인 차원에서 섬유 관련 종사하시는 분들이 사실 필요성 있는 부분, 그런 부분을 충족시켜 줄 수 있는 그런 틀에서 이런 게 필요하다고 얘기해서 시작된 것도 있는데, 이 중에. 그런데 내용을 들어가 보면, 사실 그런 전수조사 안 해보셨죠? 거기에서 교육받은 사람들이 어떤 일을 하고 있고 그런데 사실 와서 교육만 받고 그냥 끝나버리면, 차라리 그럴 바에야 저는 그렇게 생각해요. 청년 학생들 있지 않습니까? 그 분야에 종사하는 학생들, 청년 일자리 창출. 그들에 그런 교육을 시켜주는 게 훨씬 효과적이죠. 왜냐하면 학생들은 학교 그만두면 계속 그 일을 해야 해요. 그런데 그런 교육을 받으려면 돈을 내고 다녀야 되지 않습니까, 별도로? 그럼 실질적으로 일할 사람한테 그 교육을 시켜주는 게 좋지, 그냥 와서 교육만 받고 일 안 할 사람한테 그 교육 시키면 아무 의미가 없는 겁니다. 그래서 나는 이왕 교육이 살아있는 교육이 되는 방향을 잡자.

그리고 어떤 행사를 할 때도 예를 들어서 섬유 관련 행사하지 않습니까? 보면 패션쇼 이렇게 유명 디자이너 불러서 하는데 그것도 마찬가지로 학생들을 보면 한 5개 학교 정도만 딱 집어서, 경기도에 있는 학교라고 해요. 그런데 그 관련 공부하는 학생이 경기도에 매우 많아요. 그럼 다양한 학생들이 그 학교를 다니고 있는 학생이 경기도 도민 아닌 학생들도 굉장히 많고요. 실질적으로 그 관련 학과를 다니는 다른 학생들이 경기도에 또 매우 많아요. 그럼 그런 학생들이 참여할 수 있는 장을 만들어야 돼요. 예산을 예를 들어서 한 2억씩 편성하고 그런 행사를 치르던데 그럼 학생들에는 적어도, 제가 볼 때는 달랑 750만 원을 딱 책정했더라고요, 2억에서. 이런 식으로 가면 안 돼요. 실질적으로 내용상으로 앞으로 그 산업에 종사할 수 있는, 철저하게 그런 청년 일자리 창업 이런 쪽으로 가든지 아니면 경력단절여성들이 정말 이게 필요하다 그러면 그들이 철철이 피부로 느껴서 정말 이 교육을 받아서 내가 사회에서 하겠다 이런 장을 만들어줘야 해요. 이걸 정말 철저하게 대비해서 예산을 한 푼을 쓰더라도 그렇게 앞으로 해주시기 바랍니다.

[특화산업과장] 네, 말씀하신 대로 청년 일자리 관련해서 아까도 잠깐 말씀드렸지만 일자리정책과하고 직접, 그러니까 교육을 현장에서 시켜가면서 교육비를 지급하고요. 그다음에 일부는 그 고용주가 부담하고 그래서 교육비로 차라리 현장의 일자리를 같이 병행하는 방법을 지금 고민 중에 있고요. 그리고 고용부하고, 엊그저께 저희가 고용부에 가서 최종 전국에서 5개 기관 선발하는 특화산업 지정 건에 대해서 저희가 마지막 다섯 번째 가서 제안을 했었는데 섬유산업 관련해서 저희가 제안을 해서 잘될 것 같습니다. 그렇게 되면 거기서도 인건비를 70%까지 지원하는 제도가 있습니다. 그래서 특화산업으로 지정이 될 수 있도록 노력할 거고요. 패션쇼는 위원님께서 참 말씀 잘하셨는데 사실은 저희가 올 상반기에는 콜라보레이션 패션쇼를 하고요. 하반기에 우리 도내 27개 패션 관련 대학을 되도록이면 10개 이상 모아서 패션쇼를 따로 하려고 했습니다. 그런데 세월호 때문에 못 해서 이번에 늦게 한꺼번에 했는데요. 내년에는 분리해서 하는 방안을 적극적으로 강구하겠습니다.

[조광주 위원] 제가 볼 때요, 지역적인 북부 특성에서 이런 행사를 하지 않습니까? 그럼 수도권이 됐든 서울이 됐든 이런 쪽에 있는 대학들이, 강원도가 됐든 여기 오기 좋은 학교들, 그런 관련 학과들 하면 거의 다니는 학생들이 경기도민들이, 도 학생들이 매우 많습니다, 현실적으로. 그럼 문호를 개방해 줘야 해요. 그래서 예를 들어서 2억 정도 예산 잡았다 그러면 거기에서 한 20~30%만 잡아도 많은 학생들이 참여할 수 있지 않습니까? 또 섬유디자인연구소 같은 데에서 개발한 자재를 정말 도에서 예산 지원해서 무상으로 줘서 학생들이 참여해서 너희가 이 제품 갖고, 이거 홍보시키는 것 아닙니까? 이게 어떤 제품이라는 것 이해시키고, 그 학생들에. 이런 제품을 너희들에 주니까 한번 도전해봐라. 그러면 학생들이 어떻게 됐든 도전을 한번 할 것 아닙니까? 거기서 선택이 누가 되든. 그렇게 관심을 갖게끔 해야 하거든요. 장을 만들

어 줘야 된다고 봐요. 그래야지만 섬유산업이 젊은 친구들이 정말 뛰어들 수 있는 장이 많아지죠. 그냥 맡기고 마는 이런 식으로 가면 안 되고 맡겼더라도 세부적으로 지도하는 일을 해야 해요.

[특화산업과장] 네, 위원님 말씀하신 대로 금년에도 8개 원단 기업을, 우리 경기도 북부지역에 있는 니트 원단 기업을 대상으로 해서 완전 개방을 시켰어요. 그래서 우리 학생들이 직접 가서 원단을 골라서 우리 섬유소재연구원에 있는 것과 북부 중기센터에 있는 원단을 다 마음대로 고르라고 해서 거기서 니트 소재를 다 선택해서 이번 패션쇼에 나간 겁니다. 일반 패션쇼도 마찬가지로 그렇게 했습니다.

[조광주 위원] 그러니까 그런 문호 개방을 열어놓으세요.

[특화산업과장] 네, 그러겠습니다.

[조광주 위원] 어디로 한정될 게 아니라 많은, 그래야 오든 안 오든 제가 볼 때는 관심이 돼야 이게 부흥이 일어나는 거지, 참여를 한정되게 딱 지정해 놓으면 부흥 안 일어납니다.

[특화산업과장] 맞습니다.

[조광주 위원] 그렇게 하십시오.

[특화산업과장] 네, 그러겠습니다.

[경제실장] 알겠습니다.

경제
행정감사

CHAPTER 7 | 2013

대기업의 중소기업 영역 진출에 대해서

우리 경기도에서도 사실 이런 중소기업지원센터도 일괄수주로 줄 게 아니라 이제는 그런 고민을 해야 된다고 생각합니다. 그래야지만 이게 정말 대기업들의 횡포를 막을 수 있다고 생각하거든요. 사실 참여하지 말아야 할 업종들을 무분별하게 참여하는 것은 공기관에서 특별히 막아야 된다고 생각해요.

[조광주 위원] 존경하는 김종용 위원님도 말씀하셨지만, 위탁 관련해서 지금 대기업이랑 성남에 있는 기업이랑 합작으로 올 1월 입찰을 거기에서 입찰을 따서 지금 운영을 하고 있다고 들었는데요.

[경기중소기업종합지원센터 대표이사] 네.

[조광주 위원] 성남업체가 어떤 업체인지 그 자료 좀 주세요.

[경기중소기업종합지원센터 대표이사] 지에스아이…….

[조광주 위원] 네. 그 회사에 대한 내부 자료 좀 주시고요.

[경기중소기업종합지원센터 대표이사] 네.

[조광주 위원] 그리고 지금 성남에서는 사실, 예를 들어 볼게요. 이런 관리시스템 같은 경우에 예를 들어 주차관리 위탁 주던 것도 거의 직영화를 하고 있고요. 거의 직영화 추세로 가고 있어요, 성남은. 그리고 직영화를 못하는 데는 거의 사회적기업에 청소용역이 됐든 웬만한 것은 가산점을 줘서 그렇게 위탁을 하는데 별 문제가 없어요, 현실적으로. 그런데 거의 경기도에서 운영하는 데 보면 대기업 자회사들 전부 위탁관리를 하고 있다고요. 그럼 결국은 사실 돌아가는 혜택이 실제 일하는 사람들에게 돌아가는 게 아니라 중간 부분의 일정 부분을 떼어내고 돌아갈 수밖에 없거든요. 그래서 이 부분은 지난번에도 행정감사 때 지적을 했지만 사실 고민

을 해야 된다고 생각하거든요. 왜냐하면 대기업이 참여하지 말아야 될 업종들이 있거든요, 사실은. 왜냐하면 대기업은 계약직 직원을 뽑게 돼 있어요. 만일에 여기에서는 계약기간을 2년을 잡았다 그러면 2년 계약직 직원을 뽑습니다. 그래 갖고 그걸로 채워 넣으면 하거든요. 그리고 재계약이 안 되면 결국 그 사람도 해고를 당하게 돼 있더라고요, 시스템이. 결국은 겉으로 포장만 돼 있지 내부로 들어가면 그런 시스템에서 움직이고 있기 때문에 결국은 성남시에서는 지금 그 부분을 잡으려고 실시를 하고 있는 거거든요. 그래서 계속 그 부분을 지금 정리해 나가고 있어요, 성남시 같은 경우에는. 주차관리 이런 것 같은 경우는 아예 직영화를 하니까 직원을 뽑을 때 연봉제로 해 갖고 뽑거든요, 직원을. 그래 버리니까 직원 뽑는 것도 어마어마하게 몰려요, 사람들이. 그것은 다 할 수 있는 일이니까, 쉽게. 누군가 관리만 해주면 되는 일이니까. 우리 경기도에서도 사실 이런 중소기업 지원센터도 일괄수주로 줄 게 아니라 이제는 그런 고민을 해야 된다고 생각합니다. 그래야지만 이게 정말 대기업들의 횡포를 막을 수 있다고 생각하거든요. 사실 참여하지 말아야 할 업종들을 무분별하게 참여하는 것은 공기관에서 특별히 막아야 된다고 생각해요.

그리고 사회적기업 네트워크 관련해서 말씀을 드리겠습니다. 지금 추진실적이 제가 보기에는 좀 미비하지요? 쉽지 않지요? 그죠? 사회적기업 현실이 왜냐하면 너무 쉽게 뛰어드는 부분이 많다 보니까…….

[경기중소기업종합지원센터 대표이사] 참 어려운 부분입니다.

[조광주 위원] 그래서 제가 여기서 문제점, 대책을 보니까 창업여부 2011년부터 13년도까지 이렇게 추진실적을 보니까 거의 여기에서 나름대로 지원을 받고 했는데, 육성지원을 받고 했는데 예비사회적기업으로 창업실적조차 굉장히 저조하지요.

[경기중소기업종합지원센터 대표이사] 10개 업체 정도만 하고 있습니다.

[조광주 위원] 네. 그게 현실이거든요. 뭐냐 하면 나는 이런 기관에서, 사실 중기센터에서 지원하는 부분에 있어서는 사회적경제에 대한 교육 부분을 분명히 해야 할 필요가 있거든요. 사실 사회적기업이 그냥 단순하게 어떤 지원을 받기 위한 하나의 방편으로 들어오는 부분으로 접근하는 순간 결국은 사회적기업을 할 수가 없거든요.

[경기중소기업종합지원센터 대표이사] 맞습니다.

[조광주 위원] 그래서 거기에 대한 교육 프로그램을 분명히 해야 한다는 생각은 들어요. 여기에서 단순하게 일반기업을 상대하듯이, 기업지원을 하듯이 그런 교육 프로그램 갖고 사회적기업을 만들어 내겠다는 관점을 가지면 사실 실질적으로 사회적기업을 할 사람이 없어요. 저는 그래서 그런 부분을 갖다가 벤치마킹해야 된다고 생각하거든요. 저는 성남시가 그거 하나는 잘하고 있다. 사회적경제에 대한 교육 프로그램 같은 거는 굉장히 나름대로 고민을 해서 해요. 그들이 하든 안 하든 그 경제를 이해하지 못하면 사회적기업에 대한 이해를 전혀 할 수가 없으니까 그런 부분에 대한 교육이 분명히 우리 중기센터에서 사회적기업에 대한 어떤 네트워크사업이 됐든 창업지원이 됐든 하려면 그런 교육 프로그램을 갖다가 제대로 만들어서 시도를 해야 된다고 생각하거든요. 그래서 그 점에 좀 하셔야 할 것 같아요.

[경기중소기업종합지원센터 대표이사] 현재는 하여튼 지금 위원님 지적하신 그 부분의 사회적기업에 대한 교육 프로그램이 연 2회 정도밖에 없고요. 또 저희들이 주로 CEO들 네트워킹을 만들어 가지고 그 사람들 교육시키고 같이 함께하는 자리를 만드는데 지금 지적하신 대로 사회적기업에 관해서는 좀 부족한 그런 사업의 그것도 있고 또 저희가 그거 다 수탁사업인데, 특히 경기도 사회적기업에 자금 지원하는 것은 사회적 민간단체에 가 있고 저희는 교육과 컨설팅만 와 있다 보니까 그런 시너지를 낼 수가 없는 구조예요. 아까 김종용 위원님이 이제 앞으로 통합지원센터를 만든다고 해서 제가 아주 참 굉장히 반가운 정보를 우리 위원님한테 들은 것 같고요. 그런 것이 돼서 종합적으로 이루어져야지 이게 경투실에서도 데스크가 다릅니다, 전부 다. 마을기업 다르고 사회적기업 다르고 소상공인 다르고 협

동조합 다르고 다 달라 가지고 저희들이 그런 모든 행정의 추진을 하는 데 있어서 그걸 다 미트하기가 굉장히 어려운 상황에 있습니다, 아주 이레귤러(irregular)하고. 예산 부분도 그렇고 말이지요. 그래서 위원님께서 바라시고 또 위원님께서 보시고자 하는 그러한 경제·사회적기업들에 대한 지원이 안정적이고 아주 포괄적으로 집중적으로 가야 되는 부분을 저희들이 솔직히 말씀드리면 부족하다고 말씀드릴 수밖에 없습니다. 구조가 어렵습니다, 지금 현재는.

[조광주 위원] 그래서 이 부분을 사실 일원화시킬 수 있는 부분이 중앙정부에도 없고 따로따로 노는 게 지금 현실이다 보니까 여기 경기도 차원에서도 그런 고충을 느끼고 있는 걸 사실인 건 알고 있어요.

[경기중소기업종합지원센터 대표이사] 네, 그렇습니다.

[조광주 위원] 그래도 적어도 교육 프로그램을 보니까 교육 프로그램만큼이라도 좀 내실 있는 프로그램으로 가줘야 된다. 일반기업식으로 가면 사실 거의 내가 볼 때 사회적기업 할 사람 없어요. 왜냐하면 사회적기업을 하겠다는 사람들 자체가 사실은 좀 취약적인 부분, 이런 부분이고 아니면 생각이 좋은 사람들이에요. 생각은 굉장히 좋거든요.

[경기중소기업종합지원센터 대표이사] 네.

[조광주 위원] 그런 사회적인 문제를 갖다가 비즈니스를 통해서 해결하려고 생각을 갖고 있는 사람이거든요. 일반사고로 바라보고 접근해서는 안 하잖아요. 그래서 그런 부분에 대한 고민을 중기센터에서도 보고서라든지 그런 것들이 있거든요. 지금 많이 나오고 있어요.

[경기중소기업종합지원센터 대표이사] 네, 그렇습니다. 알겠습니다.

[조광주 위원] 그런 것을 교육 프로그램에 넣어서 해야 한다는 생각이 들거든요.

[경기중소기업종합지원센터 대표이사] 현장에 관해서 한 가지 말씀드리면 협동조합을 하는 분들이, 협동조합은 자금지원이라는 게 하나도 없잖아요.

[조광주 위원] 네.

[경기중소기업종합지원센터 대표이사] 그런데 사회적기업은 그게 자금지원이 있지 않습니까?

[조광주 위원] 네.

[경기중소기업종합지원센터 대표이사] 그래서 그것을 갖다가 믹싱을 해 가지고 그렇게 하시더라고요. 그런데 우리는 협동조합 다르고 사회적기업 다를 줄 알았는데 사회적협동조합이 된 겁니다. 그거 하시는 거 보니까 굉장히 좋더라고요, 그 부분에. 돈을 받아서 배분을 하는 게 아니라, 협동조합원 회원들이 배분하는 게 아니라 그것을 사회에, 그 지역에 환원을 시키는, 그래서 사회적협동조합이 여러 곳이 있다는 것을 제가 현장에 가서 봤습니다. 분화되는 것 같더라고요, 그렇게 발전적으로.

[조광주 위원] 사회적협동조합 자체는 굉장히 올라가야죠. 수준이 올라가야 할 수 있는 거고.

[경기중소기업종합지원센터 대표이사] 그렇죠. 올라가야 되는데 그런 것을 위해서 노력을 하고 배당을 안 한다 이 말이에요. 자기들만의 이익을 위해서 안 하고.

[조광주 위원] 하나만 묻겠습니다, 시간이 다 됐는데. 대기업이랑 구매상담회를 하고 있지 않습니까?

[경기중소기업종합지원센터 대표이사] 네.

[조광주 위원] 그런데 실적은 조금씩 늘어나고 있는데 아직 통계가 안 나왔나 봐요, 전체적인 통계가.

[경기중소기업종합지원센터 대표이사] 한번 드리도록 하겠습니다.

[조광주 위원] 제가 세부 내역을 달라고 그런 거거든요. 그런데 세부 내역이 안 들어와 있어요. 각 사업체들이, 여기 종합적인 금액은 나오잖아요. 합계 금액은 나오는데 기업들이 세부적으로 분리된 것 좀 주시고요.

[경기중소기업종합지원센터 대표이사] 아, 기업별로요?

[조광주 위원] 네. 그리고 전체적으로 그 부분의 만족도랄까 그런 거 들어본 내용이 있습니까?

[경기중소기업종합지원센터 대표이사] (관계직원을 향하여) 우리 마케팅지원팀장 어디 있지요?

[마케팅지원팀장] 네.

[경기중소기업종합지원센터 대표이사] (관계직원을 향하여) 나와서 성공사례를 한번 얘기를 해보세요. 위원님께 설명 좀……. (조광주 위원을 향하여) 양해해 주시면 그렇게 하겠습니다.

[조광주 위원] 네.

[마케팅지원팀장] 안녕하십니까? 마케팅지원팀장 임장빈입니다. 저희가 수출상담회라든가 해외통상사업을 하면서 사실 바로 성과가 나왔으면 좋겠지만 대부분은 그렇지 못한 경우가 상당히 있습니다. 때문에 저희가 모든 부분에서 지원한 기업들이 우수한 성과사례를 냈으면 그게 가장 바람직한 상황이겠지만 그런 부분들

은 일부 기업들에서만 나타나는데요. 저희가 조사를 하게 되면 한 10% 정도는 거기서 성과가 일어납니다. 예를 들어서 지금 저희가 진행했던 부분에서도 금년도에 저희가 G-TRADE JAPAN이나 이런 수출상담회를 했었는데 그쪽에서 의정부에 있는 업체가 한 분이 오셔서 일본 바이어인, 바이어 이름을 얘기해야 되겠습니다만 야시마 산요라는 회사가 있습니다. 이 회사하고 전기납땜기를 만드는 그런 회사인데 여기에다가 10만 불 정도 해서 선적을 11월에 하는 걸로 그렇게 돼 있거든요. 이런 기업들이 많이 일어나면 만족도가 높은데 그런 아이템이 안 맞거나 단가가 안 맞거나 이런 부분이 있으면 계약이 안 이루어지는 경우도 많이 있습니다, 실제로 진행을 하다 보면. 그런 부분들은 만족도가…….

[조광주 위원] 그 얘기가 아니라 대기업이랑 구매담당자랑 중소기업 간 상담 주선한 얘기를 해달라는 말인데. 그것은 나중에 자료로 주세요. 시간이 너무…….

[경기중소기업종합지원센터 대표이사] 네. 우리 MD들을 중소기업들이 만나기가 거의 불가능합니다. 저희의 상생구매상담회의 목적은 구매를 하는 구매데스크의 사람들에 우리 중소기업들을 품목별로, 자기 비즈니스별로 만나게 해주는 거거든요. 거기서 물론 가격이 맞고 아주 자기가 소싱을 안 하고 있던 부분 같으면 새롭게 느낄 수도 있지만 기존에 아주 경쟁력이 있는 상품을 갖고 있는 MD 같으면 사실 만나도 별 그게 아니지만 그러나 우리 중소기업들에는 그런 사람들을 만나서 자기의 품목에 대한 것도 물어보고 같이 시장조사하면서 자기 상품을 들이민다는 것은 저는 굉장히 아주 소중한 기회라고 생각합니다, 우리 중소기업들에.

[조광주 위원] 네, 그렇죠.

[경기중소기업종합지원센터 대표이사] 그런 부분인데 지금 팀장이 보고드린 대로 그 자리에서 "왔으니까 내가 사겠습니다." 이런 경우는 거의 없거든요. 그러나 정말 우리가 그러한 기회를 주고 기업들에 동기부여를 하고 기회를 제공한다는 데 큰 의의를 갖고 그리고 한 10% 정도는 현장에서 우리 MD들을 만나보면 좋은 상품이다, 경쟁력이 있다, 아이디어가 있다, 이런 중소기업들이 있습니다. 그렇기 때

문에 이제 경기도에서 내년도에 구매상담회를 일몰로 그냥 해버려서 예산 없이 갑자기, 7~8회 하다가 이게 그야말로 없어져 버렸습니다. 정말 안타깝거든요. 아무튼 이것은 예산을 따기 위한 말씀이 아니라 진정으로 이게 필요한 사업인데 이것이 돈 넣었으면 금방 팝콘 터지듯이 그냥 성과가 나와 가지고, 세상에 그런 건 하나도 없습니다. 정말 만나고 노력하고 애걸복걸해야……

[조광주 위원] 시간이 너무 오래 됐으니까 제가 이만 정리를 해야 할 것 같고요. 하여튼 외국 대기업이 됐든 국내 대기업이 됐든, 개인적인 욕심으로는 국내 대기업들이 사실 소기업을 살리는 역할을 그동안 수혜를 많이 입었으니까 해줬으면 하는 바람이라서 그런 부분을 많이 혜택을 줄 수 있는 길을 만들었으면 하고요. 이상 마칩니다. 좋은 답변 감사합니다.

취약기업 지원에 대하여

그들도 대출을 받아가지만 제자리를 서야 하잖아요. 그럴 때 자리에 설 수 있는 역할을 하는 것도 사실 물품구매뿐만이 아니라 그런 어떤 용역 같은 부분을 도움을 주는 거거든요. 그런 걸 신용보증재단에서 신경을 써 주시기 바랍니다.

[조광주 위원] 행정감사를 준비하시느라고 전문순 대표님을 비롯해서 수고 많으셨습니다. 사실 작년 행정감사에서 저희가 사회적기업이랑 여성기업에 대한 구매를 확산했으면 좋겠다고 작년에 문제 지적을 한 적이 있는데요. 그래서 그 답변을 보니까 성실히 했다고 나오더라고요. 이 점에 대해서 어떻게 생각하시는지요?

[경기신용보증재단 이사장] 사실 경제적 약자층이기 때문에, 특히 정부·지방정부가 보호해 줄 필요성에 대해서는 위원님 지적에 100% 동감합니다. 그래서 저희 나름대로 어떤 혜택, 우대에 대한 지원책을 많이 만들어서 다가갔다고 생각하고 있는데요. 다만 사회적기업에 대해서는 저희가 좀 더 많은 배려를 해야 되겠다고 생각이 들어지는데 좀 아쉬움이 스스로 남는다고 한다면 좀 더 많은 홍보를 해야되겠다는 아쉬움이 끝까지 남습니다. 다만 우리 나름대로의 접근에 한계가 있다보니까 했다고는 했는데 만족스럽게 저희한테 오지는 않았지만 그래도 전체가 제 기억으로는 399개 정도의 사회적기업이 경기도에 있는데 그중에 한 26% 정도가 받고 있는 것으로 알고 있습니다. 그래서 퍼센티지로 봤을 때는 지원은 받고 있지만 그래도 저희 재단의 역할과 지원책을 몰라서 소외받고 도움 못 받는 분이 한 분이라도 있어서는 안 되기 때문에 위원님 신경 써주시는 대로 걱정 끼쳐드리지 않을 수 있도록 최선을 다해서 좀 더 다가갈 수 있도록 노력하겠습니다.

[조광주 위원] 제가 말씀드리는 건 사실 사회적기업에 대한 자금대출이라든지 이런 건 나름대로 역할을 해나가고 있다고 보여요. 그런데 사회적기업 제품을 구매하는 데서는 전무하더라고요, 지금 신용보증재단에서는. 왜냐하면 중소기업이나 소상공인에 대해서, 사실 경제적약자들의 대출보증을 주로 하는 목적을 갖고 있

잖아요. 그러면 대출만이 아니라 적어도 이 보증기관에서 쓰는 물품에 있어서도 사실은 실질적으로 보여주는 게 있어야 하거든요. 그런데 작년엔, 사회적기업 구매제품 관련해서 전혀 전무한 실정이에요. 이런 일이 벌어지는 게 내가 볼 때는 저희가 행정감사에서도 문제점으로 지적했던 부분인데 전혀, 하나도 반영이 안 됐거든요. 그래서 이 부분에 대한 의견 좀 한번 말씀해 보세요.

[경기신용보증재단 이사장] 뭐 달리 해명은 없고 반성을 해야 된다고 생각이 들어집니다, 위원님. 다만 고민이 대외적인 감사라든가 저희 재단 구매에 있어서 지방자치단체하고 똑같이 지방계약법을 적용하라고 많이 저희가 주문을 받습니다. 그러다 보니까 투명하다, 공정하다는 이유로 솔직히 입찰을 많이 부치다 보니까 대부분 모든 물품이 또 본점 같은 경우는 공동구매에 의한 원가절감이라는 측면에서 다 조달청에 그냥, 거의 100%에 가깝게 전부 입찰하다 보니까 사실 이런 부분이 생겼습니다. 그래서 제가 볼 때는 기관장으로서 더 신경 쓰고 개선해야 할 필요가 있다는 것에는 백번 공감합니다. 다만 그런 부분이 있다 하더라도 저희가 좀 더 신경 쓰고 그분들에 배려될 수 있도록 하고 비단 본점의 어떤 공동구매뿐만 아니라 지점에서도 양이, 금액이 문제가 아니라 소량이라 하더라도 사회적기업 그리고 약자라고 할 수 있는 장애인 등, 이분들의 생산된 물품을 구매할 수 있도록 반성하고 적극적으로 홍보하고 실시토록 그렇게 약속드리겠습니다.

[조광주 위원] 이건 좀 제가 볼 때는 통계라든지 그리고 사회적기업에 대출을 해주면서 그 업체가 무엇을 하고 있느냐를 좀 체크도 해 보고, 그리고 실질적으로 도움이 될 수 있는 부분, 그런 거를 공공기관·산하기관에서 좀 신경을 쓰셔야 된다고 생각하거든요. 그래서 이 부분은 나름대로 그런 부분에 조금 체크만 하면요, 사실 기본적으로 할 수 있는 부분이 얼마든지 존재하거든요. 좀 그런 부분에서, 그들도 대출을 받아가지만 제자리를 서야 하잖아요. 그럴 때 자리에 설 수 있는 역할을 하는 것도 사실 물품구매뿐만이 아니라 그런 어떤 용역 같은 부분을 도움을 주는 거거든요. 그런 걸 신용보증재단에서 신경을 써 주시기 바랍니다.

[경기신용보증재단 이사장] 사실 저도 간과해서 반성되는 부분인데, 저희가 사회

적기업에 대한 업종, 어떤 제품을 생산하고 판매하는 것에 대한 데이터를 일단은 부서에 공유할 수 있게 해서 필요한 부분 있을 때 거기서 구매라든가 접근하고 도와줄 수 있는 부분을 공동으로 노력할 수 있도록 개선하고 시행토록 하겠습니다.

[조광주 위원] 네. 그리고 각 시군 출연금을 유치들을 하고 있지 않습니까. 그런데 도에서 자꾸 예산에 반영이 안 되다 보니까 애로점이 나오는 것 같아요. 그런 전반적인 시군에 출연금 유치하는 데 어려운 점이 뭡니까?

[경기신용보증재단 이사장] 저희가 올해 한 180억 정도 했고, 31개 시군에서 금액의 차이는 있지만 전부 유치했습니다. 일단 시군이 경기신용보증재단의 역할과 내가 출연한 돈이 지역경제의 어려운 소상공인과 기업을 위해서 어떻게 쓰이겠구나, 가치 있구나에 대해서 공감대가 형성돼 있는 것에는 아주 의미 있다고 봅니다. 다만 이제 아직은 지방 31개 시군에 소상공인이라든가 기업을 바라보는 시각에 따라서 적극적인 데가 있고 조금은 소극적인 부분이 있는 것도 현실적인 부분이 있습니다. 그러한 인식에 대한 간극을 줄이는 것이 저희 역할이고 저희가 부단히 찾아가는 역할이라고 봅니다. 그래서 그런 부분 쪽이 아직은 간극이 있지 않은가 그런 생각이 들어집니다.

[조광주 위원] 그런 게 사실 인식개선이거든요. 저는 예를 들어서 전통시장과 MOU도 체결을 하고 그동안 그랬지 않습니까?

[경기신용보증재단 이사장] 네, 그렇습니다.

[조광주 위원] 그게 신용보증재단이 사실은 무엇을 하는 거라는 걸 시민들이 알아야 하거든요. 그래도 중소기업을 운영하시는 분들 정도 되면 좀 알아요. 그런데 소상공인들 같은 경우엔 전혀 전무하거든요. 사실 현장에 나가 보면 그게 벌어지고 있거든요. 그리고 사실 이 대출받는 것도 자기네들에는 등급이라든지 이런 부분 때문에 쉽지 않다는 말을 많이 해요, 그런 부분에. 그래서 좀 그런 것도 시군이랑 특례보증이라든지 이런 부분을 가지고 심도 있게 논의를 해서 시에서도 사실

막대한 예산을 들여서 그냥 이런 시설개선자금이나 이런 거 하는 일이 많거든요. 그러면 실질적으로 그들에 피부적으로 와 닿는 부분에 혜택을 줄 수 있는 부분을 같이 각 지점이라든지 이런 데서 매칭할 수 있는 부분을 자꾸 찾아내야 된다고 보거든요. 물론 일이 많아질 수도 있어요. 그런데 일 많아지는 거는 또 신용보증재단의 고유의 역할을 하는 거라고 보거든요. 경제적 약자를 위해서 이 보증재단이 설립된 만큼 그분들에 수혜를 입게끔 하는 게 또 취지에 맞는 거니까요. 그런 부분에서 역할을 해주시기 바라고요.

그리고 전통시장이랑 MOU 체결을 많이 했지 않습니까. 그런데 최근에는 거의 안 하는 것 같더라고요. 그 이유가 특별한 이유가 있나요?

[경기신용보증재단 이사장] 그런 거는 아닙니다.

[조광주 위원] 없고?

[경기신용보증재단 이사장] 네.

[조광주 위원] 그런데 그게 사실은 시장이 경기도에 어마어마하게 많아요. 그게 단순하게 홍보성으로 그칠 게 아니라 한번 나가서 홍보를 하다 보면 이런 게 있다는 걸 인지하게 되는 거거든요. 상인들이 사실 신용보증재단 많이 알지는 않아요, 사실 현실적으로. 그렇게 많지 않더라고요. 제가 보면 뭐 하는지도 모르는 분들이 있어요. 시장에서, 일선에서 야채 장사하시고 이러시는 분들은 그런 문턱을 잘 모르거든요. 그래서 좀 그런 부분에서 이런 체결이 요즘에 주춤하는데 그런 거를 다시 한 번 체크해 볼 필요가 있지 않나 생각합니다.

[경기신용보증재단 이사장] 네, 잘 알겠습니다.

[조광주 위원] 수고 많으셨습니다.

섬유사업에 대하여

섬유는 일자리를 창출할 수 있는 소지가 있는 거거든요. 그래서 이러한 부분에서 사실 우리 도에서 고민해야 된다고 생각하거든요. 그래서 작년에도 제가 행정사무감사에서 북부권만이 아니라 가구·섬유산업 발전을 위해서 다른 지역과 함께 공유해서 전체적인 균형발전을 당부한 적 있지 않습니까?

[조광주 위원] 조광주 위원입니다. 이재철 국장님을 비롯해서 직원 여러분! 행정감사를 준비하시느라고 수고 많으셨습니다.

경기도에서 섬유랑 가구 지원을 지속해서 하고 있는데 사실 예를 들어서 섬유산업이나 가구산업은 최종적으로 종류가 여러 가지 파트들이 있지 않습니까. 섬유를 예를 들어 보겠는데요. 예를 들어서 원사를 가공한다든지 이런 다양한 종류별로 일을 하고 있는데 저는 완제품에 대해서 말씀을 드리고 싶어요. 이 섬유업을 하시는 분들이 완제품을 생산하시는 분들도 있고 그리고 반제품을 생산하시는 분들도 있어요. 그래서 섬유 대기업이라고 할 수 있지요. 섬유 대기업에 납품하시는 분도 있고 직접 판로를 개척하고자 하는 사람들도 있는데 사실 직접 판로를 개척하고자 하는 사람들이 거의 사장되고 있어요, 현실적으로 보면. 이 부분에 대해서 장기적인 안목으로 보면 섬유 대기업 같은 경우에는 거의 완제품 생산을 인건비가 싼 외국으로 나갈 수밖에 없는 게 현실이지요. 그러다 보면 생산능력을 갖고 있는 사람들은, 결국은 국내시장에 생산능력을 갖고 있는 사람들은 도태할 수밖에 없는 거지요, 시간이 흐르면 흐를수록. 곁에서는 성장할 것같이 보이지만 실질적으로, 현실적으로 결국은 일자리 창출에서 제로가 되는 현상이 장기적으로 나올 수밖에 없는 게 벌어지거든요. 그래서 경기도에서 사실 대기업 하청 이런 업체들도 있지만 중소기업들 자체 판로개척을 해줄 수 있는, 그런 부분에서 역할하고 있는 부분이 있습니까?

[균형발전국장] 섬유 같은 경우에는 위원님께서 지금 지적하셨듯이 우리 경기도의 대부분은 사실 OEM 방식 내지는 임가공 방식으로 추진이 되고 고유 브랜드를

바탕으로 한 이런 부분들은 굉장히 상대적으로 적다고 볼 수 있을 것 같습니다. 그러다 보니까 해외에 중국이나 동남아 쪽에 많은 봉제기업들이 나가 있고 해외기업들을 이용해서 지금 현재는 하고 있는데요. 최근에는 특히 동두천이라든지 서울에 있는 많은 기업들이 북부 쪽에 오려고 하는 패턴들을 보면 오히려 전 향후에는 성남이나 그다음에 동두천을 중심으로 한 양주·포천이 나름대로 완제품을 생산하는 데 있어서도 점점점점 경쟁력을 갖고 있지 않을까라는 생각이 듭니다. 그것은 FTA효과도 있을 수 있을 테고 그다음에 중국시장에서의 상대적인 열악한 조건들, 예를 들면 중국에서도 임금 상승이라든지 그다음에 단체협상 이런 것 때문에 국내로 많이 관심들을 갖고 있습니다, 현재는.

[조광주 위원] 예를 들어서 이탈리아 같은 나라들 경우는 거의 중소기업이잖아요.

[균형발전국장] 네, 그렇습니다.

[조광주 위원] 물론 브랜드 육성 이런 것도 했지만 거기도 대기업도 있지만 실질적으로 작은 기업들이 강한 브랜드를 통해서 사실은 성장해 나가고 알차게 운영하고 있지 않습니까? 사실 국내는 그러한 시장을 형성시켜 줘야 할 게 경기도의 역할이 아닌가 생각합니다. 그래서 사실 저희 성남 같은 경우에도 섬유업체들이 많아요. 그런데 작게나마 매장을 백화점이라든지 작은 매장을 몇 개 갖고 운영을 하는 데도 있어요, 사실은. 그런데 굉장히 힘들게 일들을 하고 있지요. 그런데 그런 부분에서 사실은 도가 지속적인 어떤 지원을 통해서 그런 장을 만들어 줘야 된다고 생각해요. 이게 사실 그런 중소기업들의 어떤 자체 고유브랜드를 만들어 줌으로써 일자리 창출이 되는 거거든요. 사실 대기업의 하청공장으로 남는 거로 하는 순간 장기적인 비전은 없어요. 대기업은, 지금 우리나라 시스템 자체가 단가 따져서 외국의 싼 인력으로 외국으로 나갈 수밖에 없어요, 사실은. 그러면 국내 일자리가 생길 수 있는 여지가 없거든요, 장기적으로 볼 때. 그래서 이 부분은 우리나라 전반적으로 우리가 사실 더불어 살기 위해서는 국내 일자리가 많아야 되지 않습니까. 사실 섬유는 일자리를 창출할 수 있는 소지가 있는 거거든요. 그래서 이러한 부분에서 사실 우리 도에서 고민해야 된다고 생각하거든요. 그래서 작년에도 제

가 행정사무 감사에서 북부권만이 아니라 가구·섬유산업 발전을 위해서 다른 지역과 함께 공유해서 전체적인 균형발전을 당부한 적 있지 않습니까?

[균형발전국장] 네, 맞습니다.

[조광주 위원] 그런 부분에서 아까 존경하는 송한준 위원께서 자료요청을 하셨기 때문에 그것은 자료로 저희가 받아보면 그 내용을 알 수 있을 것 같고요.

그리고 예를 한번 들어보겠습니다. 홈쇼핑이라든지 전자상거래를 통해서 제품을 파는 업체들이 있어요, 제조업을 하면서 직접. 그런데 규모는 아주 크지는 않아요, 사실. 그런데 명맥을 유지해 가더라고요. 그래서 나는 이러한 부분이 사실 도에서 좀 채널을 만들 필요가 있다고 생각하거든요. 그리고 이 작은 업체들이 협동조합이 됐든 서로 뭉쳐서 공동브랜드를 만들어서 나갈 수 있는 여지를 만들어 줘야 된다고 생각하거든요. 그런데 지금 보면 제일 편한 게 뭐냐면 대기업 하청하는 게 제일 편하다고 생각하는 거예요. 그러면 대기업 하청이라는 것은 사실 제가 볼 때는 하청을 하시는 개인한테는 득이 될 수 있어도 사실 기업이 전반적인 발전해 나가는 데 있어서는 제약이 할 수밖에 없거든요. 나는 이러한 점을 도에서 고민해야 된다고 생각합니다.

그리고 실용화 기술개발사업과 관련해서 제가 몰라서 그러는데 피혁연구센터가 위탁기관으로 전부 돼 있는데 피혁연구센터가 어떤 데입니까? 산학연 관련…….

[균형발전국장] 동두천에 있는 연구기관으로 알고 있습니다.

[조광주 위원] 그게 도비도 출자하고 해서 만들어진 건가요?

[균형발전국장] 그것은 아니고요.

[조광주 위원] 그럼?

[균형발전국장] 단지 산학연과 관련돼서 연구기관으로서 참석을 하는 거지요.

[조광주 위원] 피혁연구센터가, 제가 예를 들어 볼게요. 각 주관기관이라고 해서 업체들이 있더라고요. 태화산업 뭐……

[균형발전국장] 네.

[조광주 위원] 그러면 이게 도비가 들어갔지 않습니까? 예를 들어서 개발할 때마다.

[균형발전국장] 네.

[조광주 위원] 그런데 제조 기술과 관련해서 이번에 2013년도에 한 걸 보니까 송치원피를 이용한 다양한 동물무늬 염색 제조 기술 개발을 지금 하고 있다고 그러더라고요.

[균형발전국장] 네.

[조광주 위원] 내가 단순하게만 얘기할게요. 이 기술은 제가 볼 때 오래 전에 나왔던 거로 알고 있거든요. 이게 사실 구두가 됐든 이미 오래 전에 이 기술을 사용해서 제품들이 실용화되고 있는 거로 알고 있거든요. 그런데 이런 기술을 2013년도에 한다고 예산을 지원해서 아직도 완성이 안 됐다고 나와요. 그런데 이게 특별한 부가가치가 있어요? 이런 기술들이 이미 개발이 돼서 상용화되고 있지 않습니까?

[균형발전국장] 위원님, 본 내용은 송치 원피를 이용한 제조 기술에 대한 부분은 사실 제가 확인을 못했습니다. 그래서 이 부분은 제가 직접적으로 확인을 한 다음에 위원님한테 별도로 보고를 드리는 게 좋을 것 같고 전문적인 내용이라 제가 지금 이 부분에 대해서는 내용파악이 덜 된 것 같습니다.

[조광주 위원] 저는 사실 이런 기술이 개발되면 한 회사에 돌아가는 건가요, 수혜가?

[균형발전국장] 금보산업이라고 하는 주식회사하고 같이 공동연구를 한 거기 때문에 피혁연구센터에서 연구를 하고 향후에 주식회사 금보산업에 기술로써 활용될 것으로…….

[조광주 위원] 나는 그래서 이해가 안 가는 게 그런 거예요. 이런 기술은 사실 이미 상용화가 된 기술을 새로 연구를 한다는 것 자체도, 왜냐하면 피혁 가지고, 사실은 내가 단순하게 이것을 우연치 않게 본 거예요. 그런데 이 송치를 갖고 하는 동물염색기술이 오래 전부터 나왔거든요, 제가 알기로. 그런데 이것을 지금 2013년도에 와서 연구를 해서 돈을 투자했다고 하니까, 몰라요. 어떤 기술이 나올지 모르지만 그거 한번 자료 좀 줘보세요.

[균형발전국장] 지금…….

[조광주 위원] 아니, 지금 자료를 요청하니까 이거와 관련해서 나는 어떤 기술이 나왔고 기존에 상용화돼 있는 거랑 어떤 차이가 있기에 또 새로운 기술이 나올 수 있나 해서요.

[균형발전국장] 구체적인 내용은 별도로 정리를 해서 위원님한테 보고를 드리도록 하겠습니다.

[조광주 위원] 사실은 이런 부분을 정말 심도 있게 고민해서 써야 된다고 생각하거든요. 잘 알았습니다.

중소기업 판로개척에 대하여

중소기업 제품을 갖다 중소기업박람회를 계획적으로 열어서 기업들을 간혹 살리는, 아주 중소기업 제품을 갖다가 굉장히 대량판매를 해서 기업이 다 무너져 가다가도 살아나는 경우가 과거 중소기업 지원 초창기 때는 많은 중소기업들이 살았어요.

[조광주 위원] 조광주 위원입니다. 행정감사에 수고 많으십니다. 실장님, 작년에 저희가 행정감사 때 사회적약자 부분에 대해서 생산한 제품이라든지 구매문제에 대해서 경투실 산하기관이라든지 이런 데에서 활용할 수 있는 방안을 강구하라고 했었어요. 그 부분에 대해서 묻겠는데 어느 정도 실천했다고 보십니까?

[경제투자실장] 상당히 저희들이 한다고 노력은 한 것 같은데 전체적으로 보면 많이 부족합니다. 실제 위원님께서도 말씀을 하셨지만 사회적기업에 대한 제품은 품질이나 가격 측면에서 경쟁력이 있어도 여러 가지 상품 홍보 측면에서 부족하기 때문에 정부기관이나 공공기관에서 적극적으로 구매를 해주게 되는데 그 부분이 아직 만족할 만큼 진행되고 있지는 않은 것 같습니다.

[조광주 위원] 저희가 산하기관을 다니면서 행정감사를 하면서 체크해 봤어요. 근데 별로 변한 게 없더라고요. 결국은 매출이 조금 증가했다고 그러면 제가 볼 때는 물가상승률 있죠? 제품에 대한 물가상승률 정도가 반영된 정도고 거의 노력한 흔적이 안 보이더라고요. 그래서 이러한 점은 사실 우리가 사회적기업을 지원하고 사회적약자를 지원하고 그러지 않습니까? 그럼 지원하는 만큼 그분들이 자리를 잡을 수 있게끔 하려면 그분들이 제품이라든지 아니면 용역 이런 부분을 갖다 해줄 수 있는 방안을 만들어야 하거든요. 그런데 그런 부분에 분명히 작년에 제가 개선점을 찾아야 된다라고 얘기했는데 거의 개선된 게 없더라고요. 그래서 이러한 부분이 사실 가시적으로 조금 우리가 얘기할 때 그때 뿐 조금 변하고 이러는 모습이 있어야 되는데 그런 게 전무하니까 이거는 좀 심도 있게, 사실 경투실 산하기관 정도는 경투실에서 해법은 충분히 찾을 수 있어요. 그거를 심도 있게 해

주셔야 해요.

[경제투자실장] 네, 알겠습니다.

[조광주 위원] 그리고 제가 지역이 성남인데 판교테크노밸리에 관해서 여러 위원님들이 지적했지만 사실 성남산업단지 아시죠?

[경제투자실장] 네.

[조광주 위원] 성남산업단지가 경기도 위탁을 준 거잖아요, 그죠?

[경제투자실장] 네.

[조광주 위원] 작년에 그 부분에 대해서 거론해서 많이 시정은 됐어요. 근데 사실 판교테크노밸리가 들어오면서 성남산업단지가 위축이 된 건 사실이에요. 그게 뭐냐 하면 판교테크노밸리가 고유의 임무 그러니까 거기가 IT산업이라든지 이런 본래의 분양사업, 사업계획 했던 대로 안 가다 보니까 실질적으로 산업단지에 들어올 수 있는 여건이 있는데도 불구하고 판교테크노밸리로 가려고 해요. 그래서 이 부분이 불법인데 그런 영향을 주는 거거든요. 성남에 똑같이 있지만 사실 피해를, 보이지 않는 피해를 성남산업단지가 보고 있는 거예요, 사실은. 그것도 경기도에서 나름대로 위탁을 줘서 관리를 해야 하는 데잖아요. 그래서 저는 판교테크노밸리의 역할이랑 성남산업단지 역할 이 부분에서 둘의 역할을 교류할 수 있는 장을 만들어줘야 된다고 생각하거든요. 왜냐하면 판교테크노밸리는 자기네 원래 계획했던 대로 잘 가고 또 제조시설 부분이 많은 산업단지는 산업단지의 역할로 해서 각자 역할을 교류를 통해서 해법을 찾아야 된다고 생각하거든요. 그래서 이 부분에 대해서 제가 사실 산업단지관리공단 측에 얘기를 했어요. 그랬더니 자기네도 사실 그 부분이 정말 자기네는 피해를 입고 있기 때문에, 판교테크노밸리의 불법임대 때문에 보이지 않게 우리가 피해를 보고 있다, 지금. 그 얘기를 그쪽에서도 하고 있어요, 지금. 그래서 그럼 서로 어떤 소통을 통해서 서로의 역할을 할 수 있

는 그런 장을 만들어야 된다라고 생각했어요. 그 부분을 추진하려고 저도 생각을 하고 있거든요. 그래서 그렇게 진행을 해야 할 것 같아요.

[경제투자실장] 네.

[조광주 위원] 그리고 사실 우리가 작년에 협동조합, 올해죠? 주로 올해 협동조합이 많이 신설이 됐는데 예산이 작년에 3억을 책정을 했지 않습니까? 근데 사실 협동조합이 이제 시작이잖아요, 시작. 시작이면 성장할 수 있는 길이 만들어져야 하잖아요. 그런데 오늘 예산 보니까 그냥 실링 그대로 반영해서 깎어서 예산을 반영을 했더라고요. 그래서 내가 사실 이 협동조합의 역할이 앞으로, 외국 성공사례들도 협동조합이 그냥 자체적으로 크지 않았어요. 속을 들어가 보면 누군가의 희생이었거든요. 그게 기관이 됐든 아니면 개인 큰 사업가가 됐든. 그런 부분에서 사실 보이지 않는 그런 어떤 역할 하는 분들에 의해서 협동조합이 제대로 성장을 해 나간 거거든요. 그런데 예산을 갖다가 사실 처음 시작하는 단계에서 세워났던 예산을 이제 시작인데 앞으로 성장해 나가야 될 부분을 갖다가 실링 부분을 자르면 과연 협동조합을 살릴 수 있는 그런 역할을 할 의지가 있는 건가, 저는 그런 생각이 들었어요. 이 부분에 대해서 어떻게 생각하세요?

[경제투자실장] 네, 위원님 말씀이 맞습니다. 이 협동조합도 사회적기업이나 마을기업처럼 일자리 창출이나 지역경제 활성화를 위해서 일반 민간 기업체보다 더 많은 그런 역할을 할 수 있는 부분이고 더군다나 협동조합 같은 경우엔 상당히 초기단계입니다. 시작한 지가 지금 1~2년밖에 안 되는 이런 부분인데 이런 부분도 내년도 예산이 많이 줄어드는 이런 편성이 돼 있는데 이런 부분은 내년도 추경 때 좀 우선적으로 삭감된 부분은 예산을 좀 반영을 해서 적어도 금년 수준 정도는 유지를 하도록 하고요. 또 그 외에 예산이 수반되지 않는 창업협동조합을 구성해서 창업을 하려고 하는 그런 사람들에 대한 교육 부분이라든지 또 운영하고 있는 사람들에 대한 어떤 컨설팅 문제, 그다음 협동조합이 생산하는 물건에 대한 마케팅, 판로 개척, 공공기관에서 구매 이런 부분들은 예산이 수반되지 않는 사항이긴 하지만 저희들이 적극적으로 노력을 해서 초기단계에 있는 협동조합들이 신속하게

성장할 수 있도록 그렇게 노력을 해 나가겠습니다.

[조광주 위원] 네, 그 부분을 좀 조사를 제대로 해서 거기에 걸맞은 예산을 편성할 수 있는 방안을 마련해 주시고요.

[경제투자실장] 네.

[조광주 위원] 그리고 요즘 경기가 굉장히 안 좋지 않습니까?

[경제투자실장] 네.

[조광주 위원] 그러다 보니까 전부 중소기업들이 판로가 굉장히 어려운 게 현실이거든요.

[경제투자실장] 네, 그렇습니다.

[조광주 위원] 그런데 저희도 보면 전시회를 하고 있지 않습니까, 킨텍스라든지 이런 데에서. 그런데 사실 과거에 보면 중소기업 제품을 갖다 중소기업박람회를 계획적으로 열어서 기업들을 간혹 살리는, 아주 중소기업 제품을 갖다가 굉장히 대량판매를 해서 기업이 다 무너져 가다가도 살아나는 경우가 과거 중소기업 지원 초창기 때는 많은 중소기업들이 살았어요, 그 설명회 때문에. 물론 언론의 역할도 있었지만. 그게 이제 관에서의 역할도 있었고. 그런데 저는 사실 지금 우리가 예산이 줄어들고 있지 않습니까? 그럼 이 줄어든 예산을 가지고서 할 수 있는 일을 찾아야 된다고 생각하거든요. 그러니까 베이스가 깔려 있는 부분에 적은 예산으로라도 접근해서 판로를 개척해 주고 이런 역할을 해야 하거든요. 그게 뭐냐면 간혹 하는 게 백화점 로비라든지 이런 데 가끔 해요. 각 시군들 보면 그런 걸 해요, 사실은. 백화점에 상설판매 식으로 일부 며칠 잡아 갖고 그렇게 하고 있거든요. 그래서 경기도에서 이제 큰 행사를 제법 많이 해요, 예를 들어서 도자박람회라든지. 그죠?

[경제투자실장] 네.

[조광주 위원] 그런 걸 할 때 보면 중소기업제품관, 이런 부스로 볼거리 식으로 제품을 그냥 그 동네 제품만 갖다 놓을 게 아니라 경기도에 있는 중소기업 제품을 좀 와서 도자기를 쳐다보는 것처럼 볼 수 있게끔 같이 연결을 시켜서 하면 비용도 절감되고 홍보도 제대로 되고 새로운 어떤, 이게 사이클 때문에 시기적으로 불경기일 때는 그게 필요하다고 보거든요. 지금 깔려 있는, 예를 들어서 행사를 해 나가고 있는 경기도에서 그 부분에서 좀 우리 경투위 쪽에서 좀 기업 지원 관련해서 그런 데와 업무 제휴를 해서 중소기업관을 좀 시너지 효과가 날 수 있도록 볼거리를 만들어 줘야 하거든요, 사실은. 제품도 소비자들이 와서 구매하기 좋은 제품을 선별, 경기도에 꽤 어려운 데들이 많아요. 그런 데를 좀 선별을 해서 중소기업관을 하나의 부스로 제법 규모 있게 하면 나는 충분히 홍보효과가 나올 수 있는 방안이 있다, 기업한테 큰 도움을 줄 수 있다. 지금 사실 그냥 도자기면 도자기, 동네에 있는 제품만 몇 개 하면 사람들 쳐다보지도 않습니다. 그래서 그러한 부분을 좀 신경 써 가지고 앞으로 판로를, 지금 이 어려운 판로를 우리가 갖고 있는 자원을 가지고 거기다 조금 부가해서 역할을 해줬으면 하는 그런 생각을 갖게 됐습니다.

[경제투자실장] 네, 위원님 좋은 아이디어를 주셨는데 저희들이, 저희들 경투실뿐만 아니라 도에서도 대규모 행사들이 많습니다. 연중 내내 있는데 그럴 때 거기에 방문하는 고객들의 종류와 성향에 맞춰서 우리 중소기업체들 제품을 선보일 수 있는, 그런 큰 대규모 전시관이 아니더라도 그런 기회를 최대한 줄 수 있도록 그렇게 실행해 나가도록 하겠습니다.

[조광주 위원] 네, 감사합니다.

U턴 기업에 대하여

경기도에서 아니면 의회 차원에서라도 지방에서 할 수 없는 그런 일들을, 수도권에서 할 수밖에 없는 일을, 그런 목소리를 높일 수 있는 방안을 마련해야 되지 않나 생각합니다.

[조광주 위원] 연일 행정사무 감사를 하시느라고 수고 많으십니다. U턴 기업과 관련해서 좀 말하겠는데요. 사실 경기도 같은 경우에 각종 세금혜택 이런 부분에 관련해서 준비하고 있는 게 있나요?

[경제투자실장] 아니, 저희들은 특별히 없습니다. 현재 위원님께서 아시겠지만 중앙정부에서 비수도권에 대해서는 세금혜택이나 또 현금지원을 하고 있는데 수도권에 대해서는 배제가 되고 있고요. 저희 도에서 자체적으로 시행하는 건 없습니다. 단지 U턴 기업체들이 많이 산재해 있는 지역에 가서 경기도 투자나 경기도 기업환경을 설명해 주고 유치하는 이런 노력은 하고 있습니다.

[조광주 위원] 사실 U턴 기업 같은 경우에 경기도에서 중앙정부의 소외를 받는 거잖아요.

[경제투자실장] 그렇습니다.

[조광주 위원] 그 부분에 대한 노력을 나름대로 하고 계시는 건 알고 있는데 그 부분을 좀 적극적으로 할 수 있는 그런 것을 찾으셔야 되지 않겠어요?

[경제투자실장] 저희들도 상당히 안타깝습니다. 사실 U턴 기업뿐만 아니라 모든 기업 지원정책에 대해서 수도권은 지금 배제가 되고 있거든요. 그런데 U턴 기업체들 중에서도 고급인력을 기반으로 하는 그런 기업체 같은 경우에는 수도권이 아니면 한국에 또 들어오기가 어려운데 그런 업종만이라도 수도권도 비수도권하고 똑같은 페이버(favor)를 줘서 한국으로 들어올 수 있도록 만들어야 되는데 상

당히 좀, 여러 차례 찾아가서 얘기도 하고 건의도 하고 이렇게 했지만 아직까지 이렇게 시원한 답변을 얻지 못하고 있습니다.

[조광주 위원] 참 안타까운 일인데요. 사실 수도권에서 할 수 있는 중요한 U턴 기업에 대한 그런 부분을 저희가 놓치고 가고 있거든요.

[경제투자실장] 네.

[조광주 위원] 그래서 이 부분은 경기도에서 아니면 의회 차원에서라도 지방에서 할 수 없는 그런 일들을, 수도권에서 할 수밖에 없는 일을, 그런 목소리를 높일 수 있는 방안을 마련해야 되지 않나 생각합니다.

[경제투자실장] 네, 알겠습니다.

[조광주 위원] 그리고 요즘 제대군인 지원프로그램이 있지 않습니까?

[경제투자실장] 네.

[조광주 위원] 그런데 거의 5년 이상 군 생활하다가 나오시는 분들 위주로 하고 있잖아요?

[경제투자실장] 네.

[조광주 위원] 군생활이라는 게 사실, 일반적으로 요즘 젊은 청년들이 군대를 가서 22개월, 이제 많이 줄였죠, 복무가. 나와서 복학을 하는 친구들이 있고 사정에 의해서 바로 취업전선에 뛰어들 수밖에 없는 친구들이 있어요. 그런데 이러한 친구들에 대한 부분을 좀 고민하고 이런 게 있나요?

[경제투자실장] 저희들이 위원님 말씀하신 제대군인 취업 지원사업을 현재 하고 있습니다. 하고 있는데, 바로 이렇게 제대하자마자 취업해야 하는 제대군인들 대

상으로 취업하는 데 필요한 여러 가지 교육 정도는 현재 그런 프로그램을 만들어서 하고 있습니다. 지금 프로그램이 4주 동안 72시간 취업하는 데 여러 가지 필요한 이론이나 기업의 어떤 현장문화 이런 부분들을 하고 있고요.

[조광주 위원] 장기근무…….

[경제투자실장] 그리고 또 취업알선도 지금 현재 해주고 있습니다.

[조광주 위원] 그러니까 지금 하시는 건 5년 이상 장기근무자 위주로 하고 있잖아요?

[경제투자실장] 네.

[조광주 위원] 그런데 사실 어린 나이에 어떤 숙련이 안 됐는데 군대를 가서 22개월, 단기적으로 근무를 하고 오시는 친구들 있잖아요. 그런 부분에 대한 걸 저는 얘기하는 거거든요. 왜냐하면 현재 제대하고 나와서 복학하는 친구도 있지만 고등학교를 졸업하고 사회생활 하다가 군대를 가서 다시 사회에 나와서 전에 다니던 직장에 재취업하고 이런 부분은 별 문제가 없는데 그런 것도 전혀 없이 군대에서 짧게 근무를 하고 나와서, 사실 그런 친구들이 사각지대에 놓여있거든요.

(경제투자실장, 관계공무원에게 확인 중)

[경제투자실장] 현재 위원님 말씀하신 그런 계층들, 그러니까 단기로 이렇게, 뭐 단기가 아니죠. 보통 2년 2개월 정도 근무하고 나와서 바로 취업하려고 하는 그런 사람들을 취업관리해서 지원해 주는 그런 특별한 프로그램이 현재는 없는 걸로 파악되고 있습니다.

[조광주 위원] 제가 안타까운 게 뭐냐 하면 5년을 그래도 장기근속을 하신 분들은 자본금이 좀 있어요, 그래도. 사회에 나와서 좀 적응할 수 있는. 그런데 22개월

하고 학교도 다녀본 적 없고 그리고 특별한 직장도 없었던 친구들이 사회에 나와서 적응하려면 아무것도 없는 거야. 그리고 우리가 군생활 해보면 알겠지만 22개월이라도 사실 좀 보이지 않게, 우리가 흔히 얘기하잖아요. 머리가 예전만 못하다고. 그러한 프로그램이 경기도에 전혀 없는 것 같더라고요. 그런데 그러한 친구들이 그렇게 많지는 않아요, 제가 보기에. 그런데 사실 굉장한 취약계층이거든요, 내부적으로 들어가 보면. 그러한 친구들에 대한 프로그램이 전혀 없는 것 같더라고. 그래서 그게 참 아쉬웠어요. 그래서 나는 그러한 친구들을 5년 장기근무했던 분들이랑 매칭해서 할 수 있는 그런 걸 하면 비용도 절감되면서 뭔가 해결하실 방안이 생기지 않을까 하는 생각이 들어요.

[경제투자실장] 그 부분에 대해서 저희들이 구체적으로 수요가 얼마나 되는지 이런 것도 파악을 해보고 적절한 수요가 있으면 그 사람들을 위한 별도 취업프로그램을 개설해서 필요하면 도립직업전문학교하고 연계도 하고 추진을 해보도록 하겠습니다.

[조광주 위원] 잘 알았습니다. 그리고 우리가 G-FAIR KOREA라든지 박람회를 하지 않습니까. 중소기업 제품을 홍보해 주고 판로를 개척해 주기 위해서 여러 가지 활동을 하는데 각 참여업체들 설문조사들을 하나요?

[경제투자실장] 네, 저희들은 만족도조사도 하고 뷰티박람회 같은 경우에는 대회 기간 동안에 또 끝날 무렵에 내년도에 재참가할 건지 신청서도 받고 전체적인 박람회의 어떤 만족도에 대해서 설문조사를 하고 있습니다.

[조광주 위원] 그리고 방문객에 대한 설문조사는 해본 적 있나요?

(경제투자실장, 관계공무원에게 확인 중)

[경제투자실장] 그건 제가 정확하게 지금 파악을 못하고 있는데 별도로 파악해서 위원님께 설명을 해드리도록 하겠습니다.

[조광주 위원] 네. 그 부분이 중요한 게 입장을 할 때 예를 들어서 입장표를 주지 않습니까?

[경제투자실장] 네.

[조광주 위원] 그때 입장표를 주기 전에 설문조사를, 고객에 대한 설문조사를 하면 데이터가 하잖아요. 어떤 이유에 의해서 여기를 방문하게 됐다. 그럼 그 데이터를 가지고 그 업체가 사실은 자기네가 판로를 개척하는 부분이 될 수가 있거든요. 나중에 그 업체가 분리돼서 들어가면 그 업체는 이러한 일 때문에 오신 고객이기 때문에 어떤 제품에 대한 홍보라든지 계속 지속해서 메일을 보내주면 관심 있는 업종으로 왔던 분들은 새로운 신제품이라든지 이런 게 될 때 사실 어떤 수요가 될 수 있는 부분이 생기는 거죠. 그런 부분은 좀 필요하다고 보거든요.

[경제투자실장] 네. 저희도 바이어에 대해서는 좀 하는데 위원님이 말씀하신 일반 방문객들 그런 부분에 대해서는 하고 있지 않은 것 같은데 좀…….

[조광주 위원] 그런데 그게 그렇게 어렵지는 않거든요.

[경제투자실장] 그런 부분도 검토를 한번 해보겠습니다.

[조광주 위원] 잘 알았습니다. 수고 많으셨습니다.

경제
행정감사
CHAPTER 8 | 2012

공기관 이미지 실추에 대하여

공기관에서 돈을 빌렸는데 대응방식이 채권추심으로 넘어갔을 경우에 거기서 발생했던 문제점으로 인해서 공기관의 이미지에 실추할 수 있는 부분이 생길 수가 있거든요. 그래서 그러한 부분에서 정말 체킹을 해야 한다는 생각은 들어요.

[조광주 위원] 수고 많으십니다. 제가 자료를 여성기업과 사회적기업 물품구매 현황에 대해서 받았는데요. 지금 신용보증재단에서 가장 역점을 둔다라고 지난번에 건의사항이나 지적을 위원님들이 해주셔 가지고 지원대책을 세운 걸로 알고 있어요. 그런데 구매현황을 보니까 사실 깜짝 놀란 게 여성기업 구매실적이 신용보증재단에서도 거의 반토막 수준으로 떨어졌고요. 그리고 사회적기업 관련해서는 아예 없어요. 지난해에 있어야 44만 원 정도밖에 없었는데 이런 부분에 고민을 전혀 안 하셨나 봐요.

[경기신용보증재단 이사장] 그런데 저희는 위원님, 외부에서 물품 사는 게 전혀 없습니다. 일반 사무용품류 이외에는 다른 거는 저희가 이런 게 없어서 그 자체가 없습니다, 자체가. 어떤 특별히. 그런데 여성기업인들 관련은 몇 가지가 있어요, 여성기업인들. 저희가 가급적이면 이거 이용하려고 하는데도 여성경제인회에서 요청도 있고, 그런데 일반 잡다한 물품 사는 게 없습니다. 다른 기관은 그런 게 좀 많은데요, 중기센터만 해도. 그걸 이해해 주시면 좋겠습니다.

[조광주 위원] 네, 이해는 하겠는데요. 작년에 구매했던 실적이 있는데 그 실적에 비례해서 그래도 적어도 거기에 맞게끔 신경을 쓰면 충분히 그 정도는 해결할 수 있다고 보거든요.

[경기신용보증재단 이사장] 네. 저희도 그걸 다시 한 번 챙겨보겠습니다.

[조광주 위원] 그리고 채권추심 관련해서 잠깐 문의 좀 하겠습니다. 질의 좀 하겠습니다. 지금 채권추심 관련해서 업무위탁을 하고 있죠?

[경기신용보증재단 이사장] 네, 그렇습니다.

[조광주 위원] 그런데 사실 저희 신용보증의 사업방향이 사실 어려운 부분, 어려운 기업, 어려운 소상공인을 더 지원해야 된다고 말씀하셨잖아요.

[경기신용보증재단 이사장] 네, 그렇습니다.

[조광주 위원] 그런데 사실 이 채권추심이 만일에 위탁을 했을 때 발생하는 어떤 피해라든지 이런 부분에 대해서 체크 좀 해보신 적 있으세요?

[경기신용보증재단 이사장] 저희가 그걸 직접 조사하거나 그래 본 적은 없는데요. 저희는 어떤 경우에 이걸 외부 추심업체에 위탁하냐 하면 저희 사무소에서 회수활동을 하다가 완전히 상각채권이 돼 가지고 회수를 못할 때 그럴 때 위탁을 하기 때문에 그럴 땐 벌써 채무자도 거의 존재하지 않거나 이런 상황이기 때문에 큰 문제는 없었는데요. 다만 그런 경우에도 이걸 방치하게 되면, 다만 몇 억이라도 회수하려고 이것을 상각채권으로 일정 기간 관리하다가 안 됐을 때 최종적으로 이걸 의뢰하고 있습니다. 그래서 현재까지는 큰 문제는 없는데 다만 저희가 평가를 합니다, 매월. 평가를 해 가지고 이게 어떤 문제가 있고 또 업체별로 회수상의 어떤 문제가 있는지 간담회도 하고 이건 저희가 모니터링을 하고 있습니다, 이렇게.

[조광주 위원] 모니터링을 하시죠?

[경기신용보증재단 이사장] 네.

[조광주 위원] 저희가 공기관이잖아요. 사실 신용보증기금이 공기관이다 보니까 공기관에서 자칫 잘못하면 채권추심이라는 게 아직 사회적 인식이 그리고 또 채권추심을 하시는 분들이 사실 접근하는 방식이 계속 사회적 이슈화가 되고 있잖아요. 너무 정말 심할 정도로. 그런데 저희 공기관에서, 분명히 돈을 빌린 채무자는 공기관에서 돈을 빌렸

는데 대응방식이 채권추심으로 넘어갔을 경우에 거기서 발생했던 문제점으로 인해서 공기관의 이미지에 실추할 수 있는 부분이 생길 수가 있거든요. 그래서 그러한 부분에서 정말 체킹을 해야 한다는 생각은 들어요. 저희가 기껏 좋은 일을 다 해놓고 그런 어떤 오점 때문에 저희 명예를 실추할 수 있는 부분이 존재하기 때문에요.

[경기신용보증재단 이사장] 그 염려하시는 바를 저희가 잘 알고 있고요. 저희가 외부 추심업체에 의뢰했을 때 회수율이 거의 1%도 안 되고요. 그런데 그나마도 이거를 저희 고민 같아서는 그냥 포기해 버리면 좋은데 나중에 저희도 감사를 받고 그러는데 왜 이걸 포기했느냐고 하는 문제도 저희가 그런 딜레마도 있어서 어쩔 수 없이 하고 있습니다만 거의 회수 가능성은 극히 낮고요. 또 현재까지 그렇게 무슨 말썽이 있거나 그러지 않았는데 최근에 이걸 정부에서도 엄격히 규제해 가지고 아침 7시 전에는 못하고 저녁도 8시, 9시 이후에는 못하고 이런 규제도 있고 해서요. 지금 과거처럼 말썽 나는, 또 저희가 위탁한 업체를 보면 신문지상에 나는 채권추심업, 일반 개인업체 아니고 어느 정도 신용정보회사로서 경영과 품위를 갖춘 업체를 선정해서 의뢰하고 있습니다.

[조광주 위원] 네, 잘 알았습니다. 그리고 신용보증자격에 대해서 여쭤보고 싶은데요. 여기에 제가 자료를 받아보니까 자격제한요건이 있더라고요. 이 기준이 어떤 기준을 잡는 데 있어서 근거가 있었습니까?

[경기신용보증재단 이사장] 보증제한업종에 대한 규제는 정부가 규제하는 일정한 기준이 있습니다. 예를 들면 안 되는 업체, 유흥음식점 또는 여관업 이런 특수한 업체를 제외하고는 네거티브 리스트니까 안 되는 업체를 제외하고는 저희가 다 할 수 있는 걸로 돼 있습니다.

[조광주 위원] 정부에서 일단 가이드라인이 제시돼 있는 건가요?

[경기신용보증재단 이사장] 네. 제한업종이 골프장 운영업이라든지 무도장이라든지 유흥음식점이라든지 담배소매업이라든지 그 안 되는 업체를 제외하면 저희가 다 할 수

있는 걸로 돼 있습니다.

[조광주 위원] 제가 왜, 시대가 변했지 않습니까? 시대적 흐름이. 그리고 과거에는 규제에 묶였었고 사치품의 특성을 가졌었던 부분이 시간의 흐름 속에서 완화됐거든요, 사람들 인식이. 귀금속 중개업 같은 경우에 업종제한이 아직도 묶여 있냐는 생각이 들어서요. 이 중개업이 어느 정도를 코스트(cost)를 잡고서 가이드라인을 잡은 것인지.

[경기신용보증재단 이사장] 그런데 저희가 안타깝게 생각하는 것은 매년 이게 제한 업종에서 가능한 업종으로 많이 바뀌어가고 있습니다. 과거에는 예를 들어서 유통업종 중에도 일부 제약이 있었고 그랬는데 그걸 점차 풀어주는데 아직도 제한업종으로 돼 있는 것은 정부가 금융감독위원회에서, 금융위원회에서 제한업종으로 딱 묶여 있는데 앞으로도 제 생각에는 우리나라가 유독 금융에 관한 규제와 제한이 좀 많습니다, 아직도. 외국 같으면 이렇게 제한이 없습니다, 사실 큰 제한이. 그런데 우리는 아직도 금융에 관한 여신금지라든지 보증제한업종에 대한 규제가 아직도 조금 있는 편입니다. 그런데 점차적으로 경제사회 발전에 따라서 이거는 규제가 점점 더 풀어져야 한다 이렇게 저희도 생각하고 있습니다. 그렇게 건의하고 있고요.

[조광주 위원] 이사장님 수고 많이 하셨는데요. 제가 마지막으로 부탁 하나 드리겠습니다. 아까 얘기했지만 여성기업 관련이랑 그리고 사회적기업 관련해서 현실적으로 사회적약자라고 돼 있지 않습니까? 현실적으로. 그러면 비록 작은 물품이라도 사회적기업 같은 일자리 창출에 기여할 수 있는 사회적 역할을 하는 부분에서 제품을 생산하는 부분을 갖다가 되도록 구매를 해주셨으면 합니다.

[경기신용보증재단 이사장] 네, 이건 저희가 다시 한 번 챙겨보고 가급적 살 수 있도록 저희가 챙겨보겠습니다.

[조광주 위원] 네, 감사합니다.

체인점 사고에 대하여

지금 소상공인들이 아무것도 모르고 교육을 받고 액면 그대로 따라가게 되어 있죠. 강사가 전달하는 게 굉장히 중요한 역할을 할 수 있는 부분이 있거든요. 그러다 보면 사실 지금 체인점이 계속 사고가 터지는 이유가 뭐냐 하면 적은 자본으로 사업을 하려고 하는데 그 돈에, 현실적으로 체인점들의 구조를 보면 적은 자본으로 맞춰 들어가기가 쉽지 않거든요.

[조광주 위원] 수고 많으십니다. 소상공인 창업지원과 관련해서 말씀드리겠는데요. 지금 교육내용을 보니까 전문교육 같은 경우에 커피전문과정이라든지 DIY공방 과정이라든지…….

[경기중소기업종합지원센터 대표이사] 제가 잘 안 들리는데 조금…….

[조광주 위원] 그래요. 전문교육 같은 경우에 보면 교육내용이 커피전문과정이라든지 DIY공방 창업과정이라든지 이런 내용이 되어 있는데요. 이 교육을 갖다가 위탁을 주는 겁니까, 아니면 자체적으로…….

[경기중소기업종합지원센터 대표이사] 전문가들에 위탁을 하게 됩니다. 그러니까 지금 말씀하신 한 5~6개 정도 저희들이 부분이 있습니다. 커피전문창업이라든가 DIY공방 창업 그다음에 뷰티케어 창업, 퓨전분식 돈가스 이런 부분에서 6개의 전문창업을 32시간 이렇게 하는데 그것은 저희들이 그 분야에 전문가인 강사를 초청해서 교육장소를 확보해서 교육을 하고 있습니다.

[조광주 위원] 제가 왜 이런 질문을 했냐 하면요. 지금 좀 문제화되고 있는 게 체인점 문제 있지 않습니까? 강사들이 사실 위탁을 주는데 있어서 강사들이 그 체인회사랑 연결되어 있는 부분이 있나 한번 검토해 본 적은 있습니까?

[경기중소기업종합지원센터 대표이사] 네, 알고 있습니다. 지적하신 말씀에 대해서.

[조광주 위원] 지금 소상공인들이 사실 아무것도 모르고 교육을 받고 액면 그대로 따라가게 되어 있죠. 강사가 전달하는 게 굉장히 중요한 역할을 할 수 있는 부분이 있거든요. 그러다 보면 사실 지금 체인점이 계속 사고가 터지는 이유가 뭐냐하면 적은 자본으로 사업을 하려고 하는데 어떤 그 돈에, 현실적으로 체인점들의 구조를 보면 적은 자본으로 맞춰 들어가기가 쉽지 않거든요. 보면 거의 대부분의 사람들이 어느 정도 자금이냐 하면 초기자금을 3,000만 원~5,000만 원 정도를 가지고 사업을 시작하지 않습니까? 그런데 사실 체인을 하려고 하면 결국은 인테리어라든지 대출을 받을 수밖에 없지 않습니까? 결국은 그 대출이 발목 잡는 결과가 현실적으로 일어나고 있거든요. 그래서 이러한 부분에 분명한 대책을 세우는 교육을 해야 된다고 생각하거든요. 이 부분에 대해서는 고민해 보신 적 있습니까?

[경기중소기업종합지원센터 대표이사] 위원님, 아주 귀한 지적을 해주셨습니다. 지금 프랜차이즈의 그런 운영하는 회사는 돈을 벌고 그것에 가입하는 소상공인들은 얼마 안 가서 모든 것에 다 어려움을 당하는 그러한 사례도 기사에도 접하고 또 그러한 소상공인 창업 또 전문분야에 그런 업무를 저희들이 지원을 담당하는 기관으로서 지적해 주시는 문제에 대해서는 충분히 인지를 하고 있고요. 그래서 어떤 개인기업이나 프랜차이즈의 영향력이 있는 기업들에 휘둘리지 않고 영향력이 그렇게 가지 않기 위해서 저희가 인디펜던트(independent) 강사를 데려오고 그 회사에 가서 하는 게 아닙니다, 이것은. 저희들이 교육장소를 별도로 하고 자체강사를 통해서 그 사람들이 그러한 소상공인 창업을 할 수 있도록 하는 그런 시스템으로 갖고 있는데 그 후에, 그 사람들이 교육을 받은 후에 아마 프랜차이즈가 어떤 기업의 경우 어떤 상품의 경우 좋으면 본인의 그런 선택을 할 수 있도록 하고 저희는 특별히 프랜차이즈 독립점포에 대해서 특별히 성공과 실패 그런 사례를 저희들이 모아서 교육을 시키고 있다는 것을 위원님께 보고를 드립니다.

[조광주 위원] 커피전문점 같은 경우에는 사실 처음 창업할 때 비용이 많이 들어

가거든요, 의외로.

[경기중소기업종합지원센터 대표이사] 그렇습니다.

[조광주 위원] 그러다 보면 거기에 대한 지식을 얻기 위해서는 프랜차이즈로 결합할 수밖에 없는 게 그런 점이 현실적으로 존재하거든요. 그래서 이 교육을 갖다가 중점적으로 시키고 있기에 과연 이 부분에 대한 부분이 정말 명확한가 해서…….

[경기중소기업종합지원센터 대표이사] 그 부분이 위원님도 아시다시피 커피 프랜차이즈가 너무 많지 않습니까? 수원에도 엄청나게 많이 있는데 그러한 수요가 있다는 그런 상황에서 저희들이, 또 수요가 있는데 그런 창업에 관한 전문교육을 시키지 않을 수가 없는 또 그런 시장의 부분이 있고요. 수요에 의해서 하고 있다는 것을 좀 보고를 드리고자 합니다.

[조광주 위원] 그러면 전문교육을 받고 나서 그분들이 어떤 사후적 체킹은 해보신 적이 있나요, 교육을 받으신 사람들에?

[경기중소기업종합지원센터 대표이사] 저희들이 아직 사후적 체크까지는 통계적으로 지금 보고드릴 상황은 아니고요. 저희들이 전문교육을 올해 시작을 했습니다, 이 부분에. 그래서 우선 아까 처음에 지적해주신 프랜차이즈의 비즈니스가 주는 폐단과 휘둘림 이런 부분에서 어려움이 없도록 저희들이 좀 독립적으로 그런 것을 한다는 말씀을 드리고요. 지금 지적해 주신 그런 부분에 사후적으로 어떤 결과가 나왔는지에 대해서는 한번 다음 업무보고 기회 때 집중적으로 한번 보고를 드리도록 하겠습니다.

[조광주 위원] 제가 볼 때는 소상공인들이 창업할 때 중요하게 생각하는 부분이 사업계획서라든지 이런 부분이 약하거든요. 그리고 세무관련해서라든지 사실 그런 부분 교육이 보다 효율적이고요. 품목 선택에 있어서는 사실 좀 다양성을 열어

두는 게, 그리고 그러한 부분이 사실 개인에 맞아떨어질 수 있는 부분을 그것은 스스로 좀 찾을 수 있는 방향이 맞는다고 보거든요. 이게 우리 기관에서 운영을 하다 보니까 자칫 잘못하면 여기에서 강사의 어떤 이미지가 굉장히 클 수가 있어요. 그래서 어떻게 보면 그게 자칫 사후 관리가 안 되면 우리 기관의 리스크(risk)가 될 수가 있거든요. 그래서 그런 부분에서 좀 심도 있게 검토해 주시기 바랍니다.

[경기중소기업종합지원센터 대표이사] 아까 보고드린 5개 부분에 관한 전문교육뿐만 아니라 저희가 다섯 지역에 있는 컨설턴트들이 그런 일반적인 소상공인 창업지원에 관해서 컨설팅과 교육지원을 하고 있습니다, 부족한 것은.

[조광주 위원] 그리고 채용박람회 개최에서 잠깐 말씀을 드리고 싶은 게 있는데요. 저희가 박람회를 열었는데 보면 기업이 51개 구인기업이 참여를 했었는데요. 그런데 채용률이 20.7%로 나왔잖아요. 그리고 12개 사에서 12명을 채용해서, 퍼센티지로 따지면 굉장히 높은 거죠. 그런데 이 박람회를 온 청년들이 한 2,200명이 왔는데 기업들 같은 경우에 이 박람회에 참여할 때 적어도 1명 정도는 채용을 하겠다고 보통 생각하고 오지 않습니까? 그런데 이게 기업들이 사실 1명 채용도 못, 1명씩 채용한 게 20%잖아요. 그렇죠? 지금 1명씩 채용한 게 아니라 정확하게 통계상으로 보면……

[경기중소기업종합지원센터 대표이사] 그렇습니다. 지금 이것은 채용 51개 채용박람회 이 부분에 관해서는 아직 거기서 면접 인터뷰를 했다 하더라도 그 부분이 거기서 결정되는 것은 사실 뭐 거의 없습니다. 우선 자기네들이 이런 적정의 인터뷰어들이 대상이 되고 가서 다시 그 사람들을 구체적으로 불러서 자기 회사도 보여주고 하는 그 프로세스가 굉장히 좀 있고 지금 현재 중간고사가 끝나고 학기말고사 되면 본격적으로 취업이 되는 부분이기 때문에, 보통 저희들이 채용박람회 사업은 내년 4월까지 연계해서 하기 때문에 개최하면서 나오는 그 숫자에 대한 의미는 저희들은 사실 이게 낮다 하더라도 이것이 잘못됐다 이렇게는 보지 않습니다.

[조광주 위원] 하여튼 이런 제도는 좀 확대해 나가는 게 바람직하다고 생각합니다. 사실 많은 청년들이 일자리채용박람회를 통해서 좋은 자리를 가질 수 있도록 그런 게 또 이러한 장이 마련됐으니까요. 이러한 부분은 우리 경기도가 앞서서 더 확대해야 되지 않나 생각합니다.

그리고 한 가지만 하겠습니다. 조금 시간이 늦을 것 같은데. 사회적기업 지원과 관련해서 말씀드리겠는데요. 지금 이 중소기업지원센터에서 사회적기업 지원과 관련해서 열린 한마당이라든지 세미나를 비롯해서 권역별 전시회도 하고 있는데요. 그런 전시회를 통해서 결과가, 어떤 결과가 얻어진다는 게 여기에서 갖고 있는 게 있습니까?

[경기중소기업종합지원센터 대표이사] 그것은 양해해 주시면 팀장이 보고를 드려도 될까요?

[조광주 위원] 네.

[소상공지원팀장] 안녕하십니까? 소상공지원팀장 정혜숙입니다. 저희가 사회적기업이 소기업 소상공인과 또 사회적기업 CEO들이 서로 네트워킹도 할 수 있고 또 사회적기업으로 전향이나 이런 부분들을 지원하고 도와줄 수 있도록 저희들이 간담회와 전시회, 박람회를 운영하고 있습니다. 그런데 사실은 사회적기업이나 마을기업, 소기업들이 굉장히 열악한 환경이고 또 정보 네트워킹이나 이런 부분이 어렵고 또 어떤 상품에 대한 홍보라든지 마케팅 부분이 굉장히 많이 미흡합니다.

그리고 저희들이 박람회나 전시회를 열어보면 처음, 이 박람회라는 것을 경기도에 저희들이 개최하기 때문에 출품을 해보고 처음 참여를 해보기 때문에 거기에 대한 개인CEO들이 '아, 이러한 박람회를 통해서 판로개척을 할 수 있구나.' 그것을 이제 알게 되게 하는 게 첫 저희들의 성과라고 볼 수 있고요.

또 그다음에 와서 판로개척이나 각 CEO나 참관객들을 통해서 그러한 제품의 홍보에 대한 이런 부분이기 때문에 저희들이 사회적기업 네트워크를 통해서 전시회하거나 박람회에 참가하게 된 것은 작년 사회적기업박람회 만들어본 것과 올해 처음으로 시작하게 됐습니다. 그래서 사실은 시작에 비해서는 약 한 30개 업체 정도가 참여를 했었습니다. 그래서 그런 계약실적 추진은 저희들이 지금도 사후관리하고 추진 중에 있습니다마는 다소 좀 더 상품을 상용화할 수 있도록 저희들이 계속 CEO들과 협의해 나가고 있습니다. 그래서 그런 첫 진행이지만 잘 성과는 좋은 것으로 보고 있습니다.

[조광주 위원] 성과가 좋다니까 다행이고요. 그 사회적기업 부분에 대해서 제가 마지막으로 얘기를 하겠습니다. 사회적기업이 사실 아이템 선정에 대해서 일반 중소기업과 마찬가지로 사실 굉장히 열악하거든요. 그러한 부분에서 고민을 다들 하고 있거든요. 그러면 지금 우리나라 국가에서 사실 조달품목으로 사회적기업을 일정 정도 우선구매하게 되어 있는 것으로 알고 있거든요.

[소상공지원팀장] 네, 그렇습니다.

[조광주 위원] 그러면 그러한 부분에 사회적기업이 접근을 해서 장을 만들 수 있는 역할을 이런 중소기업지원센터에서 해야 된다고 생각하거든요. 그러면 사회적기업이 자리 잡는데 조달품목만 제대로 따낼 수 있는 그 역할 연결만 시켜 주더라도 충분히 사회적기업이 올라설 수 있는 길이 있다고 생각되거든요. 수고 많으셨습니다.

균형발전국에 대하여

도민을 위해서 또 존재할 수 있는 부분은 정말 서로 경제적 비용의 낭비 이런 부분을 갖다가 절감할 수 있는 부분은 교류를 통해서 절감해 내고 같이 할 수 있는 부분은 같이 해 가지고 정말 보다 나은 산업발전을 만들어내야 된다고 생각합니다.

[조광주 위원] 국장님, 균형발전국이 하시는 일이 사실 저희 상임위만 하는 게 아니라 기획위원회 또 다른 상임위도 같이 속해 있는 거지요?

[균형발전국장] 네.

[조광주 위원] 저희 상임위에서는 특화산업과만 업무보고하고 거기만 다루게 되어 있죠?

[균형발전국장] 네.

[조광주 위원] 그런데 명칭이 균형발전국이면 사실 경기도 전체를 봤을 때 고루고루 균형을 맞춰서 발전시킬 수 있는 방안을 마련하는 역할을 하는 거잖아요?

[균형발전국장] 네, 맞습니다.

[조광주 위원] 제가 그래서 특화산업 관련해서 간단하게 좀 말씀을 드리겠습니다. 당부도 될 수 있고요. 지금 섬유산업 관련해서라든지 가구산업 관련해서 중점을 두고 있는데 워낙 취약지역이, 북부다 보니까 취약지역을 기반으로 해서 육성시키는 방향을 잡고 있잖아요?

[균형발전국장] 네.

[조광주 위원] 그 반면에 또 31개 시군을 보면 거기에서 작은 시군에서 또 취약지역이 존재하고 있죠?

[균형발전국장] 네, 있습니다.

[조광주 위원] 그리고 업종이 한정된 업종이 들어가서 집약돼 있는 데들이 있죠? 아시죠, 그건? 광주 같은 경우에는 가구산업이 굉장히 활발했던 지역인데 지금도 굉장히 많이 존재하고 있지요. 그리고 성남 같은 경우에는 섬유산업이 아직도 활발하게 진행은 되고 있어요. 그런데 많이 이전을 하려고들 하지요. 북부 쪽으로. 거기에 어떤 인센티브라든지 혜택, 이런 부분에서. 그러면 그런 부분에 있어서 기존에 기술을 갖고 있으신 분들이 결국은 자기 기술을 갖다가 사실 써먹지 못하고 바꿀 수밖에 없는 그런 거에 대해서도 알고 계십니까?

[균형발전국장] 네, 알고 있습니다.

[조광주 위원] 그래서 그러한 부분에 대한 고민을 좀 하신 적이 있나요?

[균형발전국장] 그렇지 않아도 지난번에 존경하는 조광주 위원님께서 말씀이 있으셔 가지고 저희가 성남시에 나름대로 알아봤습니다. 그래서 그분들에 대한 교육이라든가 이런 거를 나름대로 챙기려고 상황을 파악해 봤는데요. 그분들에 대한 추적 관리가 지금 상당히 어려워 갖고 곤란하다 그런 답변을 받아 갖고 저희가 지금⋯⋯.

[조광주 위원] 지금 추적 관리하기가 사실 어렵죠. 그런데 제가 알기에는 성남시에서도 섬유산업 육성 관련 나름대로 계획을 잡고 있는 걸로 알고 있어요. 그런데 보통 보면 '아, 그건 성남시에 있으니까 성남시에서 알아서 할 일이다.' 이런 생각들을 갖고 있더라고요, 보면. 사실 경기도가 큰집이잖아요. 그죠? 그리고 적어도 전체를 갖다 균형발전을 시킬 수 있는 걸 해내야 하잖아요.

[균형발전국장] 네.

[조광주 위원] 그리고 소외된 계층이 생기지 않도록 또 만드는 게 목적이고. 도에서 할 일이고. 전 그래서 제안하고 싶은 게 있어요. 우리가 사업도 시랑 매칭사업도 하지 않습니까?

[균형발전국장] 네, 매칭사업 추진하고 있습니다.

[조광주 위원] 그런데 이 균형발전 같은 경우에는 좀 큰집에서 명분도 있을 것 같아요. 그런 각 지역특성에 맞는 산업들이 존재하지 않습니까? 보면 밀집돼 있거든요. 그런 밀집돼 있는 부분을 사장되지 않고 역할을 할 수 있게끔 고유성을 갖다 살릴 수 있는 부분을 도에서 지시를 한다기보다는 서로 교류를 통해서 지역산업 간 교류를 통해서 보다 효과적인 방법을 만들어내야 된다고 생각하거든요. 이 점에 대해서 어떻게 생각하세요?

[균형발전국장] 위원님 말씀에 저도 공감합니다.

[조광주 위원] 그래서 저는 성남이다 보니까 또 광주를 많이 가는데 광주에 가구업체가 사실 굉장히 많거든요. 제가 알기로는 아마 경기도CEO협회 회장 하시는 분도 가구업체를 광주에 가지고 계실 거예요. 그 정도로 가구업이 사실 광주에 발달해 있거든요. 그러면 그런 부분에서 기술적인 교류라든지 산업과 지역 간의 교류를 통해서 어떤 답안을 만들어내야 된다고 생각하거든요. 북부에서 섬유연구소라든지 기타 등등 양주에다가 건물을 짓고 있으면 그러한 인프라가 사실 북부에 한정되지 않고 경기도에 사실 역할을 하는 부분에서 어떤 교류를 통해서 효과적으로 각 지역에서 더 업그레이드 될 수 있는 부분을 사실 경기도에서 해줘야 하거든요. 사실 따로따로 놀면 비용발생만 커지지. 저는 그렇게 생각해요. 따로따로 놀면 비용발생은 커요. 왜, 정보교류가 굉장히 중요하잖아요, 지금은.

[균형발전국장] 네, 맞습니다.

[조광주 위원] 그래서 그러한 부분에서 보통 시군이 존재하니까 거기서 알아서 할 일 이렇게 갔을 경우에는 경기도의 본연의 모습은 아니라고 생각하거든요. 어찌 됐든 지금 자치단체가 독립채산제식으로 되다 보니까 그러는데 옛날에는 경기도에서 다 지시를 받았는데 지금은 그게 안 되다 보니까 그런 일이 벌어지는데 사실 최종적인 주인은 국민들이잖아요, 도민이고. 그러면 도민을 위해서 또 존재할 수 있는 부분은 정말 서로 경제적 비용의 낭비 이런 부분을 갖다가 절감할 수 있는 부분은 교류를 통해서 절감해 내고 같이 할 수 있는 부분은 같이 해 가지고 정말 보다 나은 산업발전을 만들어내야 된다고 생각합니다.

[균형발전국장] 네, 맞습니다.

[조광주 위원] 여기에 대해서 추진하실 의향이 있으신 거죠?

[균형발전국장] 지금 가구산업에 대해서 정부의 지원정책이 지금까지는 거의 없다고 볼 수 있거든요. 그래서 저희 경기도에서 의원님들께서 가구산업 지원 조례까지 제정을 하시면서 가구산업 발전을 위해서 이렇게 애써 챙겨주시는 데에 대해서 감사를 드리고요. 북부지역이 남부에 비해서 영세기업이 많습니다. 그러다 보니까 저희 정책이 북부에 이렇게 제한적으로 치중되는 그런 경향이 있는데 위원님께서 말씀하신 대로 그런 교류를 할 수 있는 방안을 연구해서 검토해서 정책으로 추진할 수 있는 방안을 노력하겠습니다.

[조광주 위원] 북부에 취약하니까 지원을 많이 해야 하는 건 바람직해요. 그런데 그 외 지역을 갖다가 교류를 통해서 효과적으로 할 수 있는 방법을 찾아내는 건 보다 중요하다는 거죠. 각 지역별로 보면 굉장히 취약한 부분에서 사실 존재하는 게 우리 눈에도 쉽게 보이잖아요. 김포만 가도 가구산업 굉장히 많잖아요. 그죠?

[균형발전국장] 네.

[조광주 위원] 그러니까 그런 부분을 갖다가 어떻게 서로 연결을 시켜서 정말 효과적으로 골고루, 그러니까 지원은 북부보다 못하더라도 결합을 시키면 북부에서 연구한 그런 좋은 결과물이 거기에도 접목할 수 있는 부분을 해주면 되는 거예요. 그럼 비용이 안 들고서 효과적으로 발휘할 수 있지 않습니까?

[균형발전국장] 위원님 말씀대로 교류가 될 수 있는 그런 지금 가구산업협회들이, 단체들이 지금 구성이 돼 있는데요. 그 협회들을 통해서 같이 대화를 통해서 서로 발전시킬 수 있는 방안을 찾도록 노력하겠습니다.

[조광주 위원] 가구도 그렇지만 제가 볼 때 섬유는 잘하면 할 일이 많을 것 같아요, 섬유 같은 경우에는. 난 성남 보면 지금도 성남에는 지하에 기업들 조그맣게 편직기 놓고 일하시는 분들이 아직도 많아요. 그런데 그분들이 사실 방법을 몰라요, 방법을. 사실 그냥 오더 주면 하청 혼자 그냥 하루 종일 일만 하는 거야. 그래서 좀 그런 부분들도 성장할 수 있는 토대를 만들어 줘야 한다고 생각하거든요.

[균형발전국장] 네, 알겠습니다.

전통시장 카드가맹 활성화에 대하여

전통시장 같은 경우에 카드 가맹을 했을 경우에 거기에 따른 어떤 인센티브를 지원할 수 있는 방안. 그러면은 아무래도 국가적으로 보면 이익이거든요. 왜냐면 세금 부분에 있어서 정확하게 잡히잖아요, 카드 가맹을 시켰을 경우에. 지원을 해주더라도 그 이면에는 또 전체 국가적으로 이익이 될 수 있는 부분이 존재하는 거거든요. 그래서 그 부분을 좀 해주시고요

[조광주 위원] 조광주 위원입니다. 행정감사를 준비하시느라고 실장님을 비롯해서 직원 여러분들 수고 많으셨습니다.

제가 산하기관들 행정감사를 우리가 쭉 하면서 느낀 점인데요. 관리와 관련해서요. 산하기관들이 전부 통합관리시스템을 사용하고 있더라고요. 편리성은 있죠. 편리성은 있는데, 그 이면에는 사실 일반 영세기업들이 참여하기가 어렵게 돼 있더라고요, 입찰이라든지 그 조건을 보니까.

현실적으로 청소용역 같은 경우에는 일반 영세기업들이 사실 하는 업종이었잖아요. 그리고 기존에는 도에서 직접 관리도 했죠. 그러다가 위탁으로 넘어간 사항인데 통합관리시스템을 운영하는 회사들이 보면 거의 대기업 자회사들이 많이 참여를 하고 있어요. 자본구조가 어차피 대기업은 순환출자구조를 하고 있잖아요, 지금 우리나라에서. 결국은 자기 자본이 없더라도 사실 충분히 할 여력들이 있는데 생산적인 일을 해 줘야 하는데, 대기업이. 사실 영세기업들이 하는 비생산적인 일까지 전부 독식하는 일이 벌어지고 있어요. 그런데 우리가 기업정책과에서, 특히 경투실이죠. 경투실에서 중소기업정책을 갖다 계속 매번 내놓잖아요. 사실 내놓는데 그 이면에 실질적으로 우리 내부적인 문제조차도 하나 해결하지 못하고 있거든요. 저는 이 부분에 대해서 실장님 의견을 듣고 싶어요.

[경제투자실장] 네, 어쨌든 뭐 그런 부분은 제가 면밀히 파악을 해 보지 못했습니다마는 어쨌든 우리 산하단체 그런 문제들은 종합적으로 판단을 해서 가급적이면 중소업체들이 위탁관리 업무를 수행할 수 있도록 그렇게 추진을 하도록 하겠습니다.

[조광주 위원] 그게 입찰이라 그래도 참여할 수 있는 방안을 마련해주면 하거든요. 그건 충분히 할 수 있는 시스템이 하거든요.

[경제투자실장] 그렇게 준비하도록 하겠습니다.

[조광주 위원] 그런데 그 부분이 전혀 전무하더라고요, 보니까. 그런데 지금 공기관들이 사실 경기도 거의 다, 경기도 전체 산하기관 그리고 사실 의회도 마찬가지일 것 같다는 생각이 들어요. 그래서 이 부분은 정말 우리가 말로만 중소기업 아니면 영세기업 갖다가 위할 것이 아니라 우리 내부부터 고쳐내야 된다는 생각이 듭니다.

그리고 전통시장 관련해서요. 카드 가맹점 실태 파악 좀 해 보셨어요?

[경제투자실장] 전에 저희들이 1차로 왔었는데 충분한 자료를 저희들이 못 드린 것 같아서 죄송합니다.

[조광주 위원] 사실 이 전통시장에서 일하시는 분들이, 상인들이 대부분 카드 가맹을 사실 꺼리잖아요.

[경제투자실장] 그렇습니다. 현금으로 받기를 원하고 있습니다.

[조광주 위원] 그 이면에는 이제 세금관련이라든지 기타 등등이 있겠죠. 그런데 지금 추세가 앞으로 전통시장이 살 수 있는 방안은, 일반인들 같은 경우에 요즘에 거의 카드로 쓰는 추세잖아요, 추세 자체가.

[경제투자실장] 그렇습니다.

[조광주 위원] 그러면 사실 우리 도에서 카드 가맹과 관련해서 어떤 인센티브를 만들어야 된다고 생각하거든요. 전통시장 같은 경우에 카드 가맹을 했을 경우에 거기에 따른 어떤 인센티브를 지원할 수 있는 방안. 그러면은 아무래도 국가적으로 보면 이익이거든요. 왜냐면 세금 부분에 있어서 정확하게 잡히잖아요, 카드 가맹을 시켰을 경우에. 지원을 해주더라도 그 이면에는 또 전체 국가적으로 이익이 될 수 있는 부분이 존재하는 거거든요. 그래서 그 부분을 좀 해주시고요.

2012년도 예산집행 현황을 보니까요. 전통시장 활성화 지원이라고 돼 있는데 집행률이 25%라고 나와 있더라고요, 10월 15일 기준으로. 이거는 왜 집행이 이거밖에 안 됐나요? 이제 한 달 보름밖에 안 남았는데…….

(경제투자실장, 관계공무원에게 확인 중)

493페이지, 자료 주신 거 보면.

[경제투자실장] 아, 이게 시설 현대화 사업 같은 경우에 예를 들면 아케이드 같은 거 만들 때 있지 않습니까. 그때는 그 건물주의 동의가 필요한데 건물주들 간에 동의가 이렇게 쉽지가 않습니다. 그런 것도 있고, 또한 예를 들면 실시설계 이런 사업변경도 있었고 또 시공사의 부도라든지 그다음에 사업추진에 대해서 상인들과의 협의가 일부 좀 지연된 면이 있었습니다. 그래서 어쨌든 저희도 최대한 빨리 협의를 마무리 지어서 조속히 추진될 수 있도록 그렇게 하겠습니다.

[조광주 위원] 얼마 시간이 안 남아서 이런 부분은 사실 너무 그냥 집행에 얽매이다 보면 실질적으로 내용에 있어서 별 볼일이 없을 수가 있으니까 그런 거를 좀 심도 있게 집행을 해주셨으면 하고요.

[경제투자실장] 네, 그렇게 하겠습니다.

[조광주 위원] 그러고 사업 진행 중이라는 게 많더라고요. 일부 지연, 이렇게 보니까. 이런 부분들은 뭐예요?

예를 들어서 천연화장품 소재개발 및 기술협력사업 해 가지고 예산 반영은 5억 정도가 돼 있는데 그냥 10월 중 교부예정이라고만 되어 있어요. 이런 부분은…….

(경제투자실장, 관계공무원에게 확인 중)

완료된 거예요?

[경제투자실장] 지금 말씀하신 사항은 집행이 완료가 됐습니다.

[조광주 위원] 그런데 여기에 보고서에는…….

[경제투자실장] 그거는 시점이 10월 중으로 하다 보니까 그렇게 됐습니다.

[조광주 위원] 그래요. 왜냐하면 그럼 그 당시에는, 10월 15일 경에는 완료가 안 됐었던 부분이거든요.

[경제투자실장] 네, 그렇습니다.

[조광주 위원] 이런 개발 관련 사업을 하면 미리 일부 집행을 해야지만 일을 진행할 수 있지 않나요?

[경제투자실장] 그렇습니다. 조기에 해주면 아무래도 빨리 진행될 수 있습니다.

[조광주 위원] 진행과정 속에서 부분적으로라도. 그리고 전통시장 지원 관련해서 요. 요즘에 시장들이 자구대책으로 소비자들과 함께하는 축제를 하고 그러는 건 아 시죠?

[경제투자실장] 네, 많이들 하고 있습니다.

[조광주 위원] 경기도에서 그와 관련해서 지원하는 게 있습니까?

[경제투자실장] 네, 저희들도 문화행사 관련해 가지고 앞으로는, 이제까지 저희가 주 로 하드웨어 중심의 시설 현대화라든지 그런 중심으로 지원을 했습니다마는 앞으로 는 이런 문화행사, 축제 그다음에 지금 카드 그것도 그렇습니다. 그런 것도 홍보라든 지 그런 부분에 저희가 역점을 두고 어쨌든 경영혁신 차원에서 좀 많은 지원을 할까 이렇게 생각하고 있습니다.

[조광주 위원] 소비자와 함께하는 잔치 이런 것들이 사실 굉장히 필요하거든요. 볼 거리라든지.

[경제투자실장] 그렇습니다.

[조광주 위원] 아니면 먹을거리라든지 그런 날 사실 무료로 같이 어떤 공연도 즐기 고 음식도 나누고 하면 사실 그게 시장 활성화에 도움이 되는 건 사실이거든요. 그런 부분을 좀 나름대로 고민을 하시고요.

과학기술 관련해서 보면 문화적 결합. 지금 우리가 기술 그러면 일반적으로 그냥 기 술만 연구하시는 분들은 거기에만 매진을 했었잖아요. 그런데 지금은 융합적인 게 이제 트렌드잖아요.

[경제투자실장] 그렇습니다.

[조광주 위원] 사실 과학자들이 문화적 접근을 통해서 굉장히 창의적이고 그런 생각을 해 낼 수 있는 조건들을 만들어 내고 또 그런 문화적 활동하는 사람들이 과학은 모르더라도 같이 어울리다 보면 사실 일반적인 과학에서 아이디어 창출을 못했던 부분을 갖다가 만들어 낼 수 있는 여건이 마련되는 게 사실 현실이거든요.

[경제투자실장] 그렇습니다.

[조광주 위원] 그게 우리나라가 상당히 취약하죠. 그런데 앞으로는 그 부분에 대해서 고민들을 해야 된다라고 생각하거든요. 거기에 대한 방안 그런 거를 좀 하셨으면 하고요.

협동조합 관련해서요, 내년. 우리가 12월부터 시행했는데 기존에 조금 준비는 해 오셨는데 예산 관련해서 어떤 준비를 좀 하셨어요?

[경제투자실장] 예산과 관련해서요?

[조광주 위원] 네.

[경제투자실장] 일단 저희들 예산문제는 한 5,000만 원 정도……. 아, 한 3억 정도 저희가 여러 가지 교육이라든지 그런 거 관련해서 세워놓고 있는데 어쨌든 이 부분에 대해서는 아까 김영환 위원님께서도 말씀하셨지만은 저희들도 굉장히 많은 관심을 가지고 있고 많은 준비를 하고 있다는 말씀을 드리겠습니다.

[조광주 위원] 제가 볼 때는 3억 정도 갖고는 경기도를 바라봤을 때는 어림도 없는 돈이라고 생각하거든요.

[경제투자실장] 일단은 그 정도 해 놓고서요. 추가로 소요되는 경비가 있으면 언제든지 신속하게 저희가 반영해서 할 계획으로 있습니다.

[조광주 위원] 그리고 이 협동조합 관련해서요. 교류통상을 우리가 경기도에서 하고 있잖아요. 그런데 외국의 대표적인 사례들. 아까 존경하는 김영환 위원님도 몬드라 곤이라든지 얘기를 했지만 그런 부분이랑 교류를 통해서 아이디어라든지 그런 부분을 협력을 얻을 수 있는 방안을 마련해야 하거든요.

[경제투자실장] 당연히 그렇게 할 것으로 저는 보고 있습니다.

[조광주 위원] 그런 부분에서는 우리가 더군다나 투자실에 교류통상과도 있고 그래서 그러한 부분을 갖다가 같이 결합해서 해야 된다라고 생각하거든요.

지금 대기업과 관련해서요. 소상인 영역 침범하는 부분에 대해서 사실 아까도 거론을 잠깐 했는데 관리시스템이라든지, 그런데 지금 사실 경기도 같은 경우에도 보면 시장이 작은 물품 이런 거가 전부 거의 치고 들어오고 있잖아요, 체인화시키고. 그런데 중소기업지원센터에서 보면 교육을 시키는 부분들을 봤어요. 그런데 교육을 시키는 내용에 보면 자칫 잘못하면 결국은 대기업들이 지금 자회사를 운영하고 있는 시스템에 대한 교육 그런 교육이 몇 개 보이더라고요. 그래서 그런 부분에 대한 내용을 검토해 보니까 그거랑 상관없다고 하는데 그 부분에 대해서 좀 주의 깊게 검토를 해주세요.

[경제투자실장] 그렇게 하겠습니다.

[조광주 위원] 왜냐면 이게 지금 우리나라가 체인점이라는 게 처음 이 사회에 직장생활을 하다가 나오시는 분들에는 환상을 주거든요. 그런데 거의 체인점 형태가 지금 보면 이익을 갖다가 그렇게 많이 내지 못해요. 내부로 들어가 보면 사실 본사에 떼어줄 거 떼어주고 하다보면 계속 종속관계만 돼서 끌려가다시피 하는 거죠. 간혹 한두 사람이 어떤 성공사례가 나올 수는 있어요. 그런데 우리가 해야 할 일은 많은 사람들의 어떤 장을 만드는 거잖아요, 사실. 그러니까 이 영역이 남들이 하는 영역을 갖다가 그대로 그냥 교육해서 내보내는 일은 하지 말아야 된다고 생각하거든요. 좀

틈새적인 부분에 대한 교육을 만들어 내고 그런 교육을 통해서 지속해서 성장할 수 있는 그러한 어떤 정책을, 교육 이런, 홍보 이런 부분에 치중을 해야 하는데 지금 거의 교육내용을 보면 각 과별로요. 비슷한 내용들이 너무 많아요. 교육하는 게 보면 거의 비슷해. 난 그래서 그런 부분에서도 좀 차별화시켜야 된다는 생각이 들거든요.

대기업들이 이제 보면 지금 많은 영역에서 일을 진행하면서 사실 일자리 창출의 부분에는 상당히 역할은 안 하고 있거든요, 보면. 왜 그러냐면 정부에서 지원을 하지 않습니까? 대기업 지원을 많이 해요, 여러 각도로. 그런데 그 지원해 주는 금액 대비 대기업 일자리 창출을 갖다가 정확하게 통계적으로 한번 뽑아보시면 일반 중소기업들에 그 정도 지원을 해 줬으면 일자리 창출이 굉장히 업그레이드돼서 나올 수 있거든요. 그게 현실이거든요, 사실. 그런데 그 부분을 갖다가 사실 안 하고 있죠. 그런데 대기업들이 결국은 기간산업이라든지 국제적으로 활동할 수 있는 영역 쪽으로 자꾸 밀어내야 돼요. 그리고 내부라든지 이런 영세상인들, 중소기업들이 하는 일들은 사실 규제를 통해서라도, 암만 시장경제가 자유시장경제라고 하더라도 사실 사회적경제가 왜 나왔어요. 자본시장이 제대로 역할을 못하니까 사회적경제를 통해서 해야 한다는 필요성이 나온 거 아닙니까. 그래서 우리같이 이렇게 기관에서는 정말 작은 부분, 우리 주변에 포진돼 있는 부분이라도 점검을 해 가지고 중소기업들에 줄 수 있는 부분을 갖다가 방안을 내놔야 하거든요. 수고하셨습니다.

산업단지관리공단에 대해서

산업집적활성화 및 공장설립에 관한 법률에 의거해서 줄 수가 있거든요. 그런데 지금 성남 같은 경우에 위탁을 줬는데도 불구하고 자료요청을 하면 자료가 지금 한 한 달 됐죠? 한 달 넘었죠?

[조광주 위원] 행정사무감사 준비하시느라고 수고가 많으십니다. 혹시 실장님, 산업단지 관련해서 보고받으신 거 있나요?

[경제투자실장] 네, 일부 받은 적이 있습니다.

[조광주 위원] 지금 산업단지관리공단 위탁 관련해서 경기도에 몇 개 있는지는 알고 계세요, 위탁해준 것? 관리공단으로 공식 등록된 게 몇 개 있습니까?

[경제투자실장] 3개 있습니다.

[조광주 위원] 그런데 위탁을 전부 줬지 않습니까?

[경제투자실장] 네, 그렇습니다.

[조광주 위원] 지금 그 위탁사무와 관련해서 시에다가 준 데도 있고 그리고 공단에다가 직접 준 데도 있죠?

[경제투자실장] 네.

[조광주 위원] 그게 대표적으로 성남은 직접 줬죠?

[경제투자실장] 네. 성남도 시를 거쳐 가지고. 성남은 바로 줬습니다.

[조광주 위원] 이게 법이 시행령에 보면 관리권자가 경기도예요. 경기도인데 위탁사무와 관련해서는 시로도 줄 수가 있고 직접도 줄 수가 있습니다. 시 말고 입주업체협의회라든지 뭐 이런 데다가 줄 수가 직접 있는 게 법률로 되어 있는데……. 이게 산업집적활성화 및 공장설립에 관한 법률에 의거해서 줄 수가 있거든요. 그런데 지금 성남 같은 경우에 위탁을 줬는데도 불구하고 자료요청을 하면 자료가 지금 한 한 달 됐죠? 한 달 넘었죠?

[경제투자실장] 네, 한 달이 넘었습니다.

[조광주 위원] 그런데 자료를 제출하지 않고 있어요.

[경제투자실장] 그렇습니다.

[조광주 위원] 그 보고는 받으셨나요?

[경제투자실장] 네, 받았습니다.

[조광주 위원] 그 부분에 대해서 실장님 어떻게 생각하세요?

[경제투자실장] 어쨌든 저희들이 지도감독 권한이고 또 우리가 위임위탁 조례의 규정에 따라서 성남시에 위임을 해줬고요. 그래서 성남시에서도 자료제출을 요구할 수 있고 저희도 요구할 수 있는데 어쨌든 지금 성남시 산업단지관리공단에서는 일체의 자료를 현재 제출하지 않고 있는 상황인데 어쨌든 이것은 명백한 규정의 위배라고 생각이 되고요. 그럴 경우에 저희들이 필요한 조치를 취할 계획으로 있습니다.

[조광주 위원] 자료를 보면, 그리고 3개 안성지방산업단지관리공단이라든지 평택산업단지관리공단이라든지 이런 부분은 그런 문제에 대해서 뭐 특별한…….

[경제투자실장] 특별한 문제는 없습니다.

[조광주 위원] 점검은 해보신 적은 없죠?

[경제투자실장] 네, 특별히 해보지는 않았습니다마는……

[조광주 위원] 이게 왜 중요하냐 하면 이 위탁사무가 공장등록과 관련해서 대행을 하는 역할을 해요. 굉장히 중요하죠?

[경제투자실장] 네, 그렇습니다.

[조광주 위원] 그리고 입주업체와 관련해서 굉장히 다양한 일을 거기에서 사무를 합니다. 결국은 자칫 잘못하면 그게 국가기관에서 운영하는 것처럼 일반적으로 비치고 있어요, 현실적으로 보면. 우리가 위탁을 줬기 때문에. 그런데 관리·감독기관인 부분에서 요구를 하는데도 안 듣고 있지 않습니까? 기본적인 자료거든요.

[경제투자실장] 그렇습니다.

[조광주 위원] 예를 들어서 회원사 부분이라든지 그런 세부자료를 요구하는데도 거부하고 그리고 임직원 관련해서 개별적으로 봉급지급 부분이 어떻게 되냐라고 자료 요구를 해도 거부를 하고, 지금 실정이 그래요. 그렇다고 해서 성남시에서 또 요구를 해도 거부하고. 그래서 처음에는 성남시에서 나는 위탁사무를 줬으니까 도 관계자 말을 빌리면 "성남시가 바보다, 위탁사무를 줬는데도 말을 안 들으면." 그런데 내가 그래서 "도에서 한번 해봐라." 그랬어요. 관리권자니까 위탁주체가. 도에서도 요구를 하니까 결국은 안 주잖아요.

[경제투자실장] 그렇습니다.

[조광주 위원] 문제가 발생이 되는 거예요, 이게. 그러면 내부적으로 거기가 굉장히, 성남공단이 굉장히 크거든요. 그런데 내부를 들어가면 지금 다른 관리공단 단지를 보면 이 회원조건이요. 공장을 하고 있는 사람들은 다 회원이 의무적으로 되게 되어 있죠?

[경제투자실장] 네.

[조광주 위원] 여기는 정회원이랑 비회원을 나눠놨어요. 그런데 투표권한이라든지 모든 행사는 정회원이 하게끔 되어 있어요. 정관을 보면 정회원이 투표를 하게 되어 있고 더군다나 그 정회원 조건이 규정을 해놨어요. 성남에는 지금 거의 구로벤처밸리도 마찬가지지만 상대원공단이 아파트형 공장화가 되어가고 있거든요. 그러면 입주기업이 전부 아파트형 공장이 다수를 차지할 수밖에 없죠. 그런데 정회원 조건이 말 그대로 공단 창립 후 관리공단에 출자하고 사업을 영위하고 있는 자, 단독공장을 보유하고 사업을 보유하고 있는 자, 그리고 아파트형 공장 입주사협의회에서 대표로 선출된 자, 예를 들어서 아파트형 공장이 한 500개 업체가 입주하고 있다 그러면 정회원 자격이 되어서 투표권을 하나밖에 행사를 못하는 거예요. 이렇게 불합리한 정관을 만들어 놨어요. 그러면 이 정관으로 해서 모든 불만이 어디에서 쏟아져 나올 것 같아요? 다수업체들이 쏟아져 나올 수밖에 없는 거죠. 예를 들어서 그게 대의원제 형태로 100개 업체에 하나 뽑는다. 이런 식으로 간다면 이해가 될 수 있는 부분이 있어요, 입주업체가 많으니까. 그런데 이것은 아파트형 공장이라는 수많은 업체가 입주해 있는데도 불구하고 투표권은 하나밖에 못 갖고 오는 거예요. 기존에 거기에서 단독공장을 보유한 사람들은 계속 정회원 자격이기 때문에 투표권을 하나를 가지고 가고 있는 거고. 그러다 보니까 거기에 많은 문제점이 도출되는 부분이 있음에도 불구하고 해결할 수 있는 방안이 없는 거죠. 이 점을 갖다가 반드시, 내가 볼 때는 우리 도에서 시행령에 의해서 위탁을 준 거로 되어 있어요, 법에. 시행령에 의해서 그게 1980년대에 준 거예요, 보니까. 그러다 보니까 사후 관리·감독을 결국 안 했었거든요, 그런 부분에 대해서. 깊게 또 접근할 수도 없었고. 별로 시에서 협조가 되어서 가니까 방관했던 거죠. 시에서 알아서 다 말을 듣는다고 생각을 했던 거죠. 그런데 시에서 요

구하는 부분도 말을 안 듣고 도에서 요구하는 부분도 지금 말을 안 듣고 있잖아요. 그래서 이 부분은 그럼 관리권자 입장에서는 위탁사무와 관련해서는 정말 문제가 발견이 되면 회수해서 다시 시로 주든, 시에서 관리·감독을 하겠다, 확실하게 위탁사무를 자기네가 주관해서 하겠다고 하면 그리로 돌려주든지, 이 공기관이 사실 공단을 만들 때는 굉장한 기여를 할 수밖에 없지 않습니까? 입지선정부터 시작해서. 그런데 이 관리권자라는 도 말도 안 듣는 것을 보면서 이것은 도에서도 정말 이 부분에 대해서 이제는 심도 있게 접근을 해야지만 그 수많은 입주업체들의 불만을 갖다가 조금이라도 해소할 수 있는 길이 열리지 않겠나 하는 생각이 듭니다.

그리고 뭐 하나 여쭤보겠습니다. 사회적기업 관련해서요. 사업개발비 지원이라고 되어 있어요. 이것은 인건비 지원 아닙니까?

[경제투자실장] 사업개발비는 인건비 지원은 아니고요. 프로젝트에 따라서 주는 그런, 저희가 심사해서. 그런 비용이 되겠습니다.

[조광주 위원] 프로젝트에 따라서 주게 되어 있고 인건비는…….

[경제투자실장] 인건비는 따로 주게 되어 있습니다.

[조광주 위원] 별도로 여기에 나온 게 아니고요?

[경제투자실장] 네, 그렇습니다.

[조광주 위원] 잘 알았습니다. 그리고 지금 예산과 관련해서 보니까, 사회적기업 관련해서 예산들이 작년 대비로 볼 때 마을기업도 그렇고 다 줄어버렸잖아요. 사실 취약자 일자리 창출이라든지 이런 부분에서 사실 더 항상 강조를 하잖아요. 도에서 더 배정을 해야 된다. 그런데 줄은 이유가 뭡니까?

[경제투자실장] 전반적으로 도 재정이 안 좋기 때문에 줄긴 줄었는데 전체적인 국비 매칭이 그 대신 많이 내려와 있습니다. 그래서 전체적인 규모는 작년보다 결코 줄지는 않았다는 그런 말씀을……

[조광주 위원] 국비 매칭 때문에?

[경제투자실장] 네. 전체규모는 작년보다 조금은 더 많은 실정입니다.

[조광주 위원] 그런데 국비 매칭을 하게 되면 결국은 도에서 관여하기가 쉽지 않지 않아요?

[경제투자실장] 그런데 이것은 원래 저희가 매칭하던 사업들이 되겠습니다. 다만 국가가 더 많이 매칭을 해줬기 때문에 그래서 전체적인 사업예산은 더 많아졌다고 볼 수 있습니다.

[조광주 위원] 경기사회적기업재단이 있잖아요, 경기재단. 사회적기업 경기재단이 있죠?

[경제투자실장] 네.

[조광주 위원] 거기는 도랑은 상관이 있습니까?

[경제투자실장] 저희가 일부 한 3억 정도씩 지원을 해주고 있는 상황이 되겠습니다. 올해는 2억이고 내년에는 3억 정도…….

[조광주 위원] 국가에서 위탁사무를 준 거죠?

[경제투자실장] 그렇습니다.

[조광주 위원] 국가에서 준 건데 도에서도 협조체제를 하고 가는데 그 부분에 대한 관리에 있어서 검토를 잘 하고 있나요? 불만이라든지 이런 게 나오는 소리가 제 귀에 들리던데.

[경제투자실장] 그쪽 대표분하고 저희가 수시로 만나서 여러 가지 협의도 하고 그렇게 하고 있습니다.

[조광주 위원] 대표분이면 전 도의원이셨던.

[경제투자실장] 네, 그렇습니다.

[조광주 위원] 어찌 됐든 이게 거기가 권한을, 지금 인증까지도 거기서 권한을 갖고 있는 건가요?

[경제투자실장] 인증은 안 하고 실사만 하고 있습니다.

[조광주 위원] 인증은 도에서 심사하고, 최종심사는. 거기는 실사조사만 해준다?

[경제투자실장] 네.

[조광주 위원] 그런 부분이 좀 애매모호한 부분이 있네요. 실사 조사만 하고, 그죠? 그 실사 조사가 사실 도에서 정확하게 그 부분을 검토할 수 있는 부분도 부족한 부분도 있겠네요?

[경제투자실장] 네, 저희가 적은 인력 가지고 모든 사회적기업을 일일이 다 나가서 조사하기는 상당히 어려운 면이 있습니다.

[조광주 위원] 그 실사 부분에 대해서 혹시 현장의 목소리를 한 번씩, 직접 현장 연락

을 취해서, 담당분이 연락을 취해서 그쪽의 소리를 한번 직접 들어보십시오.

[경제투자실장] 네, 그렇게 하겠습니다.

[조광주 위원] 감사합니다.